野中郁次郎

直観の経営

「共感の哲学」で読み解く動態経営論

山口一郎

KADOKAWA

はじめに

長い研究生活を振り返って思うに、私と哲学とくに現象学、そして山口一郎さんとの出会いは、必然的な偶然だったと思います。私は、カリフォルニア大学バークレー校の博士論文研究をもとに書いた『組織と市場』（一九七四年刊、千倉書房）から始まって、『組織現象の理論と測定』（共著、一九七八年刊、千倉書房）を経て『日米企業の経営比較』（共著、一九八三年刊、日本経済新聞社）に至るまで、当時の支配的な学説に基づきながら、統計分析を含むオーソドックスな数量的・実証的研究を行なってきました。それらは組織をコンピュータのような「情報処理システム」と見る「情報処理パラダイム」に基づいていました。

しかし、日本に帰国して日本企業を対象に研究を始めると、組織を機械と見る従来の欧米の経営理論に対する不満が次第に募ってきたのです。そのような見方に対して、組織を生命体と見る日本の組織観を反映した『企業進化論』（一九八五年刊、日本経済新聞社）のはしがきには、従来の経営理論が「人間の能力についてのペシミズムの上に成立して」おり、「結果的には人間の自由と自律性を奪ってきたのではないか」と疑問を呈し、「わからないことが多発する環境下では、企業は主体的に情報を創造し、環境に対し積極的な提案をしていかなければならない」と書きました。

それから三十年以上が経った現在、ＩＣＴ（情報通信技術）やＡＩ（人工知能）などの技術の進展によって、市場も組織も急激な変化にさらされています。そのような時代には何を根拠に生きていけばよいのでしょうか。その答えは、同じような激動の時代を何度も生き抜いてきた人類が無意識的に創造してきた「暗黙知」と、意識的に創造してきた「形式知」を両面とする「知識」にしかないと考えます。しかし『企業進化論』を書いたころは、サブタイトルが「情報創造のマネジメント」であり、本文中には「情報の創造と知識化」という表現もありますが、「知識化」の説明はなく、いまだ「知識創造」という発想には至っていませんでした。

それから五年後に上梓した『知識創造の経営』（一九九〇年刊、日本経済新聞社）で、ようやく「知識創造」という概念を提示することができ、さらに五年後の英文書“The Knowledge-Creating Company”（共著、一九九五年刊、邦訳『知識創造企業』一九九六年刊、東洋経済新報社）で、組織的知識創造のプロセスを説明するＳＥＣＩ《セキ》モデルを含む組織的知識創造理論を提示し、研究者と実務者の両方から望外の評価を得ることができました。

知識の最大の特質は、英語で a piece of information という断片的な情報と違って、a body of knowledge という表現が示唆するような「体系性」であり、その体系性は人と人の関係性のなかでつくられます。そして、いちばん密接な関係性を結ぶのが、組織と地域という、個人と社会の中間である「小社会」です。組織と知識は決して切り離すことができず、組織の存在理由は知識創造だともいえるでしょう。

知識という概念をもっとも深く考究してきた学問が、哲学の一分野で知識論あるいは認識論と訳される epistemology です。したがって、知識について理解しようと思えば、哲学を無視できません。こうして私は哲学を独学で学びはじめたのでした。哲学の関心をさらに強めたのが、石川県にある日本で最初の大学院大学、北陸先端科学技術大学院大学（ＪＡＩＳＴ）に世界で初めてつくられた知識科学研究科の研究科長への招聘《しょうへい》でした。ＪＡＩＳＴの創設学長であった慶伊《けいい》富長《とみなが》先生は、ＳＥＣＩモデルに欠かせない「暗黙知」という概念をつくったマイケル・ポランニー（一八九一～一九七六年）と面識があり、ノーベル賞に近いといわれながら五十歳にして物理化学から科学哲学に転進したポランニーの著書の翻訳書『創造的想像力』（一九八七年刊、ハーベスト社）と、解説書『創発の暗黙知』（共著、一九八七年、青玄社）も出版されていました。

また、ＪＡＩＳＴのある石川県は日本の最初の哲学者といわれる西田幾多郎（一八七〇～一九四五年）が生まれた場所であり、彼の出生地、旧・宇ノ気町の石川県西田幾多郎記念哲学館を引率学生と訪れたり、彼の本を読んだりする機会を得ました。彼の哲学が「場所の哲学」と呼ばれていたことから、組織的知識創造理論に「場」という新しい概念を加えることもできました。

その後、出版した『流れを経営する』（共著、二〇一〇年刊、東洋経済新報社）でも、知識創造理論の基盤となる哲学についての研究を進めましたが、ＳＥＣＩモデルの理解と説明をさらに豊かにしてくれたのが、本書で取り上げる哲学の一主流派である現象学なのです。現象学とはドイツの哲学者エトムント・フッサール（一八五九～一九三八年）を始祖とする思想で、それをより深く理解してもらうために、本書は日本における現象学の泰斗である山口一郎さんとの共著というかたちをとりました。本書は山口さんと野中の対談、およびそれぞれが現象学と経営学について論じるパートから構成されています。激動の世界のなかで昨今、難しい判断・行為の根拠として、リベラルアーツの中核である哲学的思考の重要性が見直されていますが、哲学が提示する本質を知ることで、読者の方々に経営をとらえ直す契機にしてもらえれば幸いです。

構想から早何年、山口さんとのインタラクションの道程においては、たいへん多くの方にお世話になりました。まず、本書の事例企業として登場いただいた企業の関係者のみなさんとの対話は、私にとって貴重な財産となりました。また、連載一〇〇回を迎えたリクルートワークス研究所発行の組織・人事マネジメント誌『Works』の取材で、弥次喜多道中がごとく全国をともに旅している勝見明氏、荻野進介氏にも多くの助言をもらいました。さらに、『知識創造企業』以来の研究パートナーである梅本勝博氏とは、知的コンバット（闘争）を通じて文章を研ぎ澄ませていきました。そして、野中研究室のリサーチアシスタント、川田弓子、宇野宏泰、三原光明には、知力と体力の双方を駆使して頑張ってもらいました。KADOKAWAの藤岡岳哉氏には、経営学×哲学という挑戦的なテーマに根気よくお付き合いいただき、書籍化が現実のものとなりました。これらすべてのみなさんとの「出会い」に感謝したいと思います。

野中郁次郎

直観の経営——「共感の哲学」で読み解く動態経営論

目次

第1部 なぜ現象学はすごいのか 山口一郎

第2部 現象学的経営学の本質 野中郁次郎

対談

野中郁次郎

×

経営学を「カッコ」に入れよ

山口一郎

世界的経営学者の訪問

山口　野中さんといえば、世界に知られた経営学者のお一人です。英『エコノミスト』誌などが絶賛した、竹内弘高（ハーバード・ビジネススクール教授）との共著『知識創造企業』で展開された、個人の暗黙知に着眼したナレッジの根幹をなすSECIモデル（共同化〔Socialization〕→表出化〔Externalization〕→連結化〔Combination〕→内面化〔Internalization〕というプロセスを経ることで、その暗黙知が組織の共有する知識〔形式知〕となるというフレームワーク）は日本発の世界的な経営理論として広まり、二〇〇八年の『ウォール・ストリート・ジャーナル』紙では、「最も影響力のあるビジネス思想家トップ20」に日本人で唯一、選出されました。

また、いわゆる経営学の領域のみならず、防衛大学校教授をお務めになられた肩書からもわかるように、安全保障などについても深い見識をおもちです。組織論の観点からアメリカ海兵隊を分析した『知的機動力の本質』（二〇一七年刊、中央公論新社）、さらには、いまや日本人論の新しい古典といって差し支えない『失敗の本質』（共著、一九八四年刊、ダイヤモンド社）を著されるなど、数々の業績を重ねられてきました。

もちろんお名前は存じ上げておりましたが、その方がいきなり私を訪ねてこられたときには驚きました（笑）。かれこれ、二十年ほど前のことでしたか。

野中　山口さんと初めてお目にかかったのは一九九七年ですね。いまでもよく覚えていますよ。なぜなら、最初は何をお話しされているか、さっぱりわからなかったので（笑）。

山口　一九八五年に私はドイツ語の博士論文を翻訳した『他者経験の現象学』（国文社）を出版しました。たしかその本を読んで、野中さんがフッサール哲学、しかも難解といわれる「相互主観性」という概念について聞きたい、と訪ねてこられたわけですから。

野中　あのときの私は『知識創造企業』を書き上げたあと、「変化する状態」というプロセスをキーワードにした『流れを経営する』という本の準備に取り掛かっていましたが、当時はイギリス出身の数学者であり、哲学者でもあるアルフレッド・ノース・ホワイトヘッド（一八六一～一九四七年）の「プロセス哲学」に大いなる関心があったのです。

ホワイトヘッドが生きた時代には、社会でも、科学でも、それまでにはなかった変化が続いていました。そこでホワイトヘッドが議論したのは「有機体」という考え方です。それは簡単に説明するならば、「分科した学」である「科学」がいかに全体である社会という「有機体」につながっているのか、というあり方について、大きな示唆を与えるものでした。

そもそも私の提唱した知識創造理論は、それまで組織は「情報処理装置」だ、としてきた経営学に対して、組織は「知識を創造するエコシステム」だ、という考え方で再定義をしたものです。

いまだ言葉になっていないノウハウやタイミング、コツなどという暗黙知を「共同化」し、組織内においてそれを共有する(=表出化)。さらには、そこで共有化された知識を他の形式知とつなげて体系化(=連結化)し、体系化された知識の実践を通じて、再びノウハウやタイミング、コツといった暗黙知を個人の内面に積み上げていく(=内面化)。このスパイラルのなかで、組織は知識を創造していくわけですが、その本質は「静的」ではなく、きわめて「動的」です。

とはいうものの、絶え間ない変動の只中《ただなか》で普遍の真理をどうやったら探究できるのかということに悩んでいたとき、山口さんの本に出会って何かを感じたものの、すべて理解しきれない面があったので、これは直接本人に聞かねばと決意して、思い切って行動を起こしたわけです。

SECIとPDCA

山口　SECIモデルとは、いわゆるPDCA(「Plan=計画」「Do=実行」「Check=評価」「Action=改善」)サイクルと似てはいるけれど、まったく異なるものですね。PDCAサイクルは、はじめに「計画ありき」の効率追求モデルで、そのサイクルをどれだけ回しても、最初に計画した以上のことは出てきません。対してSECIモデルは、はじめに「体験ありき」です。暗黙知から付加価値となる知識を創造しうるモデルであり、そのスパイラルから新たなイノベーションが生まれる、ということですね。

野中　とくにバブルが崩壊したあと、日本企業では経営にサイエンスの視点を導入しよう、という機運が高まりました。「戦略」や「選択と集中」という言葉が流行《はや》ったのは、その証左でしょう。もちろん、科学という価値観で物事を考えることは重要ですし、それは人を説得するための客観的な材料になります。

しかしその結果、分析主義的な経営手法が日本企業を弱体化させてしまったということは、成果主義ブームとその崩壊一つとってもいまや、共通認識であるといえるのではないでしょうか。欧米流の手法に過剰適応し、分析過多（over-analysis）、計画過多（over-planning）、コンプライアンス過多（over-compliance）などが日本企業から活力を奪っているのは、多くの人の実感からも明らかでしょう。

山口　哲学からすれば、サイエンスの限界を理論的に示すのは比較的、簡単です。たとえば「空間」と「時間」について考えてみましょう。

マルティン・ブーバー（一八七八〜一九六五年）という哲学者がいます。彼は十四歳のとき、「空間に限界があるのか、あるいは限界はなく無限なのか、時間にも始まりと終わりがあるのか、あるいはないのか」という問いに取り憑《つ》かれました。

人間の目の前の空間には、たしかに限界があります。しかし宇宙物理学の教えるところでは、いまでもこの宇宙は拡大しており、無限に広がっていくという。宇宙が広がる速度を逆算すると、百三十八億年前に「ビッグバン」という膨大なエネルギーの爆発が起こり、宇宙そのものが始まり、そのとき空間と時間が生じた、という宇宙の生成の説が導かれます。

こうした宇宙物理学の考え方は、ブーバーの問いの一部（空間と時間の始まりの問い）に答えたことにはなります。しかしそこで次の問いとして、それではその一億年前である百三十九億年前には時間はなかったのか？　という疑問が生じてはこないでしょうか。

つまり、空間や時間に終わりや始まりという境界線を引いた途端、「その先は？　その前は？」という疑問が生まれ、終わらない問いに懊悩《おうのう》することになるのです。そうした疑問からノイローゼになりかけて学校に行けなくなったブーバーが遭遇したのは、『プロレゴメナ』というイマヌエル・カント（一七二四～一八〇四年）が書いた『純粋理性批判』への導入のための文章でした。

簡単にいえばそこで書かれていたのは、「空間と時間は、私たち人間が生まれながらにかけている『眼鏡』のようなもので、それを通してしか世界は受け止めようがない。その『眼鏡』とは、世界を五感で感じるときの『感性の形式』である」という答えでした。「感性の形式」であるということは、それは世界の現実そのものに属しているわけではない。だから世界そのものの「空間」と「時間」の限界を問うても「答えは出ないようになっているのだから、問いかける必要もない」という意味で、ブーバーはその問いの呪縛《じゅばく》と抑圧から解放されたといいます。

この例一つをとっても、客観的といわれている自然科学は、主観的な「意味や価値を問題にしない」といっています。人間から「生きる意味と価値」の探求を除いたところに残るのは、「何のための科学か」ということを問わない、生きる方向を喪失した虚無主義だけです。それが現象学の創始者であるフッサールの問題意識だったのです。

野中　以前に比べれば、もう「ハウツー」は通用しない、これからビジネスパーソンはリベラルアーツを学ぶべきだ、ということがいわれていますね。先の読めないＶＵＣＡ（Volatility＝変動性・不安定さ、Uncertainty＝不確実性・不確定さ、Complexity＝複雑性、Ambiguity＝曖昧性・不明確さ、の頭文字を組み合わせた言葉）ワールドともいわれる時代のなかで、既存の知識に含まれるハウツーの限界が露呈してきたからでしょう。

とはいえ、リベラルアーツといわれる哲学にしても、歴史にしても、それらを学ぶこと自体が目的となってしまえば、結局それはハウツー的な教養にしかならないし、生きていくうえでの人々の血肉にもならないはずです。

昨今はデザインシンキングという考え方が流行りですね。ロジカルシンキングではなく、デザイナー的視点のクリエイティブな思考で問題を解決するのが大切、というわけですが、結局はそれもハウツーに回収されていくことはありえないか。本来そこでは、「そもそも教養とは何か」「人間が知性をもつとは、どういうことか」という本質を徹底的に考え抜く必要がありますが、そうした問題意識がとくにいまの経営学には、欠落しているように思えてなりません。

フッサールが哲学に向かった理由

山口　すべてがハウツーに回収されていく、というのは由々《ゆゆ》しき問題ですね。経営学だけではなく、哲学を取り巻く状況も同様です。その状況に正面から誠実に向かい合う、ということが、先ほども述べたように、現象学の創設者であるフッサールの問題意識でもありました。

じつはこれはよく知られていることですが、哲学研究を志す以前、フッサールは数学の研究者でもありました。ドイツにおいて、彼は数学の教授になれるレベルの研究を行なっていました。博士論文は当然ながら、教授資格論文も数学をテーマに書いています。

そうした数学のスペシャリストがなぜ、哲学に向かったのか？　フッサールは、数学基礎論の研究を通して、そもそも「数える」とはいかなることか、私たちの具体的な生活経験のなかからどのように、「数、および学問としての数学」が生成してくるのかを、「数学の現象学」として、哲学としての現象学の一重要課題としたのでした。

フッサールには、一九三八年に著した『ヨーロッパ諸学の危機と超越論的現象学』という著書があります。この著作は、略して『危機書』とも呼ばれます。そこで彼はこう問います。

西洋文明は、ユダヤ教、キリスト教というヘブライズム文化と、ギリシャのヘレニズム文化とを二大潮流にする深遠な伝統があるにもかかわらず、ヨーロッパは第一次世界大戦において、これ以上ないというほどの文明の危機に陥った。そこではお互いが自国の利益をかざして殺戮《さつりく》し合い、学問の進展にもかかわらず、政治も、経済も、まさに地獄絵図になったわけです。もっとも知性があるといわれていた人たちが、どうしてかくなる状況に陥ってしまったのか？

フッサールが見出した解答は、次のようなものでした。私たちが生きている「生活世界」において、すべて数式でもって解決できると思い込んでしまう人間の知性の妄信こそに問題の根源がある。理性によって人類の未来を示すはずの学問は、たんなる事実の学と化す「危機」に陥った。そしてこの「知性の妄信」の起源は、人間がその知性によって、世界を主観と客観とに分断し、主観の側から客観を説明できるとする主観主義をとるか、客観の側から主観を説明できるとする客観主義をとるかの二者択一に自分を貶《おとし》めていることに気づけないことにある、と。

この二項対立を根底から解消し、新たな哲学として展開したのが現象学なのです。だからこそフッサールは、数学を前提にしている自然科学がそもそも、いかなる学問論の上に立っているのかを徹底的に問い直しました。そこで露呈されてきたのが、『危機書』で指摘されている「生活世界の数学化」というわけです。

野中　それはまさに、経営学がたどってきた道程と同じです。一歩引いて考えればわかるように、どれだけテクノロジーが発達しても、理論が洗練されても、結局、経営を行なうのは「人間」です。

しかし現代の経営学は、その「人間」を忘れてしまった。「実践しなければ無意味」である経営学の、その実践の担い手は誰かといえば、人間以外にはありえないにもかかわらずです。

経営学は科学というよりも、実際には「アート・アンド・サイエンス」といったほうがよいでしょう。なぜなら身体性をもった人間は、アートの世界を生きているからです。もちろん先にも述べたように、数値化によって物事の表相がクリアになることは間違いありません。

しかし、そこではまさに現象学がいうところの「意味づけ」「価値づけ」という問題が出てこない。数字の背後にある意味の本質がわからなければ、実践が起こらないのも当然ではないでしょうか。

「意味づけ」「価値づけ」とは

山口　「意味づけ」「価値づけ」を意味する「志向性」の概念は、現象学において非常に重要な概念の一つです。このあとの第1部でも、その重要性について解説を加えていますが、ここでは簡単に要点だけを述べておきましょう。

たとえば自分が乗っている電車で突然、急ブレーキがかかったとします。そこでよろめいて足が動いたとき、もともとあった足の位置（動きの始まりの位置）と、それが動いたあとの位置（動きの終わりの位置）のあいだの間隔、つまり空間の広がりに、私たちは気づくことになります。

その一方、足が動いたと気づいたそのとき、そこでもし「他の人の足を踏みつけた」ならば、たいていの人は足を踏んだ人に対して「すみません」と謝ることでしょう。人に迷惑になることをしてしまったと「価値評価」をくだしているからです。

つまり、そこで私たちは自分の意思ではなく「足が動いた」ことを、空間の広がりという「意味」として身体で感じ分けしているのと同時に、その「自分の足が他人の足を踏みつけ、悪いことをした」という「価値」の判断をして、その隣の人に謝っているわけです。これをそれぞれ「意味づけ」と「価値づけ」を遂行している「志向性」と呼びます。言い換えれば、私たちは、それとして気づく以前（足が動いたことに気づいたのは、足の動きが終わったあとです）に、すでに「意味と価値」の世界を生きてしまっている、というのが、非常に簡単にいえば、現象学の「志向性」の概念なのです。

野中　経営学でいえば、近年の戦略論は客観的・分析的な側面が支配的になっていますが、分析を超えて意味づけや価値づけを志向するアートの世界の豊かさを追求しようと思えば、科学の方法論だけではなく、その組織を構成する一人ひとりの共感に訴えるものでなければ、メンバーの潜在能力を発揮させることはできませんね。

山口　おっしゃるとおりで、科学の方法論の基礎になる数学の客観的な「真理の世界」のようなものがあって、それが主観的な意味と価値に無縁な個人としての数学の天才に降臨するわけではありません。

これも第1部で詳しく説明しますが、この意味づけや価値づけというものを私たちはいったい、どのように志向しているのか？　それはどのようにして生活世界のなかで育っているのか？　ということについて、それをフッサールは「志向性の生成（発生）」という観点を通して明らかにしていきました。

野中　まさに経営学で起こっているのは「フッサールの危機の再現」であるように思えてなりません。だからこそ、経営学自体をいったん現象学がいうところの「カッコに入れる」必要がある。

山口　「カッコに入れる」とは、現象学のもう一つの非常に重要な概念である「現象学的還元」

の手法ですね。「現象学的還元」の方法とは簡単にいえば、「ありのままの経験に立ち戻る」という方法のことです。それは無意識のうちに身についてしまった「先入観や思い込み（たとえば科学的世界観）」から自由になることであり、たとえば、「時間」というものについて「現象学的還元」を行なうならば、そこでカッコに入れられるのは「時計によって計測される時間」になります。

「時計によって計測される時間」をいったんカッコに入れたうえで、「ありのままの経験」として、「時間が、私たちの意識に直接、どのように経験されているのか」を明らかにし、最終的には、「時計によって計測される時間」そのものが、私たちの意識にどのようにつくり上げられてくるのかを解明して、「時間の本質」に現象学は近づこうとするのです。

野中　そうした本質を考え抜くことなく、形式論理だけを追求していった結果、暗黙知の潜在能力は活かされず、どんどん劣化していく。暗黙知が劣化していけば、それとして気づかないうちにその世界を生きている意味づけや価値づけの源泉がよくわからなくなって、そうすると形式論理でモデルを構築していったとしても、人間の理想や追求目標となる普遍的な価値観である「真・善・美」には決して到達できない。

その意味では、我々の生き方に深くかかわってくるリベラルアーツを、ファッションではなく真の意味で社会科学にどう取り入れていくか、という視点こそ、今後の経営学の未来を考えるためには、極めて重要であるといえるでしょう。

人間の本能の世界に遡る哲学

山口　意味づけと価値づけについてもう少しだけ、補足しておきましょう。野中さんがいわれたとおり、アートとサイエンスを担っているのが人間です。それは「知性」と「感性」、「客観」と「主観」という言い換えも可能でしょう。現象学がユニークなところは、この「客観」と「主観」、アートとサイエンスに分かれる以前に、人はどんな世界を生きているのか、ということを徹底的に考え抜いたところです。

たとえば、赤ちゃんとその母親という母子がいるとします。赤ちゃんがおもちゃではなく、その横にあったぬいぐるみがほしかったとき、母親がそのぬいぐるみを手渡してあげれば、それを手にした赤ちゃんは喜びます。もしおもちゃを手渡せば、はっきり不満足な表情を見せるでしょう。つまり、とってほしいものが「おもちゃか、それともぬいぐるみか」というその「客観的な物の同一性」が、赤ちゃんの感情表現を通して、母子間で確かめられ合っているのです。

また、生後四カ月ごろまでの赤ちゃんは、自らの身体内部で受ける感覚と外部からくる感覚の区別がつかないといわれています。だから他の赤ちゃんが泣いていると、自分が泣いていると感じて「伝染泣き」が起こったりするわけです。しかしこの伝染泣きの時期に、つまり世界が「主観」と「客観」とに分岐する以前にもう、母親は泣きはじめた赤ちゃんをあやし、赤ちゃんもそれに応じるという母子間の情動的応答がすでに成立し、そこでおもちゃやぬいぐるみなどの物を手渡すことを通して情動が確かめられ合うなかで、「客観的な事物の世界」が二人のあいだにでき上がってくるのです。

この「確かさ」ほど、確かなものはありません。そして、この「確かさ」が行き交うなかで初めて、赤ちゃんには自らにとっての世界の成り立ちを理解していきます。物が仲介するなかででき上がってくる、自然科学以前の客観的な世界の成り立ち。これを現象学の創設者であるフッサールは、「相互主観性」という概念で確定したのです。

野中　これを自然科学の研究課題にしてしまうと、じつにつまらない結論しか出てきませんね。たとえば、発達心理学や脳発達心理学などのかたちで客観化・対象化して、赤ちゃんと母親が見ているおもちゃやぬいぐるみは同じものか、あるいは、確率的にどのような判断を赤ちゃんがするのか、という思考になるかもしれません。

山口　そうした手法は、赤ちゃんの「生の動機」、つまり、生きていくことへの根本的な「動機づけ」を見落としています。しかしこの動機づけを無視して、いったいどこに人間の意味づけと価値づけの源泉を見出すことができるでしょうか。

野中　そういう意味では、アートとサイエンスの双方を、さらに一段下から掬《すく》い上げようとしているのが現象学であるともいえますね。人間の本能の世界にまで遡って、人間が生きる動機づけを説明しよう、というわけです。そうした哲学を提出してきたのは、現象学者以外にはいませんか。

山口　たいへん大雑把ですが、カントにしても、ゲオルク・ヴィルヘルム・フリードリヒ・ヘーゲル（一七七〇〜一八三一年）にしても、現象学以前の哲学は、その部分に光を当てることがありませんでした。ただ一人、ゴットフリート・ライプニッツ（一六四六〜一七一六年）という哲学者が、こうした無意識の領域に「微小表象」という概念を通して考察を向けていたといえますが、フッサールほどの分析は行なっていません。

野中　いまのお話を私なりに解釈すれば、客観から主観を生み出すことはできませんが、主観から客観は生み出せる、ということです。やはり現象学の考え方はＳＥＣＩモデルと非常に近い。各人の思い、直観、体験が、周りの人の主観と共振・共鳴・共有し、場合によっては葛藤する。お互いの議論を掘り下げていくと、地下水脈のような、感性で共有する部分に行き当たることがある。そこで初めて共感が生まれ、相互主観性が育まれるわけですね。

イノベーションというのは、その共通項を一所懸命発見し、それを膨らませていくことによって生まれるものでしょう。異なる主観と主観がぶつかり合いながら、ピンと来たときに共感が成立する。そのことが、イノベーション創発においては決定的に重要だと私は思います。こうした議論も踏まえて、第１部では山口さんに、「現象学とは何か」という、その本質を教えていただきましょう。

第1部

なぜ現象学はすごいのか

山口一郎

第1章

現象学は欲張りな学問

自然科学も精神科学も包み込む

「経験のありのまま」に向かう哲学

ノーベル物理学賞や経済学賞というように、物理学にしろ、経済学にしろ、それぞれの研究領域は区別されています。専門領域を限定してこそ、それぞれの学問が学問として成立するとされるのです。物理学は、化学や天文学など、自然を研究する「自然科学」に属します。経済学は、社会学、政治学、心理学など、人間の精神を研究する「精神科学（社会科学）」に属します。

しかし哲学は、この「自然」と「精神」の双方を取り込んだ「世界全体」を研究対象にするといいます。哲学の欲張りな知的欲求は、それだけにとどまりません。哲学者はこの世界全体を「自然（物質）」と「精神」とに分類することに文句をつけます。「自然」と「精神」という専門領域の限定づけに対して、「なぜそう分けるのか、理由を説明しろ」というのです。

自然科学は自然によって精神も説明でき、最終的には精神疾患さえ薬で治せる、と主張します。他方、精神科学は自然すら精神が支配する対象でしかなく、自然災害でさえ、精神活動である学問研究を通して予知可能となり、制御可能になるといいます。

こうした「自然か、精神か」という二者択一に人間が陥ってしまうことには、理由があります。古来、人間に突きつけられたもっとも根本的な問いは「生死の問題」です。これは言い換えれば、「死んだら魂はどうなるのか」という問いです。

それに対して「死んだら自然に帰るだけだから安心しなさい。大きな自然の懐《ふところ》に戻るだけです」とする答えと、「死んだら魂として宇宙大の精神に受け止められ、精神として存在し続けるから、生前は精神を磨きなさい」という答えの二つが知られています。前者はすなわち、自然科学者の「外に現実に存在する、つまり実在する自然がすべて」とする主張であり、後者はすなわち、精神科学者の「内に存在する、つまり内在する精神がすべて」とする主張です〈1〉。

とはいえ、じつは世界全体を相手にするはずの哲学者もこの分類にとらわれてきたことを、まずは指摘しなければなりません。近世西洋哲学の始祖とされるルネ・デカルト（一五九六～一六五〇年）〈2〉は、考える心と物としての自然を二分する「二元論」を唱えました。この二元論を基礎にして、自然科学者と精神科学者はそれぞれの方法論に即して研究を展開し、哲学自身も世界全体を、実在する物としての自然から説明する「実在論」と、内在する精神から説明する「観念論」とに二分されることになりました。

この二分割を「世界全体という現実を理解するためには、あまりに素朴で独断的な人間の企てである」と退けるのが、現象学なのです。

この世界は二分割するには、「あまりにも豊かな私たちの経験」で満たされている――そう現象学は考えます。そこで現象学は、自然にしろ、精神にしろ、その豊かさが失われないように、できるだけ「与えられているそのままに」、つまり「私たちの経験に現れているままに」受け止めることから始めようとします。この「経験に現れていること」を出発点にするので、この哲学は「現象学」と呼ばれるのです。

たとえば、先に述べた人間の「生死の問題」について、現象学者は、実在する自然がすべてとも、内在する精神がすべてとも考えず、「死して自然に戻る」というときの「自然」について、あるいは「死してより大きな精神に包まれる」というときの「精神」について、私たちはどのような経験を積み重ねてきたのかを問いかけます。「各自の自分の経験のありのままに向かえ」ということで、現象学はそれを「事象そのものへ！（ドイツ語で"Zur Sache selbst!"）」といって標語にしました。

とはいえ、この時点で読者の方には、次のような疑問が浮かんでいることでしょう。私たちは、いったいどのようにして「各自に与えられている事象そのもの」に到達できるのか。たとえば「生死の問題」といったとき、そもそも「経験に与えられているまま」といったら「死んでみなければわからない」ことになり、「生死の問題」について何も語れないのではないか。「経験のありのまま」とは、何を意味しているのでしょうか。

「あなた自身」にしか出発点はない

ここで「生死の問題」が「経験のありのまま」にというとき、第一にそれは、「読者一人ひとりの心にそれらの（生死という）言葉の意味が与えられているがまま」ということを指しています。

しかし、「生死」という言葉で表現されているその意味は、人それぞれに異なっていると思われます。肉親の死を経験している人といない人、ペットの死に遭遇した人とそうではない人など、「生死」にかかわる経験の深さは、正確に言葉にできるものではないでしょう。

現象学が「経験のありのまま」というとき、自らの経験を吟味する「人それぞれの心」にこそ、この「経験のありのまま」の在りどころがある、とされています。「事象そのものへ！」というとき、その「人それぞれの心」を出発点にして、そこで明らかになるだろう「経験のありのまま」を目標に定め、「哲学への旅立ちの覚悟を決めてください」と現象学は促すのです。

ここでことさら「覚悟を決めよ」というのには、理由があります。たとえば「生死の問題」に関しては、生死の状態についての医者など専門家の意見もあるでしょうし、他人の経験談や親しい人々との対話などから学ぶこともあるでしょう。しかし、それを最後にどう受け取り、どのように決断するかは「あなた自身」であり、その判断にしか、哲学の出発点はないからです。

とはいえそこで現象学は「勝手に一人でやれ！」と突き放しもしません。具体的には「各自に与えられているがままの経験」のなかで、誰もが納得できる疑いない「ありのままの経験」として、誰もが心のなかで直接、実感している「感覚」という経験、つまり「感覚という経験のありのまま」に向かいましょう、というのです。

「感覚の世界」とは何か

ここで「感覚の経験のありのまま」というのは、たとえば、喉が渇いて水を飲んだときの「美味しさ」、山頂で迎えた日の出の「美しさ」、地震のときの身体の「揺れ」、仕事が立て込んだときの「疲れ」など、「視覚・聴覚・触覚・味覚・嗅覚」という「五感」に代表される各自の「感覚の世界」を意味しています。

この感覚の世界の第一の特徴は、誰に何といわれようと、「自分がそう感じている」というのに疑いがないことです。どんな感覚であれ、そう「実感」されていることに間違いはないでしょう。夢であろうと、現実であろうと、自分に見えたものは見えたわけであり、美味しいものは美味しいのです。

感覚の世界の第二の特徴は、各自別々に与えられていると思われているけれども、じつはそれを他の人々も一緒に共感している、ということです。映画、音楽、あるいはスポーツの観戦などでも、みなと一緒に共感しているからこそ楽しいわけですし、そのためにお金を払ってまで、その場に居合わせようとするのです。

そして私たちの社会生活のなかで、たとえば「故意か、過失か」という人の行動の責任が問われるとき、この共感が大きな役割を果たします。満員電車で急ブレーキがかかり、足が動いてしまって隣の人の足を踏みつけてしまった場合を想定してみましょう。このとき、「行動の責任」とはいっても、状況から判断して「わざと（故意）ではない」ことはお互いにわかっていますので、「すみません」と謝れば、「大丈夫です」という答えが返ってくるのが普通です。

ところがよくよく考えてみれば、「足が先に動いてしまった」ことは、足を踏んだ当の本人には間違いなくそう感じられていますが、踏まれた人にとって「足の動きが先だったのかどうか」は直接、その人の感覚には与えられていません。それにもかかわらず、「わざと」と「わざとではない」とを感じ分け、「大丈夫です」と答えているのです。この「わざとではない」ことが、踏んだ側と踏まれた側に「共感」として感じ分けられているのは、不思議なことではないでしょうか。

このように「故意か、過失か」といった社会生活での行動の責任が問題になるとき、じつはそこでは感覚の仕方である「共感の仕方」、とりわけ人々のあいだでどのようにして共感が共感として成り立っているのかが問われているのです。現象学は一貫して、このテーマを追求してきました。

共通言語としての「概念」

このように現象学は、私たちが疑いなく感じられる「感覚の世界」を出発点にするわけですが、そこで現象学は「生死の問題をどう考えるか」あるいは「自然とは何か」「精神とは何か」

「世界全体とは何か」などの問いに対し、それらの事柄（事象）について、時代と文化空間を超えて変わらない普遍的な「本質」が見極められる、といいます。しかもその「本質」を直観するための「方法」をもっているというのです。

このことを現象学では特有の用語を使って、「本質直観」の方法と呼びます。それがいかなる方法なのかについては第2章で説明しますが、本章では、それがおおよそどのようなことかについて、見取り図を描いておきましょう。

「本質直観」という方法があるとはいっても、それは詩人、文学者、芸術家などが創造的な活動をする際の「ひらめき」のようなものではありません。あくまで学問である哲学の方法です。しかしこの哲学の方法は、同じように客観的な真実を求める学問である自然科学の方法とも異なります。

自然科学の場合、その客観性は、「数と記号による数式、データである係数」という自然科学者同士の「共通言語」で表現されますが、哲学の場合、この「共通言語」に当たるのは、「概念」と呼ばれる哲学用語です。

たとえば日本語の「花」という言葉は、ドイツ語では「Blume」、英語では「flower」といわれます。この「花」「Blume」「flower」というそれぞれの言葉で表現されている「言葉の意味」は、だいたい似ています。似ていなければそもそも翻訳など不可能ですが、そこでそれぞれの言葉へと翻訳される、「概《おお》ね当てはまる思い」が「概念」といわれるのです。

それぞれの事柄（事象）について、時代と文化空間を超えて変わらない普遍的な「本質」を知ろうとする現象学は、どの国の言葉でもだいたい同じような意味をもつと想定される、この「概念」を共通言語として使おうとします。そのうえで「花とは何か」という本質を知ろうとするのです。

人権の本質をどう問うのか

しかし、このときにいくつかの問題が生じます。たとえば「花」「魚」「火」などの事物の概念であれば、それは具体的な物の性質をもっているので、私たちの「感覚の世界」とのつながりを通して、それらの「本質」に近づくことができるかもしれません。

しかし、たとえば「人権」という概念についてはどうでしょうか。「人権」は私たちの五感とは、直接には関係していません。触れられず、におわず、見えたり、聞こえたりもしません。この五感で感じることはできない人権の概念を、どのようにして私たちの「感覚の世界」と結びつければよいのでしょうか。

この問題に直面して思い出すべきは、先ほど紹介した「満員電車での急ブレーキによって人の足を踏んでしまった」という例です。このような状況で「故意に人の足を踏むつもりはなく、足が先に動いた」と言い切れるとき、間違いなくその実感は、私たちの「感覚の世界」に与えられています。

この「行動の実感」が、行動の責任が問われる私たちの社会生活において、「故意か、過失か」という区別の重要な裏づけになっているのです。直接、「感覚の世界」には属さないと思われる個人の「行動の責任」という概念すら、「足が先に動いた」という実感の裏づけなしには、他者との相互理解に至ることはできません。このこと一つとっても、「人権」という直接、具体的に個人の感覚に与えられない抽象的概念すら、個々人の感覚と密接につながっていることが、理解していただけるのではないでしょうか。

そのうえで、「人権」という言葉は、もともとの日本語には存在していませんでした。人権とは、ヨーロッパ思想に根ざした概念であり、ギリシャ哲学、ユダヤ・キリスト教思想、近世の啓蒙思想などを経て、一般的に「ヒューマニズム（人道主義）」という言葉で理解されています。

日本語で言葉として使われてこなかったこの「人権」の概念を把握するためには、それを日本語で「正しく理解する」必要もあります。そのためには、ヨーロッパ、たとえばドイツでこれまで「Person（人格）」「Menschenrechte（人権）」などの言葉がどのように生まれ、現代のドイツ社会で「どのように使われているのか」を学ばねばなりません。その「言葉の使い方」の徹底的な学習とはすなわち、ドイツ人が「自分の感じをどのように言葉にしているのか」を学ぶことを意味しています。それによって初めて、ドイツ社会という文化的な背景において「人権」という言葉がどのように理解されているのかということを、正しく知ることができるのです。

感覚と言語の関係

これについて、もう少し踏み込んで考えてみましょう。先の「電車の急ブレーキで隣の人の足を踏んでしまった」という例で「感覚と言語の関係」について考えるとき、足を踏んだ直後、踏んだほうの人が「すみません」と謝り、踏まれた人も「大丈夫です」と答えることがほとんどであると思います。

この短い言葉のやりとりは、社会のルール（謝罪と容認という倫理的ルール）に基づいていますが、しかしこの言葉のやりとりがそれとして成り立つのは、故意でなく過失であることが二人にとって共に実感できている、つまり「共感」できているからです。

つまり、「人権」が問題になる社会生活のルールは言語使用を前提としていますが、その言語使用は「共感」の有無を含めた感覚の世界の共有を前提にしている、ということです。だからこそ、ドイツと日本という異なる社会生活における「感覚と言語」の関係を明らかにすることを通じて初めて、言語使用を前提にする社会生活における倫理的判断の基礎に働く「人権の本質」の正当な理解（本質直観）に至ることができるのです。

自らにとって疑いきれない「感覚の世界」を出発点にしながら、そこで「実感」によって与えられる世界の成り立ちを問い、さらにはそこで使われる言葉の使い方の違いをはっきりさせることで、その違いを超えてその本質を的確に理解するやり方こそ、現象学における「本質直観」の方法と呼ばれるのです。

「感覚の本質は共感にある」といえるか

「感覚」と「言語」の違い（関係）について、もう一歩、進んで思考してみましょう。たとえば「水の美味しさ」「日の出の美しさ」などを描いた絵画の美、音楽が表現する深い悲しみや高揚する歓喜などからは、言葉による表現だけでは到底、伝えきれないものが、直接、伝わってきます。

この「言葉」を超えた豊かな「感覚」の世界は、「言葉」を必要としない、私たちが共有しうる「共感の世界」をつくり上げています。

この私たちが共有する「共感の世界」においては、たとえば目の前で相手が泣いているとき、自らが悲しんでいるわけでもないのに、相手の泣いている顔を見て「もらい泣き」さえしてしまいます。もし、自分の悲しみが自分の身体のなかだけで感じられ、他人の悲しみは他人の身体のなかだけで感じているだけだとすれば、そもそもどうやって「相手の悲しさが伝わる」のでしょうか。

そこで（実際に見たことのない）自分が悲しいときの顔つきと相手の顔つきがよく似ているので、そのよく似た相手の顔つきに、自分の悲しみに似た相手の悲しさを想像している、などという「まどろっこしい説明」を真に受ける人はいないでしょう〈3〉。

あるいは演奏に聞き入る聴衆を深い感動が包み込むとき、「私の感動はこの範囲、他人の感動はこの範囲」と思いながら聞いている人はいないはずです。音楽のもたらす感動とはすなわち、演奏する音楽家と、それに聞き入る人々のあいだに、そのつどの演奏を通して実現される「深い共感」をもたらしてくれます。

この言葉を超えた共感の世界の現実を前にして、現象学の創始者であるフッサールと、身体の現象学を展開したモーリス・メルロ＝ポンティ（一九〇八～一九六一年）は、「感覚の本質は共感にある」と主張します。私たちの「感覚」とはもともと「共感」から生まれている、それどころか「自分にだけ与えられた深い悲しみや痛み」というのは、じつは一種の思い込み（幻覚）であるとすら、メルロ＝ポンティはいうのです。

しかし、この主張は歯の治療をしたばかりの人や、失恋したばかりの人にとっては受け入れがたいものかもしれません。自分の歯痛は自分だけに限られた痛さであり、失恋したのもほかでもないこの自分だからです。しかし本稿を通して「感覚の本質は共感にある」とするフッサールとメルロ＝ポンティの主張が、すべての人が納得せざるをえない明白さで説明されます。そのプロセスを楽しみにしてください。

感覚が自然法則に果たす役割

百歩譲って「感覚は共感にある」としよう、しかしこの考え方はあくまで現象学だけにとどまるもので、サイエンス（自然科学）には関係ない――。そう思われる人もいるかもしれません。「感覚が個人に主観的に与えられているのに対し、サイエンスは誰にでも通用する客観的な法則を求める」ということが根拠かもしれませんが、じつはその感覚に与えられる刺激は、科学的（客観的）と見なされている自然法則においてすら、決定的に重要な役割を果たしているのです。

たとえばアルベルト・アインシュタイン（一八七九～一九五五年）の一般相対性理論における仮説は、「空間は星の重力によって湾曲されている」というものでした。この仮説は皆既日食の際、太陽の周りの湾曲した空間を通過している恒星の光が複数の観測者に観測された（湾曲を通して恒星の位置がズレて見えた）ことで証明されました。つまり、実際に観測者の目に「そう見えた」ことで、その仮説の正しさが証明されたのです。ここで大切なことは、観察するその人だけに「そう見えた」のではなく、同じ状況で誰が観測しても「そう見えた（感覚に与えられた）」ということです。

脳科学研究の場合も同様で、「音楽を聞いているとき、脳のある同じ部位が活性化していることが脳の画像で『目に見えた』」、つまり、複数の人の目にそう見えた（視覚という感覚で確かめられた）ことによって、科学的証明が成り立ちます。つまり物理学にしろ、脳科学にしろ、自然現象の観察が、私たちに備わる感覚器官による感覚を通してしか成立しえない以上、感覚とサイエンスの密接なつながりを否定することはできないのです。

ヴァレラの「神経現象学」の構想

となれば、感覚とサイエンスには密接なつながりがあるとして、そこで現象学はサイエンスに対し、どのような位置づけにあるといえるのでしょうか。あらためて思い出していただきたいのは、自然科学者の「外に現実に存在する、つまり実在する自然がすべて」とする主張も、精神科学者の「内に存在する、つまり内在する精神がすべて」とする主張も退ける、という現象学の立場表明です。サイエンスの主張は前者に当たりますが、現象学はそうした自然科学研究とその研究成果を、それとして受け入れ、次章で詳しく述べる本質直観の方法を通して、より高次の全体的理論へと統合していきます。

このサイエンスを現象学が取り込んで統合するという一事例として、最先端の脳科学と現象学を結びつけることに成功したチリの生物学者、フランシスコ・ヴァレラ（一九四六～二〇〇一年）の「神経現象学」を取り上げておきましょう。

ヴァレラは、同じチリの生物学者であるウンベルト・マトゥラーナとともに、新たな生命科学といわれる「オートポイエーシス論」を創始した人物です。オートポイエーシス論の要諦をかいつまんで述べれば、生命体は単細胞でさえ、細胞というまとまりを自分でつくり上げて生き続けている、ということです。「自分のまとまりを自分でつくり上げる」ので、「オート（auto＝自己）ポイエーシス（poiesis＝制作）」といわれるのです。

「自分で自分をつくり上げる生命体」というこの考え方は、脳神経の働き方の理解に大きな影響を与えましたが、そこでヴァレラは方法論の観点から現象学を学び、フッサールやメルロ＝ポンティから多大な影響を受けました。ヴァレラには「神経現象学」と「現在－時間意識」という重要な論文〈4〉がありますが、「神経現象学」という論文には、脳科学研究と哲学としての現象学との関係について、次のような論点が述べられています。

①脳科学研究と現象学研究はお互いに補い合う相補的関係にあること。

②脳科学研究は現象学研究に習って「現象学的還元」（大まかにいえば、本章で述べてきた「各個人の与えられているままの経験に立ち戻る」こと）に習熟し、それを身につけねばならないこと、しかもこの現象学的還元の方法に習熟することなしに、これからの生命科学の将来はないこと。

③脳科学研究は、現象学研究の際の方法である「本質直観の方法」（本章でもその概要についてはお話ししましたが、次章でより詳細に説明します）に習熟すべきこと。

④脳科学研究と現象学研究は、研究共同体という公共性において展開せねばならないこと〈5〉。

ここで言及されている「現象学的還元」と「本質直観」は、いずれも、数学の方法論よりも厳密で客観的な現象学の方法論の中核をなしています。この二つの現象学の方法が明らかにされることで、サイエンスが哲学としての現象学に統合されていくことが理解されるだけでなく、精神科学研究の現象学内部での位置づけも明確にされます。まずは第2章で「本質直観の方法」について、第3章で「現象学的還元」について、それぞれの説明を行なっていきましょう。

〈1〉人間が生死の問いに面して、実在する世界に解を求めるか、内在する自我（我）に解を求めるかしても真の解は得られず、二つの立場をいちどきに見る「我－汝関係」（第7章で詳しく説明される）においてこそそれが見出されるとする宗教哲学者ブーバー，M.の立場については、ブーバー（一九六七）『ブーバー著作集1』（田口義弘訳、みすず書房）九六～九七頁を参照。

〈2〉デカルトと現象学の関係については、第7章で詳しく説明する。

〈3〉このような説明の馬鹿馬鹿しさについて、メルロ＝ポンティは「古典的心理学」の「一種の記号解読」の説明の仕方だと批判する。彼は「他人の身体――私には、その特徴を持った動作や話し振りしか見えないわけですが――の後ろに、私自身が自分の身体について感じているものを、言わば投影するというわけです」（山口一郎〔二〇〇八〕『人を生かす倫理』知泉書館、二八四頁）というように、この説を正面から批判している。

〈4〉この二つの論文は、『現代思想　特集オートポイエーシスの源流』（2001,vol. 29-12）に収められている。「現在－時間意識」については第5章を参照。

〈5〉以上四点について、ヴァレラ，F.「神経現象学」『現代思想　特集オートポイエーシスの源流』一二一～一三〇頁を参照。

第2章

本質直観という方法

「事例収集」から「自由変更」へ

本質直観と人称関係

第1章で「現象学には、物事の本質を把握する方法論がある」と述べました。それを「本質直観の方法」と呼ぶことも、先に見たとおりです。本章で取り上げたいのは、この「本質直観とは何か」ということです。その手法のプロセスについて詳細に説明します。

その際、とても重要になる概念が「人称関係」です。人称とはご存じのとおり、話し手、受け手、および談話のなかで指定された人や物を指す代名詞です。ここでは一人称(私)、二人称(あなた)、三人称(一人称、二人称以外の人や物)からなる、「一人称―二人称関係」と「一人称―三人称関係」という「人称関係の区別」が取り上げられます。この人称関係の区別が、第1章でも言及したサイエンスと現象学との関係を解き明かすヒントになるだけでなく、「本質直観」にも深く関連するのです。

はじめに、図1を見てください。

心理学者エドガー・ルビン(一八八六〜一九五一年)が考案した図1は、ある人にとっては中心の図が「杯」に見えたり、ある人にとっては両側の図が「対面する二人の横顔」に見えたりすることでしょう。

〈図1. ルビンの杯〉

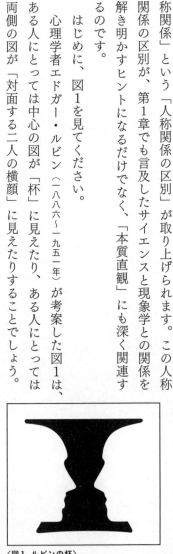

こうした図のことを「反転図形」と呼びます。反転というのは、ある人にとってその図が「杯」に見えたとき、「対面する二人の横顔」は、その背景の「地」になり、逆にその図が「対面する二人の横顔」に見えたとき、「杯」のほうが背景の「地」に反転するからです。この反転図形に二十世紀の心理学の一派である形態（ゲシュタルト）心理学は注目し、初めてこの図を見たとき、なぜそれが一目で「杯」、あるいは「対面する二人の横顔」という意味のあるかたち（形態）として見えるのか、ということについて研究しました。

一人称―三人称関係について

さて、この反転図形を見るとき、そこにおける「人称の区別」について考えてみましょう。図1を見るとき、それを見ている（読者である）「私」は「一人称」と呼ばれます。その一方、そこで見えている図は「杯」「対面する二人の横顔」という物の視覚像ですから「三人称」です。この「三人称」という言葉は、「第三者機関の査定」「第三者の視点」などといわれるように、「私とあなた」という「一人称―二人称関係」に入り込みやすい、好き嫌いなどの情動的な主観的評価を除外し、距離をもって客観的に見るというニュアンスをもっています。

自然科学（サイエンス）の研究方法がめざすのは、まさにこの「一人称―三人称関係」です。動物実験を行なう脳科学者は、自分のペット（二人称）のようにその動物に対することなく、あくまで実験対象として、その動物に対処するように努めます。そうしなければ、自分の気持ちが移し込まれてしまい、適正に実験を遂行し、客観的な実験データを得ることが難しくなるからです。

あるいは先に述べたゲシュタルト心理学において、この「図と地の反転の仕組み」をさらに研究しようとするとき、図と地の反転が複数の人（第三者）に確かめられれば「それでよい」のであって、ワイン好きの人がこの図を見て「私にはこれがワイングラスにしか見えない」といっても、それは個人の好みとして「反転の仕組みの研究」から排除されます。観察する人（一人称）の個人的傾向性（主観性）は三人称的観察から取り除かれ、「反転するときにどのくらいの時間がかかるのか」などの問いが立てられ、そこで見ている人の脳波（三人称的検査対象）などを計測し、「反転の機能」を明らかにしようとするのです。

一人称―二人称関係について

次に図2を見てください。左の写真から起こして描写されている人物は、現象学の創始者であるフッサールです。右の同様に写真から起こして描写されている人物は、幼いころからの記憶を綴った『自閉症だったわたしへ』を一九九二年に発表し、それが世界的ベストセラーとなったドナ・ウィリアムズ（一九六三〜二〇一七年）です。

この二つのデッサンを見るとき、フッサールであれ、ウィリアムズであれ、直接、相手の眼差しに引き込まれるような印象をもつことでしょう。もちろんデッサンですから生きて動いてはいませんが、「直視にさらされている」という感じがあるのではないでしょうか。

それだけでなく、フッサールとウィリアムズの眼差しには、そこから受ける印象の違いがあるように思われます。フッサールの場合、自分の正体を見抜かれているかのような、見定められている気持ちになる一方、ウィリアムズの場合、「見られているのか、見られていないのか」はっきりしないという印象をもつでしょう。

しかしいずれにしても、この二つのデッサンの場合、先ほどの反転図形とは違って、お互いに「私があなたを見る」という「一人称―二人称関係」が成立しているわけです。

ここで注意すべきは、それぞれの一人称にどのようにその二人称が映っているのかは、その一人称と二人称の関係そのものに起因する特有さがあることです。フッサール夫人であるマルヴィーネ・フッサールが見つめるフッサールのこのデッサンと、弟子であるルードヴィッヒ・ランドグレーベが見つめるこのデッサンの見え方は、違っているはずです。なぜなら相手の眼差しを見つめるそれぞれの私（一人称）は、「その相手との個人的なかかわり合いの歴史」

〈図2. フッサールとドナ・ウィリアムズ〉
出所：東洋大学哲学科編（2004）「哲学を使いこなす」『東洋大学哲学講座2』（知泉書館）181頁からの援用。

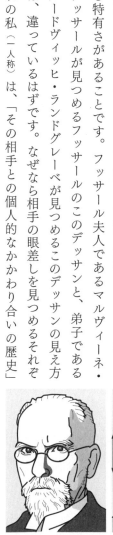

で満たされているからです。

こうして図2を読者の方が見るとき、見る私（一人称）と、その眼差しに与えられている「あなた」（二人称）の眼差しとの関係は、「一人称－二人称関係」ということができます。その一方、図1を読者の方が見るとき、見る私（一人称）と見られた図1（三人称）との関係ですから、それは「一人称－三人称関係」となるのです。

この二つの関係を突き合わせると、次のことが明らかになります。先に述べたように自然科学研究は、「一人称－三人称関係」を一貫して追求しています。「一人称－二人称関係」が「観察－実験－検証」という方法のなかに混じることは許されません。その一方、現象学は、そうした自然科学研究を「そのようなもの」として、つまり、「一人称－三人称関係」の探求として認め、受け入れます。しかし現象学は、この自然科学研究の方法だけで、物事の本質が究められるとは見なしません。

第1章で、「現象学は自然科学研究をそれとして受け止めたうえで、そのすべてを取り込み、それを現象学に統合していこうとする」と述べました。つまり現象学は「一人称－三人称関係」の探求という自然科学研究のみならず、私たち個人の体験と経験の豊かな歴史ができ上がってくるなかで、その豊かさをできるだけ与えられているそのままに受け止め、そこで「私とあなた」という「一人称－二人称関係」に踏み込んで、その「一人称－二人称関係」はどのように成り立っていて、「一人称－三人称関係」とどんなところが違っているのか、明らかにできるというのです。

本質直観の第一段階「事例収集」

自然科学が、「一人称―三人称関係」を基礎にして研究を展開するのに対し、現象学は「一人称―二人称関係」をも包み込む。それを踏まえ、ここからは現象学の「本質直観」について、順を追って説明を試みてみましょう。

まずは「本質」「直観」という用語を説明しておきます。「本質」とは、「それがそうあるためには、欠かすことのできない性質」を意味しています。一方で「直観」とは、「それが絶対に間違いなく意識に明白に与えられている」という意味です。第1章で「電車の急ブレーキで隣の人の足を踏んでしまった」という例を取り上げましたが、この電車の急ブレーキで足が先に動いたことがあとで意識される、ということは、絶対に疑えない、確信できることでしょう。

そのうえで、この本質直観の方法は、大きく分けて二段階から成り立ちます。第一段階は「その本質は何か」と問いたいものに対し、あらゆる事例や実例を収集する、ということです。現象学ではこれを「事例収集」という用語で呼びます。

例とともに進めましょう。たとえば第1章で述べた「感覚の本質とは何か」という問いに対して、現象学はどのようなかたちで事例収集を進めるのでしょうか。

まず「一人称―三人称関係」の探求である自然科学研究の事例収集（感覚の科学）については、客観的データの収集ですので、誰もが行なうようにインターネットなどを通じての収集が考えられます。ウィキペディアで「感覚」の項目を見たり、ダウンロードできる科学者の論文を調べたり、「感覚」に関する専門書を読むことなどもありえます。

その一方で「一人称―二人称関係」、つまりそれぞれの個人に与えられている五感の世界の体験や経験、具体的には「喉が渇いて飲んだ水の美味しさ」「夕日の美しさ」「コンサートでの感動」などを収集するのは、もう少し複雑です。それらについては自らのこれまでの記憶を遡り、さまざまな機会に出会った二人称である「あなた」との経験を思い出してみることなどが挙げられます。その出会った「あなた」との経験のなかで、どんな感覚や感情が記憶に残っているのか、それをできるだけ言葉にして、いつも振り返ることのできる感覚の経験の事例として書き留めておくのが、「一人称―二人称関係」における事例収集といえるものです。

とはいえ、ここですぐに思い当たるのは、個人の経験には際限がないわけで、そもそもそれはきちんと収集できるものか、という問いでしょう。ここで助けになる考え方は、自分個人に限られた「一人称―二人称関係」における感覚の経験と、他の人々の「一人称―二人称関係」における感覚の経験をはっきり区別しておくことです。自分に直接与えられている感覚と、他者の表情や言葉を通して伝わってくる感覚とを区別し、他者が直接もつ感覚は、どんなふうに自分に伝わってきているのかを問うてみるのです。なぜそれが助けになるのか、ということについては第7章でご説明しますが、ここでは「一人称－二人称関係」においては自分と他者の感覚の経験を収集し、それをしっかり区別しておくところまでを説明させていただき、本質直観の第二段階に進んでいきたいと思います。

リベットの「意識の〇・五秒の遅延説」

とはいえ、感覚を「一人称－三人称関係」を基盤にして研究する自然科学研究者は、「一人称－二人称関係」による自分や他者の感覚の体験や経験など主観的なものであり、客観的に「感覚とは何か」を明らかにするうえで収集に値しない、というかもしれません。しかし、そうでしょうか。

第1章では私は客観的とされるアインシュタインの一般相対性理論が、「複数の人の『目に見えた』」という感覚に基づいて証明されていることを指摘しましたが、本章でも同じような視点から、なぜ「一人称－三人称関係」に基づく自然科学だけでは、現象学の事例収集において不足が生じるのか、ということを明らかにしてみたいと思います。

感覚の科学、それも最先端の脳科学が解明する感覚の世界はたいへん興味深いものです。なかでも私たちにとって衝撃的な研究成果は、視覚・触覚・味覚・嗅覚・聴覚の「五感」で感じられる感覚は、そもそもそれに気づき、意識した瞬間にそう感じているわけではない、ということではないでしょうか。この「何かを感じるまでに〇・五秒間の脳内活動が必要である」という脳科学者ベンジャミン・リベット（一九一六〜二〇〇七年）の実験結果は、世界中の脳科学者によって追試され、客観的に正しい事実であると検証されています〈6〉。

しかし、そんな悠長なことでは、閉まりかけた電車から出られないし、回転ドアにも入れない、と思われるかもしれません。もちろんそこで脳科学者は、〇・五秒のズレがあるにもかかわらず、私たちがそれを同時に感じられるのには理由があるといいます。人間は、幼児のころから外界の変化に適応することができるように「学習」を重ね、この〇・五秒を短縮し、刺激が始まったその瞬間に戻れるようになった、というのが彼らの説明です。

この説明に対する直接の批判はここでは控えますが、第3章、第6章、第7章において、そのことに関連して参照いただける記述を行なっています。

「ミラーニューロン」の発見

さらに、〇・五秒の意識のズレ以上に衝撃的といわれる脳科学の発見は、相手の行動の意図や感情の動きを正確に映し取る、鏡のような脳神経細胞群（「ミラーニューロン」）の発見ではないでしょうか〈7〉。

このミラーニューロンは、実験室のなかで偶然、発見されました。実験者がピーナッツをつまんで食べているとき、それを被験体であるサルが見ていました。そこで、そのサルがピーナッツをつまんで食べるときのニューロン（神経細胞）が活動（活性化）していたことが、計測器をつけたままのサルの脳画像に映っていたのです。もちろん、そのサルはピーナッツを食べてはいません。

見ているだけなのに、自分で食べているときに活動するニューロンが活動しているということは、見るだけで実際に食べてはいないのに、〝食べている〟ときの脳の活動が起こっていた、ということです。

そこで脳科学者は、相手の行動を外から見るだけで、何をしているのかがわかるニューロン群があるとして、それを「ミラーニューロン」と名づけました。そしてこのミラーニューロンは、サルだけでなく人間にも存在しており、その位置とその活動が、さまざまな実験を通して検証されたのです。それに加えてさらに、たとえば自閉症患者の情動的コミュニケーションの困難さ（自身の感情表現の難しさや相手の感情が伝わらないこと）は、このミラーニューロンがうまく機能していないからとする実験結果も示されました。

このミラーニューロンの働きによって、相手の行動の意図がわかったり、相手の表情に現れている感情表現に共感できるのならば、人間の感覚能力は「共感能力」をも含んでいることが、脳科学研究を通して証明できることになります。

ミラーニューロン説の不十分さ

しかし現象学が「感覚の本質は共感にある」というとき、それは脳科学が発見したミラーニューロンの働きのことをいいたかったのではありません。なぜなら何度も繰り返すように、現象学が「一人称―三人称関係」の解明である脳科学研究の成果を「そのまま受け止める」とはいっても、その成果だけで「感覚の本質」を洞察するのは不十分である、と見なしているからです。

ミラーニューロンが働いているから人の行動の意図がわかるといっても、たとえば、ズルをして長蛇の列に割り込む人を見ても、自分が割り込んでいるわけではなく、その人の意図と自分の意図の区別はついています。この人の行動と自分の行動の区別は、ミラーニューロン説によると、発火率（活動する活性化の数値）の違いにあるといわれます。自分の場合は、発火率が少し高く、他人の場合は、発火率が少し低いとミラーニューロン説は説明しますが、これはまるで、いまではほとんど使われることのなくなった「嘘発見器」を髣髴《ほうふつ》とさせる発想ではないでしょうか。

その一方、第1章でも取り上げた「電車の急ブレーキで隣の人の足を踏んでしまう」という例では、「故意か、過失か」の区別について「足が動いた事実とそれに気づいた（意識した）ときと」との時間の前後関係が、経験する当人に間違いなく実感（直観）されています。そこで時間にしてどのくらい遅れが生じているのかは、さほど重要ではありません。

さらに、意図的に身体を動かすとき（たとえばわざと隣の人の足を踏もうとするとき）には時間のズレを感じないのに対し、意図せずにその動きが先に起こった場合、それを意識するのが遅れるというこの順番についても、現在の脳科学は明確な説明を行なっていません。事実、意図した運動のことを呼称する「随意運動」の場合と、意図を伴わない運動のことを呼称する「不随意運動」の場合の運動の区別について、あるワークショップで筆者の行なった問いに対し、運動を専門とする脳科学者は、「その区別は、外からの観察を徹底する運動の脳科学研究の課題にはならない」と答えました。

つまり、脳科学研究による説明は、その個人の経験内容をあくまで「三人称の視点」で観察するだけで、たとえば、「故意か、過失か」といった自由と責任にかかわる「意味と価値」を含む物事や人間の行動の本質、「それがそうあるためには、欠かすことのできない性質」であり、時代や国の違いを超えて妥当する普遍的な性質を意味する「本質」には到達できないのです。

本質直観の第二段階「自由変更」

あらためて、「本質直観の方法」に戻りましょう。第一段階である「事例収集」の次に来るのが、第二段階である「自由変更」と呼ばれる「自由な想像の活用」です。ここでいう自由な想像とは、第一段階の「事例収集」のとき、とくに他者の感覚の経験を収集するときに働かせる想像とは違って、より積極的に、はっきり自覚をしつつ想像する、ということです。

なぜこの第二段階が必要とされるのでしょうか。たとえば第一段階で「共感」に関する「事例収集」を行なったとしても、それはどのような状況で、どうして特定の人とだけ共感でき、その他の人とは共感できないのか、などの理由を考えていく必要があるからです。つまり、共感が生じる条件を考えるためにこそ、自由な想像の活用が必要なのです。

この「自由変更」のための具体的な方法論として、現象学が行なうのが「思考実験」です。この「思考実験」は、いわゆる自然科学研究に基づいた実験とはまったく異なるものですが、それがどのようなものかについて、いくつか例を挙げて説明してみましょう。

思考実験1：色と広がり

ある晴れた日の昼下がり、「芝生の上に仰向けになって真っ青な空を眺めている」と想像してみてください。このように「～と思ってみてください」「～と想像してみてください」という言い方をして議論を進めるのは、哲学の考察の特徴の一つです。これを「思考実験」と呼びます。自然科学研究のように厳密な条件設定を前提に仮説を立て、実験するのではありません。さまざまな状況を設定して、それがどのような結果になるのか、考えのうえで実験してみるのです。

さて、そのうえで目の前に広がる青い空を少しずつ狭めていって、小さな青い丸い点にしてみてください。このとき、青い丸い点は、たとえ小さくても青く見えています。点が見えていることと自体が、その点が目に見える広がり（空間）をもっているということになります。

これが「思考実験」になるのは、次の瞬間です。この見える広がりをゼロにしてみるのです。この広がり（空間）がゼロになったとき、青だけではなく、どんな色も見えません。逆に何らかの広がり（空間）が見えるとき、そこで「何らかの色（白と黒も色だと見なします）をもたない広がりは見えない」ということにもなります。

そこで、色が色であることと、広がり（空間）が広がり（空間）であることは、次のような関係になります。①色は広がり（空間）なしに色ではありえない、②広がり（空間）は色なしに広がり（空間）として見えない、③色と広がり（空間）はお互いに欠くことのできない不可欠な関係にある〈8〉。

この「思考実験」を通して明らかになった色と広がりの本質という見解を、自然科学の実験で確かめることはできません。広がりがゼロの色を計測することはできないからです。それでも、これは色についての自然科学研究を行なう人々が、すべて受け入れざるをえない「色の本質と広がり（空間）の本質」についての真理といえるでしょう。

先ほども述べたように、本質とは「それがそうあるためには、欠かすことのできない性質」を意味しています。だからこそ自然科学が「色」を研究するとき、色が色であるために欠かすことのできない性質に空間が属することは、受け入れざるをえないのです。自然科学研究は、この現象学が指摘する本質相互の関係性を自明のこととし、それを素朴に前提としたままで「客観的とされる三人称的観察」に終始しているといえるのです。

念のために補足しておくと、この「色とは何か」という問いと、「～の本質は何か」という問いは、「本質」という言葉が付け加わることで、より精確な表現になっているだけの違いでしかありません。

思考実験2：音と持続

別の「思考実験」の例も見ておきましょう。音楽には、その始まりと終わりがあります。そこで、ある音楽の始まりに聞こえた音を切り刻み、音の長さを小さくしていったとします。そして最終的に、その音の長さがゼロになったとします。そのとき、音は何も聞こえません。そこで誰も反論できないのは、「時間の持続の幅をもたない音は聞こえない」ということです。逆に音が聞こえているとき、音を完全に取り除いて、時間の枠（形式）だけを感じ取ることもできません。

ということは、①音は時間が持続していなければ、音として聞こえない、②音が聞こえるとき、そもそも音が聞こえるのでなければ、聞こえるときの時間の持続もない、③音と時間の持続はお互いに欠くことのできない不可欠の関係にある、ということがいえます。

以上のことから「音が何であるかの音の本質と、時間が何であるかの時間の本質」の相互の関係が明らかにされます。このことには、聴力を検査する耳鼻科の医者も納得せざるをえないはずです。

思考実験3：正方形を描いてみよう

もう一つ、先に挙げたミラーニューロンの発見にもかかわる「思考実験」も見ておきましょう。この思考実験では、紙の上にボールペンで正方形を描くことを想像してみます（図3）。もちろん、実際に描いてみてもかまいません。

まず、aからbに線を引き、bからc、cからd、dからaというように続けます。ここでaからbに線を引くとき、その線を引く人には「まっすぐ」という意味がわかっていて、さらに「まっすぐ」引くときにどんなふうにボールペンを動かすか、動かすときの動きの感じ（これを「運動感覚」と呼びます）がどんなふうかもわかっていないと、その線を引くことはできません。運動感覚がどんなふうか

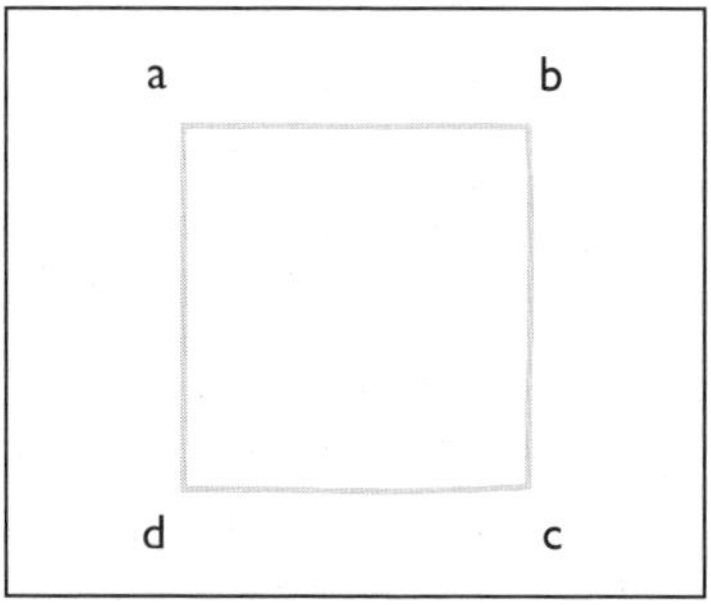

〈図3. 正方形を描く思考実験〉

ということが、その結果である「描かれた線」として見えることになるからです。

　これはつまり、ある手の動きの「運動感覚」が、それによってでき上がる「描かれた線」の視覚像にぴったり相応している、ということです。まっすぐ描けば、その運動感覚に相応したまっすぐに引かれた線が見えます。手がぶれて曲がっているという運動感覚を感じれば、それに相応した、ぶれて曲がった線の視覚像が与えられます。ここにははっきりとした規則性が存在しています。運動感覚a──→bは視覚像a──bを結果として生み出し、運動感覚a⌒→bは視覚像a⌒bを結果として生み出すのです。ここでは特定の運動感覚と、それに相応した視覚像とのペア（対《つい》）ができています。

　もちろん「まっすぐ」ということはわかっていても、紙が凸凹だったり、手がぶれたりしてまっすぐ引けない場合もあります。しかしそれを含めて「こう引けば、こう描ける」という運動感覚と、それに相応した視覚像との対の規則性は、私たちが子供のころから長年の練習によって体得された能力といえるものです。

運動感覚と視覚像の連合

　ここで、脳科学によって発見された先のミラーニューロンの機能と、この運動感覚と視覚像とのペア（対）の成り立ちとを比較して考えてみましょう。

先ほど、相手の行動を外から見ただけで行動の意図がわかるのは、ミラーニューロンが機能しているから、という話をしました。脳科学ではこのことについて「相手の行動を見る」ときの知覚系（外界を知覚するときに働く神経組織の系列）と、「何かをするために動く」ときの運動系（身体を動かすときに働く神経組織の系列）が、ミラーニューロンを通して連結しているからである、と説明します。そしてこのミラーニューロンは、人間が誕生したときからでき上がっているわけではなく、幼児期の学習のなかで次第に形成されてくるというのです。

とはいえこの学習のプロセスは、現在の脳科学研究においては明確に解明されてはいません。脳科学では運動感覚のデータが視覚像のデータに「変換される」「翻訳される」などといわれるのですが、その「変換や翻訳の仕組み」はまだ明らかではなく、今後の研究課題とされています。「一人称―三人称関係」の探求である自然科学では、ここまでが限界でしょう。

これに対して現象学は、まず「こう手を動かせばこのような線が引ける」というときの、各自が感じている手の運動の運動感覚と、「描かれる線」の視覚像の変化の、それぞれの感覚の本質である「感覚質（感覚内容ともいわれ、脳科学ではクオリアと表現されます）」の違いを確認します。

そして、この運動感覚と視覚の「感覚質」にははっきりした違いがあるにもかかわらず、先の「ボールペンで正方形を描く」というときには、運動感覚と視覚像の変化がピッタリ相応していることが、私たちには直接、経験されています。現象学はこの相応関係の経験を、運動感覚とそれによって生じる視覚像の変化とペア（対）の結びつき（現象学はこれを「連合」と呼びます）と見なし、その結びつきが幼児期にどのようにでき上がってきたのかを、脳科学研究に頼ることなく、幼児の内面から明らかにします。その方法については、第7章で詳しく説明します。

ちなみに、この結びつき（連合）は実際に線を引かずとも、年齢を重ねるにしたがって、その働きを想像上、働かせることができるほど、強固になっていきます。たとえばスポーツ選手は、試合の前に「イメージトレーニング」をします。陸上選手であれば「スタートの瞬間の時間の幅を大きく増幅」して、「スタートの音が聞こえる直前、左足のどの部分に力を入れ、そのとき右足はどの位置にあり、どのような運動を起こし、腰の位置、両手の位置はどこにする」というように、身体を実際に動かさなくてもイメージを働かせる訓練を繰り返します。それによって最高のスタートがきれたりするのです。

「無我の境地」に生じる共感

本章の最後に確認しておきたいのは、「本質直観」というとき、それが自分一人で確信できる個人的な直観ではなく、他の人々と共有しうる「普遍的に妥当する直観」であることは、いかにして保証されうるのか、ということです。

たとえば、第1章においてフッサールとメルロ＝ポンティは「感覚の本質は共感にある」と主張している、と述べました。このとき「共感」という以上、それは複数の人が感じられていて、しかも同じような感覚であることが保証されていなければなりません。個別の別々の身体であるにもかかわらず、なぜそもそもその物理的な隔たりを飛び越えた「共感」が成り立つといえるのでしょうか。

フッサールとメルロ＝ポンティによれば、「共感」とは、「自分と他者との区別がつく以前に、したがって、自分の感覚と他者の感覚の区別がつく以前に、いわば一つの融合した身体のなかで生じている感覚であり、その融合した身体において共有され、共に生きられている感覚である」とされます。

具体的には、生後四カ月くらいまでの赤ちゃんは自他の区別がついておらず、だからこそ他の赤ちゃんが泣いていると、自分が泣いていると感じて「伝染泣き」が生じてしまうことがその「融合した身体」の一例ですが、その後、赤ちゃんは成長して、「自我の意識」が芽生え、「私とあなた、私と物」などの「人称の区別」がつくようになり、学校に行くころには、その自分（一人称）は、言葉を話し、名前で呼ばれ、自分のことはしっかり自分として自覚し、意識された「一人称の自分」になります。この「一人称の自分」は数を数えられるようになり、おやつのいちごの数できょうだいと喧嘩したり、学校に行き、理科の学習で、自然科学の研究の仕方に馴染んだりもしてきます。

このときの「一人称の自分」こそが、学習能力や実践能力など、第三者による評価が下される「一人称－三人称関係」における一人称の自分ということになるわけです。

しかし、そうした区別ができるようになってからも、私たちはときどき、幼児のころにもっていたような「自他の区別」がつかなくなるような状況を経験することがあります。

人の目（第三者の目）を気にすることなく「我（自分）を忘れて集中できること」は、たいへん稀《まれ》な出来事かもしれませんが、稀ではあってもそれが実現できることは、アメリカの社会心理学者のミハイ・チクセントミハイがアンケート調査で明らかにした「フロー（flow）」という精神状態の多くの実例において示されています。

「フロー」というのは「我を忘れて、物事になりきる無心や無我」といわれる精神状態に近く、「無我の境地」と呼ばれたりもします。

チクセントミハイは、人間の創造的活動について社会心理学の調査を行ない、対談を通して、ダンスやスポーツ競技や音楽の演奏、病院での手術といった状況で、複数の人々が一つになって、まるでオーケストラの演奏の流れのように仕事が進展するとき、ここでいわれている「無我」や「無心」が実現するという状態を報告しています。つまり「我を忘れる」とは、大人の段階での「自他の区別がつかない」という状況なのです。

たとえば、ダンス競技で、ダンスのペアが「一心同体」で踊っているとき、まさにそれは「一心同体」というように、そのダンスの動きの感覚が共有され、ぴったり一致したものになっているはずです。そのようなダンスのあとのインタビューで聞かれるのは、二人とも「無心で、我を忘れて踊りに集中できた」というような感想です。

このとき、「一人称がなくなる」と表現してもよいのですが、むしろ、赤ちゃんのときのひたむきに世界に向かう「一人称－二人称関係」に戻ってくる、といったほうが適切でしょう。そこでは大人のでき上がり済みの自我意識を振り返ることなく、二人で一つの身体になり、「一つになった運動感覚の共感」を通してダンスが自然に（ひとりでに）生じているかのような「感覚の世界」が生じます。このような「お互いの自我から解放された無心において生じる共感」であってこそ、「無心のダンス」が実現するのです。

あるいは、仏教徒が念仏に打ち込むとき、自分が念仏を唱えているのか、念仏に唱えられているのか、わからなくなる、といったことがいわれたりもします。

じつはチクセントミハイのいう「フローの体験」は、著名な仏教学者である鈴木大拙《だいせつ》（一八七〇～一九六六年）の著作『禅と日本文化』で描かれた江戸時代の無の境地を生きる生活人の生きる態度に酷似しており、文化を超えて共通した生きる態度の表現ともいえます。

これらの例に限らず、ひたむきに何か特定の活動に集中するとき、それに働きかけているのが自分なのか、それともそのことから働きかけられているのかが不明になるといった精神状態は、みなさんも何らかのかたちで経験されているのではないでしょうか。

ということは、第三者による評価がくだされる「一人称－三人称関係」における一人称の自分ができ上がってからの「共感」とは、まさに「我を忘れる」集中した活動性の最中で生じるものであり、そうしたときにこそ「共感」は個別の身体を超え、二人で一つの身体になり、

「一つになった運動感覚の共感」が絶対に疑いえないものである、と私たちは確信することができるのです。このことについても、第3章でさらに詳しく説明しましょう。


〈6〉リベット，B．（二〇〇五）『マインド・タイム』（下條信輔訳、岩波書店）を参照。

〈7〉ミラーニューロンの発見については、リゾラッティ，G．・シニガリア，C．（二〇〇九）『ミラーニューロン』（柴田裕之訳、茂木健一郎監修、紀伊國屋書店）および、イアコボーニ，M．（二〇一一）『ミラーニューロンの発見』（塩原道緒訳、ハヤカワ・ノンフィクション文庫）を参照。また、ミラーニューロンとフッサールの相互主観性論の関係については、山口一郎（二〇一二）『感覚の記憶』（知泉書館）第1部、第1章を参照。

〈8〉フッサールは、色と広がり、音と時間持続の互いの本質が互いに不可欠であることを、互いに基礎づける「相互基づけ」と呼んでいる。フッサール（一九七四）『論理学研究 3』（立松弘孝・松井良和訳、みすず書房）一九、五三頁を参照。

第3章

先入観を「カッコ」に入れる

現象学的還元とは何か

先入観や思い込みを取り除く

本章でお話しするのは、第2章でご説明した「本質直観」の方法と並んで、現象学の方法として重要となる「現象学的還元」の方法です。

現象学的還元の方法とは簡単にいえば、「ありのままの経験に立ち戻る」という方法のことです。「ありのまま（元々）の領域」に「立ち戻る（立ち還《かえ》る）」という意味で、「現象学的還元」の方法といわれるのです。

第1章で、現象学は自然にしろ、精神にしろ、その自然や精神の経験の豊かさが失われないように、できるだけ「その経験に与えられているそのままに」受け止めることから始めようとする、と述べました。そこで神経現象学を提唱するヴァレラが、「将来の生命科学の発展のためには、現象学的還元の方法を熟知することが、必須である」と主張しているのも、先に見たとおりです。

とはいえ、この「ありのままの経験」というのは、そもそもどんな経験のことでしょうか。じつはこの「ありのままの経験」に戻るという「現象学的還元の方法」は、本質直観の方法を使うための前段階、ないし準備の段階の方法ということができます。

なぜ本質直観の方法がその前段階として、現象学的還元の方法を必要とするのか。私たちの日常生活での経験は、さまざまな先入観や思い込み（憶測）によって覆われており、それらの先入観や思い込みを取り除き、それによって露呈してくる「ありのままの経験」の領域を獲得したうえで、初めて本質直観の方法を活用できる、ということが、その理由ということができるでしょう。

「呼吸と一つになること」と現象学的還元

この「ありのままの経験」に至る方法として、第2章の最後でご説明した「無我の境地」に至るための「呼吸と一つになる」という座禅の修行がよく知られています。そこでまず本章では、呼吸と一つになることで「無我の境地」で弓を引く「無心の弓」を実現したドイツ人哲学者、オイゲン・ヘリゲル（一八八四〜一九五五年）の話を引きながら、この座禅と現象学的還元の方法との比較を試みてみましょう。

ヘリゲルは一九二四年、東北大学に哲学の講師として招聘され、一九二九年にドイツに帰国するまで、阿波《あわ》研造《けんぞう》という「弓禅一致」を提唱する範士に弓を学び、帰国の際には、五段の免状を受けたとされます。その著書『弓と禅』〈9〉には、ヘリゲルの「無心の弓」がどのように実現したのかという経過が、詳しく描かれています。

そこでヘリゲルは、弓聖と讃《たた》えられ、「弓禅一致」を主唱する阿波範士の指導のもと、「自分が呼吸しているのか、呼吸されているのか」がわからなくなるほど、「呼吸と一つになる」という練習を繰り返します。

座禅においてそれは、自分の呼吸に集中するため、はじめに、吐く息と吸う息を一つとして、「ひとーつ、ふたーつ、みーつ」と数えていき、一〇まで数えたら、また「ひとーつ」に戻り、一〇まで数え、それを反復する「数息観《すそくかん》」という方法で練習されます。それに慣れると数を数えることなく、自分の呼吸に付き添うように呼吸だけに集中し続け、呼吸と一つになる「随息《ずいそく》観《かん》」という方法がとられるようになります。

この練習を通してヘリゲルは、呼吸する自分が消え失《う》せ、呼吸に呼吸されているような、呼吸と完全に一つになる体験を重ねていきました。しかし、呼吸の練習だけに集中しているときには、呼吸と一つになることはそれほど難しくないとしても、弓を引くとき、呼吸と一つになったままで弓を引いて矢を放つことは、簡単には実現しません。

というのも、弓を引くには力が要るからです。そこで「もう張っていられない」あるいは「いつ放てばよいか」などの思いが浮かんだ瞬間、呼吸への集中は途切れてしまい、「無心の弓」は実現できません。

しかし、ヘリゲルは練習を重ねることで、最終的に範士の指南による「赤子の手のように、ザクロの実が弾けるように」自然に手が開き、無心の状態で矢が放たれる、いわば「無心の弓」が実現されたのでした。

さて、このヘリゲルにおける「無心の弓」の実現とそこに至るまでのプロセスを、現象学の探求方法と比較したとき、明らかになることがあります。この「呼吸と一つになる」という練習において、言葉や考えは、練習の妨げになるだけです。

ヘリゲルが呼吸と一つになることで実践した座禅の修行において、第1章で説明した、哲学が依拠する「共通語」である概念と言語による説明は、禅の修行にとって障害物でしかないのです。

他方で現象学は、「概念による理論的反省か、言語を超えた実践か」という二者択一に陥ることがありません。現象学はヘリゲルが体験した「無心の弓」の経験を、どうにかして「言葉」にしようとします。現象学は「言葉と概念」を通じ、人間すべてが「物事の本質直観」にたどり着く道筋を、すべての人に理解できるように描こうとするのです。

そこで現象学が「言葉」にしようとしている人間の経験は、「無心の弓」や芸術やスポーツなどの、直接、言葉を必要としない「感覚による感性の世界」の経験から、自然科学や精神科学などの言葉や数字や概念などを必要とする「思考による知性の世界」の経験にまで及んでいます。

言葉を換えれば、感覚の世界で問われる「共感」や「無心」など、経験の「質」の世界から、自然科学研究に代表される、数と数式による「量の世界」をも、現象学はその研究対象に含むのです。

判断停止とカッコ入れ

こうしてすべての経験を言葉にしようとする現象学の営みを確認したうえで、いよいよ現象学的還元の説明に入っていきましょう。簡単にいえばそれは、いったん知的判断を停止し、知的能力をカッコに入れて使用しないでみる、ということです。この判断停止とカッコ入れによって、先入見や思い込み（たとえば科学的世界観）などから自由になるという指針を意味しているのです。

この判断停止とカッコ入れの事例として、ここでは時間と空間の「ありのまま」とは何か、ということに現象学的還元の方法を用いてみましょう。

通常、私たちにとっての時間とは、時計によって計測されるものであり、同じく私たちにとっての空間とは、メジャー（㎜、㎝、ｍ、㎞などの単位）で計測され、数値で表現されるものです。

とはいえ、美しい音楽に聞きほれているとき、「一秒、二秒……」と心のなかの秒針を眺めながら聞いている人はいないでしょう。「与えられているがままに流れる時間」を時計で計ろうとした瞬間、その経験は瓦解してしまうからです。そこで時計の時間をカッコに入れたときに明らかになるのは、「時計の時間」の数値そのものには、じつは何の意味も価値もない、ということです。

なぜならば、ありのままの経験された時間には、たとえば「お花見をしたいと思って桜の開花を待ちわびている」という未来の時間、「実際に桜を仰ぎ見る」という現在の時間、「桜が散った」という過去の時間という「現在・未来・過去」というそれぞれ異なった時間の意味がありますが、それを図4に描かれた時間軸上に、-t、0、+tと記したとしても、そのなかのどこを探しても「現在・過去・未来」の意味を見つけることはできないのです。

試しに、-tと0のあいだに「過去」の時間を見つけようとして、0から見たときの〇・五秒前を「過去」としてみましょう。では、その半分の〇・二五秒前はどうなるのでしょうか。もちろん、これも「過去」です。では、その半分の〇・一二五秒前は？　そうやって無限に切り刻んでも、いつ「過去」が始まるのか、時間が「過去」になる瞬間をつかまえることは永久にできません。数は無限に小さくなることができるからです。

未来も同じです。〇・五秒後、〇・二五秒後、〇・一二五秒後と0にいくら近づけても、「未来」の始まる時点を見つけることはできません。ということは、現在の0の時点も見つかるはずはないことになるのです。

となると、そこではそもそも時間軸を描いて、-t、0、+tという記号にそれぞれ「現在・過去・未来」という意味をあてがっているのは「誰」なのか、ということが問われるようになります。ここであてがわ

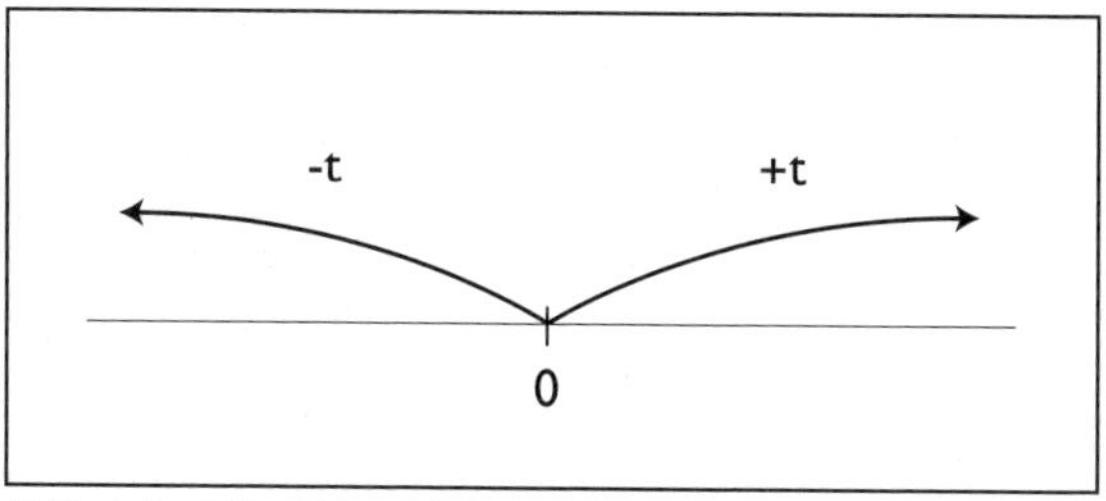

〈図4. 未来・現在・過去の時間軸の一例〉

れている「現在・過去・未来」という時間の経験の意味は、どこからもってこられたのでしょうか。

日本の科学者ならば、日常生活で使っている日本語の「現在・過去・未来」という言葉の意味を使っている、という答えが返ってくることでしょう。それ以上、言葉の意味についての詮《せん》索《さく》はなされません。それはちょうど観察や実験や検証のとき、「見て確かめている」という「感覚に与えられること」を前提にして、それ以上は疑うことがないのと同じです。

いま時間の意味について述べたことは、空間にも当てはまります。いわゆる「物理的に計測される空間」のどこを探しても、空間の経験の意味は見つかりません。なぜなら二人の人が対面しているとき、一方の人にとっての「右」は、他方の人にとっての「左」です。一方の人にとっての右の空間に「右」という意味がへばりついていて絶対に間違いないのであれば、それが他方の人にとっての「左」という意味をもつはずがありません。

上と下も同じです。一階に住んでいる人にとって、一階の天井は「上」にありますが、二階に住んでいる人にとって、同じ一階の天井は「下」にあります。内と外にしても、それは自分がどこにいるかによって、つねに変化します。Aの部屋の中(内)にいるときは、Bの部屋は外ですが、Bの部屋の中(内)にいるときは、Aの部屋は外になるのです。

このように物理的に観察される客観的空間に、右と左、上と下、内と外という意味の区別はありませんし、数値で決められる長さや広さなども、ただの数値で決められているにすぎません。つまり「右手が利き腕だ」「40㎡は狭い」などの価値評価は、価値をもたない客観的空間に人間が与えている価値評価なのです。

時間と空間の「意味と価値」とは

それでは、私たちの「ありのままの時間と空間の経験」にとって決定的に重要なのは何か。それは「桜の咲く前、花見ごろ、散ってしまったあと」のような「未来・現在・過去」といった時間の意味と価値であり、あるいは「暑くてたまらない屋外と冷房の効きすぎた電車のなか」といった、「外と内」の空間の意味と価値です。

そして、この数量で計測する物理量の世界に見出すことのできない経験の「意味と価値」についてこそ、現象学の考察が開始されます。現象学は、複数の人々のあいだに共有される言葉の意味と表現された価値が、どのようにして言葉として通用するようになり、そこでどう共通の価値観が形成されるようになるのか、その意味と価値の生成する源泉に遡ろうとするのです。

この源泉に遡るために、第1章で述べた「電車の急ブレーキ」の事例をもう一度、取り上げてみましょう。この例で、「足が動いた」という先に起こった出来事は、「それに気づいた」というあとの出来事に対して、まさに先に起こった「過去」の出来事です。「起こったこと（足が動いたこと）」が先（前）であり、「それに気づいたのがあと」という前後関係は、絶対に間違いありません。この前後関係こそ、先に起こって過去のものになったという「過去の意味」と、そのことに「いま（現在）気づいた」というときの「現在の意味」とが、間違いなく感じ分けられたという「時間の意味の実体験」にほかならないのです。

同時に、この「電車の急ブレーキの事例」においては、時間の意味の源泉だけではなく、空間の意味の成り立ちも明らかになります。気づかずに足が動いたという「足の運動の感じ」（運動感覚）は、そこでもうすでに広がり（空間）を実感しています。なぜなら気づかなくても「足が動いた」と感じられるためには、少なくとも「その動きの始まりの位置であるa」と「その動きの終わりの位置であるb」が感じ分けられていなければならないからです。

この感じ分けがあるからこそ、たとえば電車の急ブレーキがかかったとき、もともとあった自分の足の位置（動きの始まりの位置）と、それが動いたあとの位置（動きの終わりの位置）のあいだの間隔、つまり空間の意味（広がり）に気づけるわけですが、このように運動感覚によって実感された意味は、「自分たちがそのように意味づけている」ことから生じているということで、「意味づけ」と呼ばれます。

さらにここで、もう一つ重要なことが明らかになります。足が動いたと気づいたそのとき、そこでもし「他の人の足を踏みつけた」としたならば、たいていの人は足を踏んだ人に対して「すみません」と謝ります。人に迷惑になることをしてしまったと「価値評価」をくだしているからです。つまり、それは気づかずに「足が動いた」ことを意味として身体で感じ分けられていると同時に、その「自分の足が他の人の足を踏みつけ、悪いことをした」という価値判断をして、その隣の人に謝っている、ということです。これを「意味づけ」に対して「価値づけ」と呼びます。

ここからわかることは、私たちは、それとして気づく以前に、すでに「意味と価値」の世界を生きてしまっている、ということなのです。

能動的志向性と受動的志向性

とはいえ、起こったことにあとで気づくという「電車の急ブレーキ」などの例を除いて、私たちの日常生活において意味や価値は、はっきりと意識された行為に伴っています。朝に目覚まし時計をかけてベッドから起き、顔を洗って朝食を食べ、仕事に出かけ、そこから夜に寝入るまで、私たちの行動はほとんど、特定のはっきり自覚した意味づけや価値づけに基づいています。しかしその一方、先にも見たように、私たちはそれとして気づく以前にもすでに「意味と価値の世界」を生きてしまっている、という現実もあるわけです。

このように、意識している、いないにかかわらず、すでにいつも何かが何かとして「意味づけられ、価値づけられている」ということについて、現象学では「何かが志向されている（intendiert）」と表現します。この「志向（Intention）」という用語の原意は、広い意味での意識（繰り返すように、それは意識していない場合も含まれます）が「何かに向けられている」ことです。それらのさまざまな志向に共通する「何かに向けられている」という一般的（抽象的）性質を、現象学は「志向性（Intentionalität）」と呼びます。

さらにこの志向性は、大きく二つに区分することができます。自分ではっきりと意識している、たとえば朝起きて朝食をとるときに働くような、さまざまな志向性のことを「能動的志向性」と呼びます。その一方、電車の急ブレーキで、足が先に動いたとき、意識にのぼらずに「足の動き」という意味づけをしているような、意識されていない志向性を「受動的志向性」と呼びます。

この二つの志向性を明らかにすることによって、「私たちに与えられているありのままの経験」が、どのようにしてそのような経験になっているのかということについて、現象学は、誰もが納得できるようにそれを説明しようとするのです。

〈9〉ヘリゲル，E.（一九八一）『弓と禅』（稲富栄次郎・上田武訳、福村出版）

第4章

感覚と知覚は何が違うか

後部座席でクルマ酔いする理由

受動的志向性の具体例

前章で説明したように、自然科学研究で使用されている「客観的な時間や空間」は、いわば数字と記号で表現される「量の世界」に属します。そのどこを探しても、私たちの時間の経験における「現在・過去・未来」の意味や、空間の経験における「右左・上下・内外」の意味を見つけることはできません。客観的な観測に徹している自然科学研究は、主観的とされる意味づけや価値づけという志向を持ち込んではならないからです。

それに対して現象学は、自然科学研究が排除する「人間が世界に対するとき、それに気づいているか、いないかにかかわらず、起こってしまっている意味づけと価値づけ」を研究対象とします。この意味づけと価値づけを、特定の意味と価値に向けて方向づけられた「志向性」と呼ぶことは、前章で見たとおりです。

そしてこの志向性は、こちらも前章で説明したように「電車の急ブレーキ」のときに起こるような、意識にのぼることなく「足の動き」の運動感覚として感じ分けてしまっている「受動的志向性」と、「わざと人の足を踏みつける」ときのような、その意味づけと価値づけを意識し、自覚しながら働かせる「能動的志向性」の二つに区分できます。

本章ではこの二つの志向性がどのようなものかについて、さらに詳しい説明を行なっていきましょう。

意識にのぼらない受動的志向性の例は、「電車の急ブレーキ」の場合の運動感覚だけではありません。読んでいる本が面白くて、ふと気づいたら「周りが薄暗くなっていた」という視覚感覚もその一例です。そのとき、自分の注意と関心は本の内容に向かっていて、周りの明るさは気にとめていなかったはずです。

しかし「薄暗くなった」と気づけるためには、「薄暗くなる前」の過去と「薄暗くなった」現在との違いが感じ分けられていなければなりません。本を読んでいた時点で気づかなかった（意識されていなかった）「周りの明るさ」と、いまの「薄暗さ」との違いは、意識して感じようにも、感じ分けられるはずはないのですが、私たちはその差（気づかれなかった明るさといま気づいた暗さの差）に不思議にも気づくことができているのです。

逆に、突然、停電が起こったとき、部屋の明るさにそれまで注意を向けていなかったものが、電気が消えることで、注意を向けていなくても「明るさを感じていた」ということに気づくことができます。その明るさを感じられていなければ、停電で明るさが失われても、その違い（気づかずに感じていた部屋の明るさと停電による暗さの違い）に気づけないはずだからです。

この「周りの明るさ」は第2章の図1（五〇頁）で「対面する二人の横顔」が図として見えていたとき、その地として意識にのぼらずに背景として〝見えていた〟（〝〟は、意識して見ていたのではないことを意味しています）ルビンの「杯」のようなものということができるでしょう。

あるいは授業中、急に静かになったと思ったら、それまでついていた空調のクーラーが止まったことに気づいた、ということも、その一例です。学生は授業の内容に関心を向けていたので、クーラーの運転音に気づいていませんでした。クーラーが止まったことで初めて、それまでのクーラーの運転音に気づいたわけですが、そのときも、意識にはのぼらずにクーラーの音が〝聞こえていた〟からこそ、その音がしなくなったことに気づけたのです。

さらには、考えごとをしながら歩いていて、歩道の凸凹に気づかずに転びそうになるということも、この受動的志向性が働いている実例の一つです。このとき自分の関心は、考えごとの内容に向かっています。よほど疲れていたりなどしないかぎり、私たちはことさら注意を向けなくても歩くことができます。そして、この「注意しなくても歩けること」のなかには、歩道の堅さや凸凹を感じ分け、それを予測しながら一歩ずつ歩みを進める、気づかずとも感じ分けている能力が含まれているのです。

歩道の堅さと凸凹のなさを意識にのぼらせることなく予測し、まさにその予測どおりの次の一歩を踏み出したからこそ、その予測に反して凸凹につまずいて転びそうになる、ということが起こるのです。このような注意を向けない予測がいつも働き、そしておおよそ、その予測どおりになっているからこそ、私たちの日常生活は、一定の安定を保っていられるわけです。

そして、このような「明るさ・暗さ」という視覚、「歩いている」ときの運動感覚、「歩道の堅さ」の圧覚などのさまざまな感覚内容にはすべて、それぞれの感覚が「何の感じ」であるかということがわかる意味づけと、そこに「快・不快」という基本的な価値といえる価値づけが伴っています。それらが少なくともそのときには気づかれずに志向されて（意味づけられ、価値づけられて）いたので、それは受動的志向性と呼ばれるのです。

念のために申し添えると、ここでいう「受動的」という言葉は、「する／される」といった「能動と受動」の区別に当てはまるものではありません。「〜される」ときにはふつう「〜される」ことに気づいている「自分」がいるからです。ところが「気づかずに〝聞いている〟」とき、それに気づいている自分（自我）はいません。日本語の文法でいえば、能動でも、受動でもなく、自然に事が起こっている「自発」に近いニュアンスでしょう〈10〉。

受動的志向性による受動的綜合について

ここで、第2章において「本質直観の方法」について考えた際、「青空の広がりを少しずつ小さくしていって幅のない点にしたとき、色が見えるか」「聞こえている音を縮めていって長さのない点にしたとき、音が聞こえるか」と問うた「思考実験」を思い出したいと思います。そこで確信できたのは、「色とは何か」ということと「広がり（空間）とは何か」ということ、あるいは「音とは何か」ということと「持続する長さ（時間）とは何か」ということが「お互いに不可欠である」ということでした。

つまり、色とは何かという「色の本質」と、空間とは何かという「空間の本質」はお互いに依存していて、どんな色が見えるときも、その色は決まった広がりをもち、さまざまな大きさでその色が見えているとき、その大きさなりに広がったまとまり（統一）になっているのです。ここで、色が色としてまとまっていることを、現象学では「まとまり」という言葉に代えて「綜合」という言葉で表現します。「総合」の「総」でなくて「綜」が使われるのは、「そのつど新たにつくり上げる」という意味が「綜」の字に含まれているからです。

この「綜合」を踏まえて、受動的志向性の例で挙げたクーラーの話に戻ってみましょう。そこでクーラーの音の本質と、時間の持続の本質は、まさに思考実験で「聞こえている音を縮めていって長さのない点にしたとき、音が聞こえるか」と問われたように、持続しない音は聞こえないわけですから、お互いに依存し合っています。つまり、そこでクーラーの運転音は、気づかずとも「その音の持続のまとまり」として聞き分けられていた、ということになります。本人は意識していないにもかかわらず、それが「まとまり」として認識されている。この受動的志向性による意味づけと価値づけのまとまりのことを、現象学では「受動的綜合」と呼びます。

気づかずに生じている意味づけや価値づけのまとまりである受動的綜合が働いていたことは、それが働いた直後に気づかれ、意識されることで、初めてそれが働いていたことを私たちは確かめることができます。「転びそうになってハッとした」からこそ、「歩道の堅さと平坦さ」についてそれを自分では気づいていないうちに感じ分け、予測していたことが確かめられるのです。「静かになった」と気づけたからこそ、気づかずに〝聞こえていた〟クーラーの音の持続に気づけるのです。「暗くなった」とわかるからこそ、背景になっていた地としての「部屋の明るさ」が確認できるのです。

能動的志向性による能動的綜合について

さて、私たちは大人になると考えごとをしながら歩道を歩けるわけですが、そもそも人が歩けるようになるためには、ハイハイから始まって立てるようになり、よちよち歩きが確かなものになるまで、一所懸命に歩くことを学んだ幼児の過去の経験が必要とされます。何も考えずに歩けるようになるまでには、注意の塊になって初めて、そこに至ることができるのです。

あるいは電車内でつり革につかまって、多少のカーブではバランスを崩さずに本や携帯電話を確認できるのも、バランスをとりながら立ち続けることができるように運動感覚を身につけられたからです。その気になって意図的に身体を動かすことができるようになったからこそ、電車の急ブレーキでも気づかずに足を送って、身体のバランスをとることができるのです。

このように、意図的に自覚して身体を動かすことのできる能力のことを、第2章で説明したように「随意運動」の能力と呼びます。この随意運動のときには、しっかりそのつもりになって、自覚して身体を動かすという意味づけと価値づけが働いています。凍《い》てついた雪道を転ばないように気をつけて歩くとき、一歩先の道の凹凸を見極め、足をそこに送ります。このしっかり意識された、自覚的な意味づけと価値づけこそ、受動的志向性に対して能動的志向性と呼ばれるわけですが、そこで意識してAからBの地点への足の動きをとりまとめ、統一しているのは、足を動かす能動的志向性による「能動的綜合」ということになります。

他方、「電車の急ブレーキ」の場合は、意図せず身体が動くわけですから、こうした能力のことを「不随意運動」と呼ぶことも、理解いただけるでしょう。

受動的綜合の受動的意識と能動的綜合の能動的意識

この意識にのぼらない受動的志向性による受動的綜合と、意識されている能動的志向性による能動的綜合という区別がなされるとき、次のような疑問が湧いてきます。不随意運動で「運動が先に起こったこと」がその直後に気づかれるとき、それが意識されている以上、そこで志向性は、受動的志向性から能動的志向性に変化した、と理解すべきなのかどうか、という疑問です。

次のようなケースを想定すれば、その疑問に対して適切な答えを得られるでしょう。

大人の随意運動の能力は高度に発達しているので、たまたま起こった「電車の急ブレーキ」

を、それが起こった瞬間に利用して、つまり、不随意運動で起こった足の動きを利用して随意運動に変え、隣り合わせた「嫌いな上司の足を踏みつける」こともできます。そこで上司が怪我をしてしまった場合、自分が意図してそうしたことは自覚できているので、良心の呵責《かしゃく》を覚え、苦しむことも起こりえます。

ということは、不随意運動で足が動いた直後、ただそれに気づく（意識する）だけの場合と、それを利用して意図的にそれを随意運動に変えるときとを明確に区別しなければならないことになります。ここで、「ただ意識に受け止めるだけ」と「それに意図が加わったこと」を区別するためには、意図が加わった瞬間にそれに気づく必要があります。意図というのは「自分の意図」ですから、そこでは自分の意識（自己意識）が働くか、働かないかがはっきり区別できている、ということです。

つまり、電車の急ブレーキの際、過失に気づいて「どうもすみません」と謝るとき、それは不随意運動をそのまま感じ取っているだけであり、随意運動に変化はしていません。他方、「嫌いな上司の足を踏みつける」とき、そこでは不随意運動による運動感覚の意識が先に起こり、その意識が、自己意識を伴う随意運動の運動感覚の意識へと変化しているのです。

そこで現象学は、不随意運動が起こったあとにそのことに気づくときの意識の仕方を「受動的意識」〈1〉と呼び、その一方、意図的な随意運動の場合の、自己意識を伴う運動感覚の意識を「能動的意識」と呼びます。この二つを区別すれば、意識を伴わない運動感覚が直後に意識されても、それは受動的志向性から能動的志向性へと変化したと理解する必要はなく、受動的志向性が受動的意識として意識されたと理解することができるのです。

能動的綜合に組み込まれる受動的綜合

通常、私たちの日常生活では、受動的綜合をそのまま受け止めて意識するという受動的意識が生じることはそれほど多くありません。これまでに挙げられてきた例でいえば、「電車の急ブレーキ」「ふと教室が静かになったように感じた」「ふと周りが薄暗くなったように感じた」「考えごとをしながら、歩いていて転びそうになった」などの場合です。このとき、いつも意識にのぼらない受動的綜合の働きが、それらが働き終わったその結果として、受動的に意識されます。

そしてそれらはそのあと、電車の急ブレーキで隣の人の足を踏んでしまったとき、すぐ隣の人に謝ったり、「静かになった」と感じたとき、あらためて講義の内容に集中したり、「周りが薄暗くなった」と思ったら立って電気をつけたり、歩いていて転びそうになれば足元に注意するなどして、受動的に意識されたことに気づかれることすらなく、継続する能動的綜合の流れに組み込まれていきます。

さて、この受動的意識を脳科学研究の成果である「意識の遅延説」と「ミラーニューロン説」と比較することで、現象学の考察が、脳科学研究の研究成果に「意味と価値」を与えていることが、より明確に理解できます。

第2章でご紹介したリベットの「意識の〇・五秒の遅延説」では、人間は幼児期に「運動系と知覚系」との連結が学習され、大人の場合、この〇・五秒間の脳内活動を遡る学習を通して、外界のそのつどの出来事の変化に即応し、〇・五秒間の時間のズレを感じることなく、同時にそれが意識できるようになった、とされました。

ということは、私たち大人は、この幼児期に完成した〇・五秒の短縮によって、朝起きて、夜寝るまで、自己意識を伴う能動的志向性による能動的綜合が継続しているあいだ、外界の出来事との時間上のズレを感じられないはずです。ところが「電車の急ブレーキ」の際、「自分の足の動いたそのとき」と、それに気づいたときとのあいだには、はっきりした時間のズレがあります。〇・五秒の短縮を達成したはずの大人に、時間のズレが明確に意識されてしまっているのです。

この急ブレーキがかかる以前、本を読んでいた自分の関心と注意は、電車のなかで本の内容を理解する能動的綜合として働いていました。そこに急ブレーキがかかったとき、その人は、その能動的綜合の対象を、本の内容から「倒れないように姿勢を保つ」という本能的な関心と注意へと急激に向け直さなければならなくなるわけです。

この関心と注意を強制されることはたとえば、ある動画を見ていて「動くものを見る」ことにかかわる「運動系と知覚系の連結」に、能動的綜合として意図的に自分の関心と注意を注いでいることとは異なります。電車の急ブレーキのときに起こっているのは、まさに特定の何かに関心と注意を向けるように強制される（強いられる）ということなのです。

なぜ後部座席でクルマ酔いするのか

この強制は、自分で車を運転するときにはクルマ酔いしないのに、後ろの座席に座っているときにはなぜかクルマ酔いしてしまうことの理由ともなります。自分で運転するときには、受動的綜合によってでき上がっている「運動系と知覚系」との連結（連合）を、そのまま「運転する」という能動的綜合に活用していくことができます。「ハンドルの動きとクルマの動き、それに伴う道路や走行する他のクルマの外観の変化」などについて、自分で「こうすれば、こうなる」というように、意図的に制御ができるからです。

この「こうすれば、こうなる」という「運動系と知覚系」の連結（連合）は、繰り返しますが幼児期に学習されていて、自分で意図的行動を起こしているときはいつでも、いわば「身についた身体記憶」という身体能力として身体に備わっています。

ところが、クルマの後部座席に座って考えごとなどしているとき、そこでは前をしっかり見ようとはしていませんし、自分がハンドルを握るときの「前方がゆっくりカーブしているので、ゆっくりハンドルを回せば、前方の光景はそれに合わせて変化していく」といった、クルマの運転の際に身についている身体能力に属する「予測」も立っていません。

そこで自分で運転せず、後部座席に座って、予測の立たないカーブやブレーキのときのクルマの動きに自分の身体が順応しなければならないとき、注意された予測なしに、受け止められたままの受動的綜合において、意識されずに与えられている「運動感覚の変化」が、受動的意識にもたらされ続けることになります。

このときに感じられる「時間のズレ」こそ、意識されずに受動的綜合において与えられている「運動感覚の変化」が受動的意識にもたらされるために必要とされる、リベットのいう「脳内活動のための〇・五秒」の時間の幅である、と理解できるのです。

予測が成立している随意運動の場合、予測どおりか、予測が外れるか、そのどちらの場合も現実に時間のズレなく即応できるのですが、予測が立てられていない不随意運動の場合、つねに外界の現実の変化の後追いが必要で、それが意識にもたらされるまでの時間が必要とされるからこそ、〇・五秒の時間がかかるように時間のズレが実感される、というわけです。

だからこそ現象学は、運動感覚の脳科学研究が、随意運動の際の運動感覚と、不随意運動の際の運動感覚の違い（行動の責任の基準）を説明できず、〇・五秒間の脳内活動を、最終的に物質間の物理的因果関係と見なす誤解に陥っており、意味づけと価値づけを担う受動的志向性による受動的綜合が働いていることに盲目である、と批判するのです。

感覚（受動的綜合）と知覚（能動的綜合）の違い

赤ちゃんの成長を見ればわかるように、「自分が動く」という自己意識を含む意図的な随意運動を獲得していくためには、それ以前に、本能的といわれる不随意運動が生じている必要があります。赤ちゃんが立って歩けるようになる前に、手足をばたつかせる本能的運動などの身体運動が起こっているのです。本能的な運動ですから当然、それを赤ちゃんは意図していません。赤ちゃんは泣くつもりで泣いているのではないのです。

その後、幼児期に次第に獲得されてくる、自覚された随意運動の能力は、たとえば、ハイハイしてソファのかげに隠れた「おもちゃの自動車」をとりに行くなど、「何か」を「何かとして」知覚することと結びついて発揮されていきます。「何か」を「何かとして」知覚するという意味を補足しておけば、それは初めて「ルビンの杯」の画像を見た際に、最初は画像の全体が白と黒の色の広がり（感覚の広がり）と見えていたものが、次の瞬間に「杯」に見えたり、「対面する二人の横顔」に見えたりするとき、「何か」が「何かとして」知覚される、という言い方をします。そこで重要なのは、感覚されたものが知覚されるのであって、感覚はいつも知覚に先立つ、ということです。

知覚に感覚の段階が先立っているということは、視覚の世界に限られず、「何の音だかわからない音が聞こえている」という場合の聴覚の世界、何の味だかわからない味にかかわる味覚の世界、匂いにかかわる嗅覚の世界、感触にかかわる触覚の世界など、すべての感覚の世界に当てはまります。ここで感覚とは、これまで説明された言葉でいえば受動的綜合によって与えられ、それに対して知覚は自覚を伴うものですから、能動的綜合によって与えられている、といえるでしょう。

リンゴはいかにリンゴとして知覚されるか

ここで、視覚の感覚の世界を前提にして、「何か（特定の事物）が見えている」のかがわかる知覚の世界がどのようにしてでき上がっているのか、ということについて、さらに考えてみましょう。そこで重要となるのは、知覚はたしかに感覚を前提にしているのですが、それは「知覚が感覚から生まれる」ということを意味しているのではないことです。次の思考実験が、それを考えるために役立ちます。

お皿の上にリンゴが一つ乗っているのが見えるとします。そのとき、このリンゴが一つの「かさばった物」として見えるためには、いま目に見えている側だけでなく、見えていない裏側もある「物」として知覚されていなければなりません。しかし、目の前に広がっている色やかたちの視覚上の感覚だけでは、そのリンゴは表面だけしかとらえられていません。私たちの視覚の感覚に与えられているのは、そのつどの瞬間に見えているリンゴの表面だけなのです。

ここでリンゴを手にとって、目の前で、ゆっくり回しながら動かしてみます。そうすると、はじめに見えていた側は、ゆっくり裏側へと隠れていきます。このとき、「感覚」として見えているリンゴの表面は、ぐるりと回せば見えなくなります。つまり、「感覚」には与えられなくなるのです。しかし、同じ一つのリンゴの表側が裏側に回って見えなくなっても、その表面がなくなってしまったのではなく、もっと回せばまた見えてくることはわかっています。かさばりをもつ物であるリンゴが「知覚」されているからです。

このリンゴが私たちのそのつどの瞬間の感覚にどう見えているか、そのありのままに近づくために、その動きを二〇コマの連続写真に撮ると仮定してみます。そして、撮った二〇コマの写真を横に並べてみます。そこでそれぞれの写真には、見えている側は写っていても、裏側は写っていません。しかし私たちは実際にリンゴを手にとって回しているとき、見えない側は、見えなくても裏側にそのままあると確信できているわけです。当たり前のようですが、考えてみれば、これはとても不思議なことではないでしょうか。

なぜ私たちがそう確信できるのかを考えるために、第2章の図3（六五頁）で示された「ボールペンで正方形を描く」事例をここでもう一度、取り上げてみましょう。ここでは「線を描く」ときの運動系（身体を動かす際に働く神経組織の系列）と「描けた線」が見える知覚系（外界を知覚するときに働く神経組織の系列）との連結（連合）が生じています。ゆっくり手を動かして線を引けば、ゆっくりと描かれた線の視覚像が見えてきて、速く手を動かして線を引けば、速く描かれた線の視覚像が見えてくる、それを幼児期に繰り返すことで、この運動系と知覚系との連結が学習されていくということが、その趣旨でした。

その際、手を動かすときの運動感覚とそれによって変化する視覚像の変化は、「運動感覚^1－視覚像^1、運動感覚^2－視覚像^2、運動感覚^3－視覚像^3……」というように、「運動感覚－視覚像」の対の連続として描くことができます。

それを踏まえて、左手にリンゴをもってゆっくり時計回りに回すとき、それが仮に先に述べた二〇コマの「運動感覚－視覚像」の対の連続によって成り立っているとした場合、この二〇コマの感覚の対の写真が、二〇コマのバラバラの写真ではなく、同じリンゴの二〇コマの連続写真であると確信できるのは、どうしてでしょうか。

ここでまずいえるのは、動く前の自分の手の静止しているときの運動感覚（運動感覚には静止しているときの運動感覚も含まれます）と、動いたあとの自分の手の運動感覚とが、同じ自分の手の運動感覚の変化である、ということを私たちは確信できている、ということです。動かしている自分の手が同じ自分の手であることの「確かさ」があるからです。そして、その運動感覚と視覚像の対の連続において、対の一方の項である運動感覚の同一性（自分の手の動きの同一性）の確信が、他方の項である視覚像の同一性（変化するリンゴの視覚像の同一性）の確信の裏づけになっているのです。

つまり、リンゴを動かしている自分の手の運動感覚の同一性が、それと対になって与えられているリンゴの視覚像の同一性を保証している、ということです。言い方を変えれば、動かしている自分の手が同じ自分の手であることの確かさが、いつもそのとき、感じ続ける運動感覚と対になっている視覚像の確かさと一緒に与えられています。そこでいま見えているリンゴの表面が、ぐるりと回して見えない裏側になるとき、その見えないリンゴの裏側が、回す前にさっき見えていたリンゴの表面であるといえるのも、この連合が働いているからなのです。

また、リンゴを手にしているときの指が触れているリンゴの表面は、ゆっくり回してみるときも、それぞれの指が触れている（触覚）とその触れている表面の箇所の視覚像とが、いつも対になって変化しており、回すことで、その箇所の視覚像が見えなくなっても、その箇所の触覚は、そこに与えられたままです。つまり、「触覚^{1}－視覚像^{1}」「触覚^{2}－視覚像^{2}」となって、「触覚^{3}－視覚像^{3}」になったとき、視覚像^{3}が裏側に見えなくなって感覚として与えられなくなっても、触覚^{3}は、触覚^{1}と触覚^{2}に続く「同じ自分の触覚」としてそこに感じ続けられています。

そこでは、「運動感覚－視覚像」の対の連続のなかで自分の運動感覚がリンゴの視覚像の同一性を確信させているように、今度は「触覚－視覚像」の対の連続によって、連続する同じ自分の触覚が、直接、感覚されない視覚像を、見えなくてもそこにある視覚像として確信させてくれるのです。

こうして考えると、私たちがリンゴをリンゴとして知覚する際、たんにリンゴの多くの側面の見え方が、一枚一枚の写真のように別々に分離して断続的に連続して感覚に与えられているのではない、ということがはっきりわかると思います。視覚は運動感覚と対になって連合しており、また触覚とも対になり、運動感覚と触覚も対になり、すべての感覚は、他の感覚と対になって連合して与えられることから、その対の一方が欠けても、いつも欠けたものとして補足的に与えられることで、見えない裏側も同じリンゴの裏側として知覚できているのです。

つまり、感覚間の対になる連合が、決定的な役割を果たしているのです。この対になる連合は、「対化《ついか》（Paarung）」と呼ばれます。これはとても大事な現象学の用語で、今後の章でもよく使われますので、覚えておいてください。

〈10〉この「自発」の意味に近い受動的志向性の「受動」の意味については、山口一郎（二〇〇二）『現象学ことはじめ』（日本評論社）一二四〜一三〇頁を参照。

〈11〉実際にフッサールは「受動的意識（Passives Bewusstsein）」という用語を使って、「受動的意識の分析は、（受動的綜合である）連合の現象学へと導くことになる」（『受動的綜合の分析』山口一郎訳、一九九七、国文社、二八三頁を参照）と述べている。

第5章

「現在」の成り立ちを問う

過去把持、未来予持という志向性

「まとまりの仕組み」を解明する

第4章では、意識にのぼらないけれども、五感の感じ分けが生じていることが、電車の急ブレーキ、停止した空調、考えごとをしながら歩いていて転びそうになることなど、さまざまな例を通じて明らかにされました。この感覚の仕方が受動的志向性、そして、その受動的志向性の意味づけと価値づけのまとまりが受動的綜合という名称で呼ばれたわけです。

とはいえ、受動的綜合によってでき上がる感覚のまとまりとはいっても、それがどのように「まとまっている」のか、第4章においてその説明はなされていません。そこで本章では、五感に与えられるさまざまな感覚が、一つのまとまり（統一）としてでき上がっているとき、それはどのように「まとまって」いるのか、その「まとまりの仕組み」を明らかにしてみたいと思います。

その例として挙げられるのは、音がメロディとしてまとまる（統一される）とはどういうことか、ということです。第2章で述べたように、「音が聞こえること」と「時間の持続」はお互いに不可欠であり、音は時間の持続なしに音として聞こえることはありません。ということは、音がまとまって聞こえるとき、そのまとまり方を明らかにしようとすることは、時間がどのように持続するか、その持続の仕方を明らかにすることと分離できないことを意味しています。

つまり本章では、感覚の仕方と時間の流れ方が、同時に明らかにされる、ということです。日本古謡『桜』のメロディを知らない方はほぼいないと思いますが、この『桜』を初めて耳にした成人（あるいは外国人）は、それをどのように聞いているのでしょうか。

このときの『桜』は、単音がはっきり切れて聞こえる木琴で演奏されているものとします。そこではまず、「サ（ソの音）」「ク（ソの音）」「ラ（ラの音）」の最初の「サ（ソの音）」が聞こえます。二番目の「ク（ソの音）」がまだ聞こえないとき、最初のソの音は、図5のように、いわゆる短期記憶のなかで次第にその音の響きが薄れていきます。

とはいっても、ここで「響き」といっているのは、実際に聞こえる「音の残響」を意味しているわけではありません。『桜』を木琴で弾くとしたのは、一度響いた音が弦楽器のように残響を残すことがないからです。図5で描かれているのは、単音がはっきり切れて残響が残らない木琴の音を聞くとき、その音の感覚の短期記憶に残る「鮮明な響き」がどのように失われていくか、ということです。

さて、その経過が斜めに描かれているのは、音の響きが薄れることと、時が経つことが同時に起こっていることが表現されているからです（右側に行くほど時が経つ）。濃淡の違いは、最初ははっきり聞こえた木琴のソの音が、聞こえた直後に、そのソの音の「鮮明な響き」

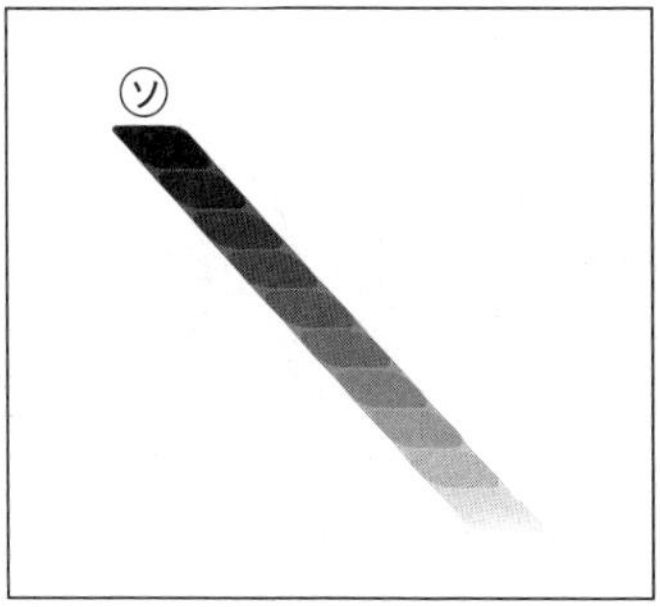

〈図5.「ソの音」の直観力が薄れていく様子〉

が失われていく様子を表しています。

ちなみに、その「鮮明さ」は「直観のされ方」の違いともいわれます。この「直観」というのは、第2章で取り上げた「本質直観」の「直観」と同じです。念のため、直観とは何かを繰り返しておけば、「電車の急ブレーキ」において足が先に動いたことがあとで意識されるとき、この意識に「間違いなく明白に与えられている」ことが「直観」といわれたのでした。つまり、意識に間違いなく与えられている音の感覚の「鮮明さ」が失なわれていくということは、感覚の「直観（のされ方）」が薄まっていく、とも表現できます。また、この直観（のされ方）は、「直観のもつ力」として「直観力」の強弱ともいわれます。

次に図6を見てみましょう。この図では、二番目の「ク（ソの音）」が聞こえ、一番目と同じように、その鮮明さ（直観力）が弱まっていく経過が描かれています。この図6では、真ん中に「合致」という言葉が見られます。これは、直観力が弱まっているはじめのソの音と、強い直観力をもった二番目のソの音とのあいだに、同じソの音の音質同士の合致（一致）が成立している、という意味です。

次に図7に目をやりましょう。この図では、三番目の「ラ（ラの音）」が聞こえる様子も描いています。このラの音が聞こえたとき、その真下に重なっている縦軸の層のいちばん下には、はじめに聞こ

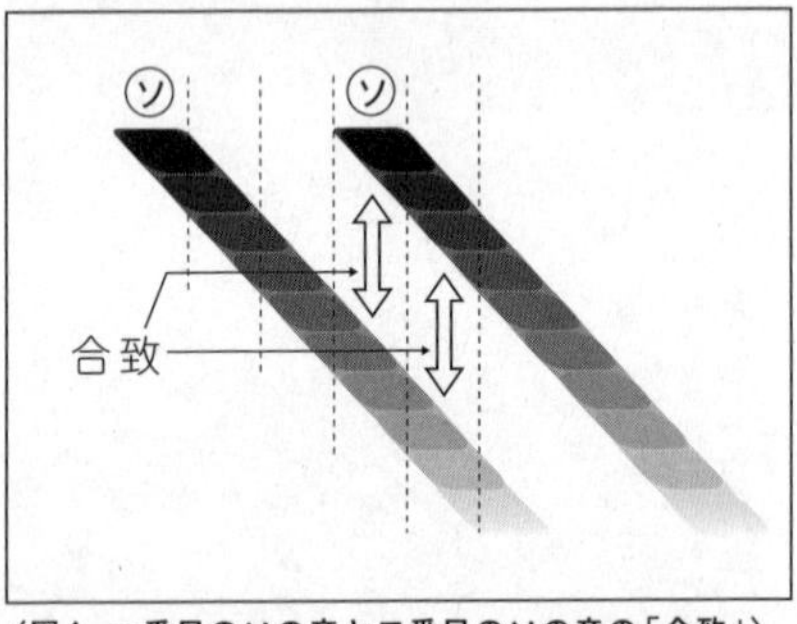

〈図6. 一番目のソの音と二番目のソの音の「合致」〉

えた「ソの音」のもっとも直観力を失った状態が描かれています。その上に二番目に聞こえた、少し直観力を失った「ソの音」が重なっていて、さらにはいちばん上にちょうどいま聞こえたラの音が、もっとも強い直観力をもつように描かれています。

いわばこれは、深海に下降していく潜水艇を船の真上から眺めているとき、潜水艇の影が薄まるにつれて時間が経っていくように見えるのにも似て、直観力のもっとも薄まっているはじめのソの音の上に、少し薄まっている二番目のソの音が重なり、直観力のもっとも強いラの音が重なることで、時間が経っていく「順番」が描かれうることを表しているのです。

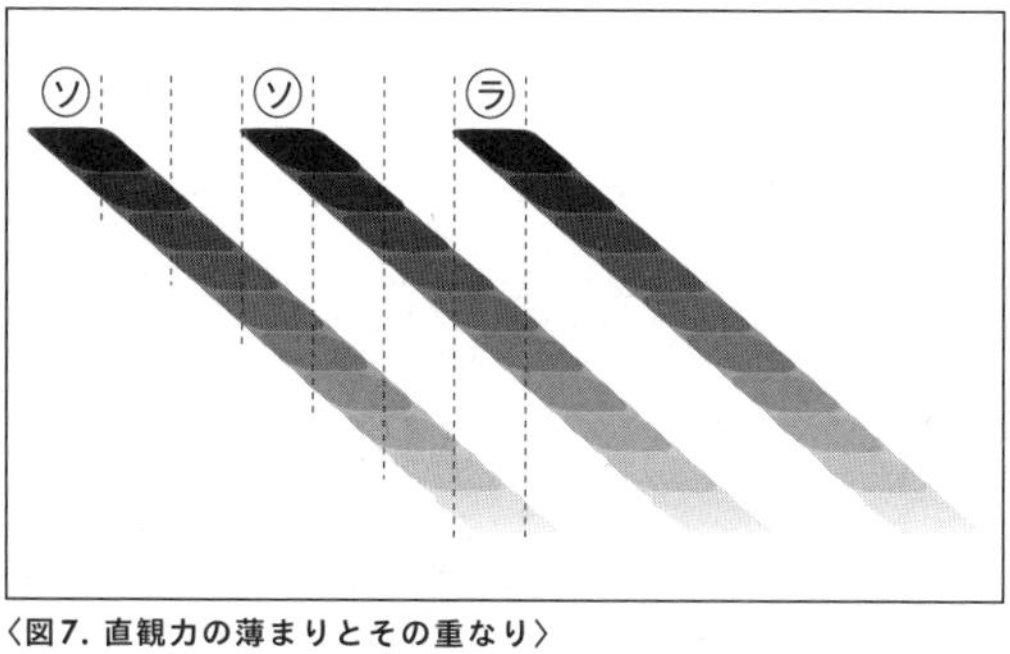

〈図7. 直観力の薄まりとその重なり〉

現在・過去・未来の意味の成り立ち

ここでラの音は、いま聞こえたばかりですので、その直観力は頂点にあります。この直観力の強さが「ちょうどいま」、つまり現在という「時間の意味」を実感に与えることになります。それでは、現在がそうであるのに対し、過去と未来の時間の意味については、どのように実感に与えられているのでしょうか。

ここで思い出せるのは、直線上に-t、0、+tと記された時間軸上の数値（量）のなかに「現在・過去・未来」の意味を求めても、その意味を見つけることは永遠にできない、という第3章の記述です。

そこで過去がどう意味として実感されていたかといえば、たとえばそれは「電車の急ブレーキ」のとき、「先に足が動き、そのことにあとで気づいた」という、「先に起こった」という出来事の順番（先はあとより出来事として過去である）において、ということでした。

あるいは未来とは、たとえば「考えごとをしながら歩いていて転びそうになる」というとき、自らが自覚的には感知していない「歩道の表面の先取り（予測）」に反し、まさに「転びそうになる」ことの順番において、つまり未来を先取りしていたことに、その未来の意味が実感されていたわけです。

こうして実感され、経験される「現在・過去・未来」という時間について、その時間の前後関係という意味で「時間形式」と表現することができます。他方、そのときどきの時間に起きている出来事の内容（「時間内容」と表現します）はもちろん、それぞれに異なっています。

この時間形式と時間内容を踏まえて時間の意味の成り立ち（実感される時間の意味）を考えるとき、とても重要なことがあります。それは「未来・現在・過去」という時間の意味が実感されるとき、まず「時間内容」が実感されて、次に「時間形式」に気づくのであって、その逆ではない、ということです。

ここで「その逆」というのは、時間形式がまず先にあって、その時間形式のなかに時間内容であるさまざまな出来事が起こってくる、ということです。

「過去把持」という志向性

この「時間内容」の意味が先立ち、「時間形式」はそのあとづけだということについて、新しい志向性の概念を紹介しながら、さらに説明を続けましょう。

いましがた「ちょうどいま（現在）」「未来」「過去」という話をしましたが、私たちはこの「ちょうどいま」だけをもって、『桜』のメロディを聞くことはできません。「ちょうどいま」だけでは、「ソ・ソ・ラ」の連続を一つのメロディとして聞くことはできないのです。

いちばんはじめのソの音が聞こえ、その音の鮮明な聞こえ方である「直観力」が次第に薄れていき、その次に二番目の「ソ」の音が聞こえたとき、そこでたしかに二回の「ソの音」が聞こえた、と確信をもっていうことができ、その「ソ」と「ソ」がつながって聞こえるのは、はじめの「ソの音」の鮮明さ（直観力）が薄まりながらも、私たちの短期記憶のなかに残っているからです。いまのこの瞬間にそれぞれの過去が維持されているからこそ、それはメロディとして聞こえるわけです。

フッサールはこのような「過ぎ去るものが維持される志向性」を「過ぎ去るということ」を

意味づける「過去把持《はじ》」の志向性と名づけました。フッサールは、以下のように語っています。「メロディーの広がりは、知覚の広がりのなかで、〔今の〕点が与えられるだけでなく、過去把持的な意識の統一が、過ぎ去る音をなお意識に《留めておき》、継続して、（中略）メロディーにかんする意識の統一を形成している」〈12〉。

この過去把持という志向性は、本書を読み解くうえでたいへん重要な志向性ですので、ここでよく確認しておいてください。

過去把持の交差志向性と延長志向性

さて、ここでいま示された「過去把持の志向性」という概念を使って、「ソ・ソ・ラ」が聞こえているときの図示である図7を説明してみましょう。ここで、「ソ・ソ・ラ」が過去把持されていく経過を見ると、聞こえた音が、その鮮明さを失っていく縦の方向と、そのつどの「いま」に音が聞こえていく横の方向という二つの方向の違いがあります。

次に図8を見てください。ここで、この縦の縦軸の方向に働く過去把持の志向性が「交差志向性」と記されています。これは、この過去把持の交差志向性が「ソ・ソ・ラ」といった音の流れに交差して、それらの音の鮮明さが失われていく経過を表現していることから「過去把持の交差志向性」と呼ばれるのです。その一方、横の横軸の方向に働く過去把持の志向性は、

「ソ・ソ・ラ」といった音の流れが継続して延長していく経過を表現していることから「過去把持の延長志向性」と呼ばれます。

この縦軸に描かれた過去把持の交差志向性には、ラの音が聞こえたとき、その真下に重なっているいちばん下の層に、はじめに聞こえた「ソの音」がもっとも直観力を失っている状態で描かれています。その上に二番目に聞こえた、過去把持を通して少し直観力を失った「ソの音」が重なり、さらにはいちばん上にちょうどいま聞こえたラの音が、もっとも強い直観力をもつように描かれています。つまり、この過去把持の交差志向性には、過去把持された時間内容が、縦軸に沿ってその直観力の薄れた順番に層をなして沈積しているのです。

そして横軸に描かれた過去把持の延長志向性には、はじめのソの音と二番目のソの音と三番目のラの音が左から順番に記されていますが、この順番は、はじめのソの音はいつ鳴って、二番目のソの音はいつ鳴って、三番目のラの音はいつ鳴った、というように、時計の時間で計られた客観的な時間の流れの、数値で決まる時間位置によって決まっているのではありません。

それでは「ありのままの経験に立ち戻る」という現象学的還元でカッコに入れたはずの「時

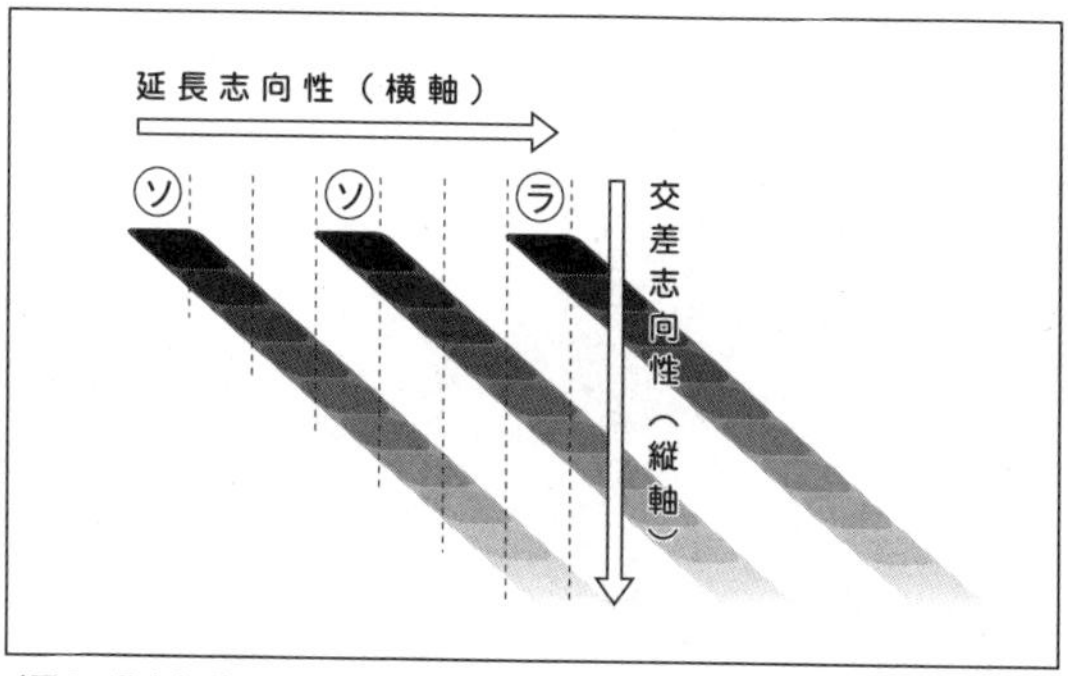

〈図8. 過去把持の交差志向性と延長志向性〉

計の時間」を使用して、音が鳴った順番を決めているにすぎません。それは現象学的還元を放棄して、自然科学による三人称的観察を復活させることであり、私たちの経験に直接、与えられている意味づけと価値づけを担う志向性の解明ではなくなってしまうのです。

では、この過去把持の延長志向性における音の順番は、どのように実感され、直観されているといえるのでしょうか。

「ソ・ソ・ラ」の順番はどう決まるか

まずいえることは、過去把持の交差志向性において、いつも同時に時間内容の層ができ上がり、この同時に与えられている層には「時間内容」の直観力（鮮明さ）の違いが描かれていることです。

そして、まさにこの過去把持の交差志向性における時間内容の直観力（鮮明度）の薄まりの程度こそ、「時間内容」が生じた過去と現在の順番が決まる基準になっているのです。というのは、過去把持による聞こえた音の鮮明さの喪失があって初めて、先に聞こえた音といま聞こえる音との違いが実感されるのであり、この実感があって初めて、聞こえた音の「順番」が決まるのです。

図9を見てください。図9では過去把持の交差志向性（縦軸）に、鮮明さのもっとも薄まった

一番目の「ソの音」と、直前に過去把持された「ソの音」と、いま聞こえたばかりの「ラの音」との感覚の鮮明さの薄まりの程度が図示されています。

そしてこの図では、「時間内容」の沈積が表現された過去把持の交差志向性（縦軸）が、過去把持の延長志向性（横軸）へと「客観化（外化）」されるという意味で、左斜め上に向けて湾曲した矢印が描かれています。

「客観化」とは、主観的に体験されたものが客観的に表現されること、「外化」とは、内面で体験されたものが、外へと表出することを意味しています。いうなれば、これは主観的体験の、自分の主観に限られない客観的世界への意味づけ（志向の働き）を表しているといえ、ここでは過去把持の交差志向性（縦軸）に与えられた時間内容の鮮明さ（直観力）の違いが客観化され、過去把持の延長志向性（横軸）に時間の順番として意味づけ（位置づけ）られているのです。

先に私は出来事の内容である「時間内容」の意味が先立ち、「時間形式」の意味は、そのあとづけである、と述べました。

現象学はそのことを「過去把持の交差志向性（縦軸）」が「過去把持の延長志向性（横軸）」に「客観化」されると説明しているのです。

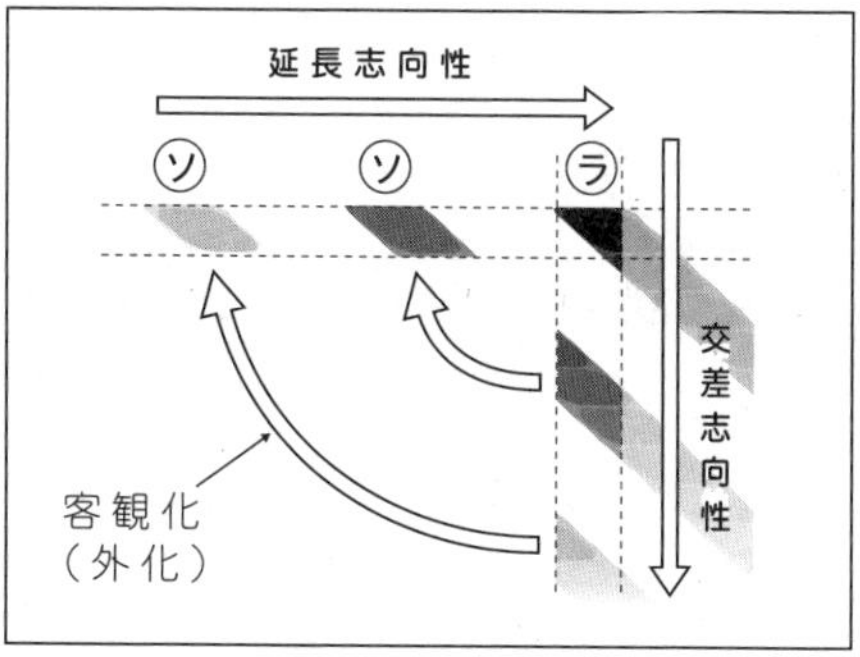

〈図9. 交差志向性の延長志向性への客観化〉

潜在的志向性と顕在的志向性の違い

ここで、さらに新しい志向性の概念を紹介しましょう。先ほどから説明している過去把持の志向性は、「潜在的志向性」「顕在的志向性」という志向性の概念と組み合わせると、前章までに述べてきた議論とも話をつなげて理解を進めることができます。

潜在性の「潜在」は、「表に出ずに、ひそかに存在している」ことを意味していて、『桜』の曲の例でいえば、過去把持を通して直観力が失われていくはじめのソの音は、ひそかに存在することになる「潜在的志向性」として、潜在的に意識されていきます。それに対して顕在性の「顕在」とは「はっきり現れている」ことを意味していて、いま現在、まさにそれが鮮明に感覚されるときに相応《ふさわ》しい表現です。

それを踏まえたうえで、第4章で取り上げた「授業中、急に静かになったと思ったら、それまでついていたクーラーが止まったことに気づいた」という例について、過去把持、顕在的志向性、潜在的志向性、さらには受動的綜合、能動的綜合という概念をそこに当てはめてみると、何がわかるでしょうか。

このときまずいえるのは、『桜』のメロディが始まるのを意識してしっかり聞いている場合とは違って、そこで講義を聞いていた学生は「空調の音」が鳴っていたことに気づいていなかった、ということです。それでも「急に静かになった」と感じることができたのは、「静かでなかったものが静かになる」、つまり「変わる」という変化の以前と以後が感じ分けられたのでなければなりません。

「静かになった」と気づくとき、それに気づいたのですから、はっきり意識に現れること、つまり顕在的な「静かな」という「意味づけ」をしている感覚にかかわる顕在的志向性が働いたのです。他方、「静かになった」と気づけるためには、「静かでない以前」が「静かになるとき」と感じ分けられなければなりません。ところが興味深いことに、「静かでない以前」について学生は、それにまるで気づいていなかったのです。

ここで何が起こっていたのでしょうか。この場合、状況は授業中ですので、学生の注意と関心は講義の内容に向けられ、その講義に対してははっきり意識された顕在的志向性としての能動的志向性による能動的綜合が働いていました。そこで「空調の音」は、意識にのぼることなく、表に出ずにひそかに働く潜在的志向性としての受動的志向性による受動的綜合を通して〝聞かれ〟ていて、その持続が過去把持され続けていたのです。

カクテルパーティー効果が起こる理由

この顕在的志向性と潜在的志向性という概念を使うと、第2章で示された反転図形の一例である「ルビンの杯」についても、さらにわかりやすく理解ができます。「杯」と「対面する二人の横顔」は、一方が図として見えているときには、他方が地として背景に退くという「図と地の変換」において生じています。

この「図と地の変換」は、まさに一方（たとえば杯）が図である「杯」として知覚される（顕在的志向性として現れる）とき、他方（対面する二人の横顔）が背景（地）に過去把持されて（潜在的志向性になって）いく、というように生じているのであり、逆に、「対面する二人の横顔」が図として知覚される（顕在的志向性になる）とき、「杯」は地として過去把持され、潜在的志向性になります。

「図と地の変換」という意味では、いわゆるカクテルパーティー効果もそうでしょう。パーティーなどで相手の話に聞き入っているとき、ふと自分の名前が周りの人々の話のなかで聞こえてきて、その話に注意が向いてしまうことがあります。このカクテルパーティー効果で起こっているのも、自分の名前が「図」として知覚された（顕在的志向性になった）のは、相手の話を聞いていたとき（顕在的志向性として自分の注意と関心が相手の話に向かっていたとき）で、そこでは同時に周りの人々の音声を、意識にのぼらせることなく〝聞き続け〟、それを潜在的志向性として過去把持し続けていたからであり、その継続する潜在的志向性の地を背景として、「図」である自分の名前が顕在的志向性として浮き上がってきたのです。

これらの例で共通していえることは、意識にのぼらずに過去把持として働いている潜在的志向性が働いて初めて、意識された顕在的志向性としての知覚が可能になるのであり、そこで図と地の変換が起こると、そこで顕在的志向性として知覚されたものは、それと同時に過去把持を通して潜在的志向性へと変化していく、ということです。

潜在的志向性としての未来予持

それを踏まえてもう一度、「授業中、急に静かになったと思ったら、それまでついていたクーラーが止まったことに気づいた」という例に戻ってわかることは、意識の背景に、聞くつもりはなくとも〝聞こえていた〟クーラーの音が潜在的志向性として過去把持されていたからこそ、私たちはその感覚の変化に気づいた、ということです。

しかしよくよく考えてみると、これはさらに奇妙なことです。なぜならば、気づかずに過去把持されていた「クーラーの音」と比べようとしても、いま、停止したばかりのクーラーから音は出ていないので、気づいていなかった「クーラーの音」と、そこにない「クーラーの音」を比べようにも、比べようがないではありませんか。

そこで「ない音」に気づけるためには、その気づきが生じうるような、過去把持の志向性とは異なった別の志向性の概念が必要になります。このときフッサールが用いるのは、気がつく以前に、直前の未来を先取りし、予測している、未来を予《あらかじ》めもっているとされる「未来予持《よじ》」という志向性の概念です。

じつは、私たちはすでに第4章で、受動的志向性による受動的綜合について考えるとき、この未来予持という志向性の概念に出合っていました。すなわち「考えごとをしながら歩いていて転びそうになった」という例において、次のようなことが起こっていたのです。そこでは意識にのぼらせることなく「歩道の堅さ」を過去把持して、その過去把持の歩道の堅さを同じく、意識にのぼらせることなく「未来予持」つまり、同じ「歩道の堅さ」として予測していたからこそ、その予測が外れて転びそうになった、ということです。

「生き生きした現在」の構造

この未来予持という志向性の概念、さらには先に説明した過去把持という志向性の概念を使うと、「ない音」である「クーラーの音がやんだことに気づいた」という例は、次のようにして説明できます。

意識にのぼらない背景意識において、その「空調音」は気づかずに過去把持されていたわけですが、そこで潜在的志向性として意識に残り続けていた「空調音」は、意識にのぼらないままに未来予持されました。しかし、その予測された「空調音」が与えられずに予測が外れたので、「空調音が聞こえなくなった」と気づけたのです。

つまり「空調音」という意味を未来に向けて志向して（意味づけて）いたものの、その「空調音」という意味に相応する感覚内容が与えられなかった、その予測が外れたからこそ予想外の意外さ（驚き）が生じ、その驚きが、そのことに関心を向けていなかった学生の注意と関心を誘発し、そのことに気づくように仕向けられた、ということです。

そこでは空調音が過去把持されることで、その過去把持された感覚内容（感覚質＝クオリア）である空調音の潜在的志向性がそのまま未来予持の潜在的志向となり、それが再び空調音の感覚内容によって充実することで、その充実された空調音が、再度、過去把持され、その過去把持された空調音が、再び未来予持され、それに応じた空調音の感覚内容が与えられることで、次の過去把持に続く、ということが起こっていたのです。

ということは、この経過を「過去把持^1－未来予持^1－過去把持^2－未来予持^2……」というように、継続されていくプロセスと見なすことができます。もちろんこのとき、この過去把持と未来予持の継続は、意識にもたらされていません。図で描けば、図10のようになるでしょう。

気づかれない空調音T_1が〝聞こえて〟、次に同じ気づかれない空調音の感覚内容T_2が与えられるとき、そのT_2は、過去把持されたR（T_1）と同じ空調音であり、また同時に、未来予持されていたP（T_1）と同じ空調音です。ここで同じといわれているのは、図6で説明された「時間内容」の「合致」を意味します。ここで合致しているのは、気づかれない空調音の感覚内容T_2と、過去把持を通じて潜在的志向性になった過去把持R（T_1）と、その潜在的志向性が未来予持されている未来予持P（T_1）なのです。

さらに到来する空調音の感覚内容T_3が与えられるとき、直前のT_2の過去把持R（T_2）と、

T_2が与えられたときにすでに過去把持されていたR（T_1）がさらにもう一度、過去把持され、二重に過去把持されたR_2（T_1）として、過去把持の層に重なっています。そのとき、未来予持は、T_2の未来予持P（T_2）と、T_2が与えられたときに未来予持されていたP（T_1）が、さらにもう一度、未来予持され、二重に未来予持されたP_2（T_1）が上に重なっていくのです。

次に、T_3のあとに、意識にのぼることなく未来予持された潜在的志向性が、到来する空調音で満たされない（充実されない）場合が生じたとします。図10では、このことが、［T_4］というように、［ ］に入れられた与えられないT_4の音として描かれています。空調の運転が停止したので、空調音がしなくなったのです。そこでは、P（T_1）とP（T_2）というように気づかずに未来予持されていた空調音が与えられないので、その未来予持の予測が外れ、「予想外」、ないし「意外という驚き」が生じます。

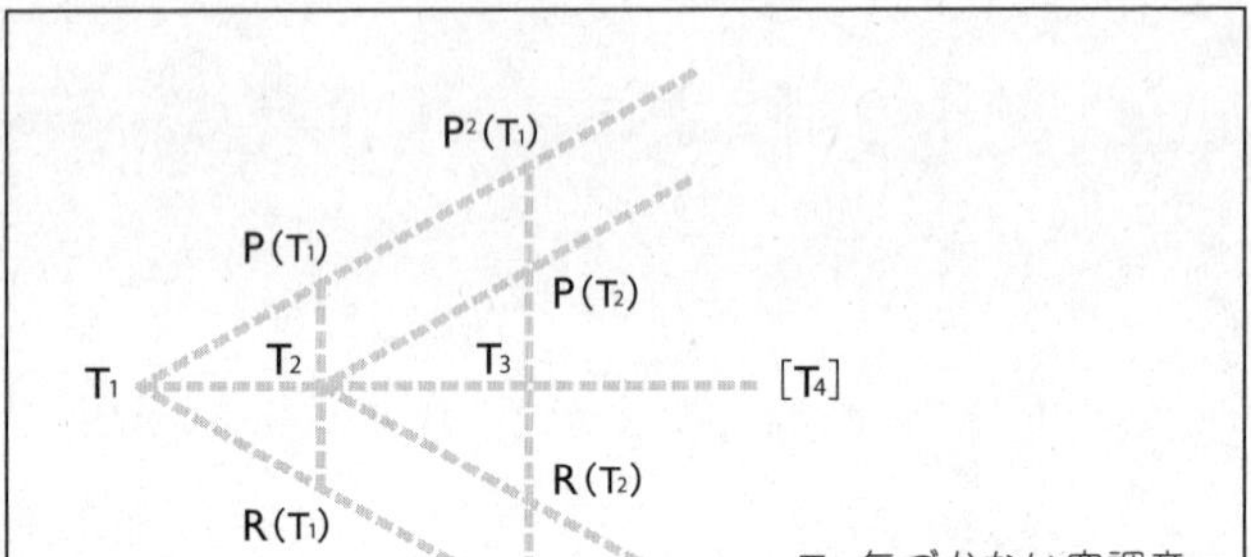

〈図10. 過去把持と未来予持が継続されるプロセス〉

この予測が外れる「意外性」は、考えごとをしながら歩道を歩いていて、凹凸に気づかずに

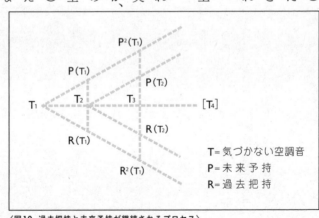

転びそうになって身体のバランスが崩れるような、強く訴えかけてくる力はないかもしれません。しかし教室が急に静かになって、「どうしたんだろう?」と思わせるくらいの注意を喚起する力はもっているわけです。

そして、この例から明確にわかることは、「現在」には、たったいまのこの瞬間としてとらえられる「現在」だけではなく、過ぎ去るという過去という意味を生み出している過去把持という志向性と、直前を意識せずに予測して未来を生み出している未来予持という志向性が属している、ということです。この「過去把持－いま－未来予持」という志向性の構造こそを、フッサールは「生き生きした現在」の構造と呼んでいるのです。

感覚素材と潜在的志向性の相互覚起

ここでもう一度、『桜』に戻りましょう。本章では『桜』を初めて聞く人という前提を置いて議論を進めてきましたが、あらためて確認しておきたいのは、この『桜』を初めて聞く成人(あるいは外国人)の場合、その人にはすでにさまざまな音を聞き分ける聴覚の感覚野、つまり「聴覚野」ができ上がっている、ということです。聴覚野だけではなく、視覚野、味覚野、触覚野などの個々の感覚野が形成済みなのです。

そう考えたとき、もう一歩進んで問いを立て、そこで木琴のソの音が聞こえるとき、この

「特定の高さの音（ソ）」のその音としての感覚内容は、そもそも、なぜその「特定の高さの音」として聞こえるのか、と問うことができます。つまりそれは「ソ・ソ・ラ」という音が続くとき、この「ソ」と「ラ」の音の違いは、どのようにしてその音の高さの違いとして聞き分けられているのか、という問いです。

この問いに対して現象学は、人間にとっては無数の音が胎児のころから過去把持を通じて潜在的志向性として、言い換えれば聴覚の感覚の記憶として、さらに言い換えると聴覚の感覚の潜在的志向性として、身体に染みついた身体的記憶に残っている、と考えます。

そして、この無数の記憶とそれに相応する無数の潜在的志向性は、音の聴覚だけに限られるのではなく、すべての感覚、つまり、視覚、味覚、嗅覚、触覚、運動感覚などの諸感覚にも当てはまる、とされます。すなわち、胎児のころから、すべての感覚は感覚の記憶として、つまり、すべての感覚の潜在的志向性として、私たちの身体に属しているというのです。

それを前提に図11を見てください。この図では「ソ・ソ・ラ」の音が聞こえるとき、そこで何が起こっているのかが図示されていますが、一番目の「ソ」が聞こえたときと、三番目の「ラ」が聞こえたときが、下に拡大されて図示されています。このとき、拡大された図では、上のほうに無数の感覚素材（かたちどられる前の材料という意味で、現象学では「感覚素材」という言葉を使います）が、どんな質をもつのか不明である生《なま》の素材として描かれ、下のほうには胎児以来、聞いてきた無数の音が、過去把持を通して無数の潜在的志向性として沈澱《ちんでん》していることが、点線で囲った枠取り（意味の枠）として描かれています。

その中間には、ちょうどいま直観されている具体的な「ソの音」と「ラの音」が描かれています。この音は、ある特定の「感覚素材」が与えられたとき、そこで「ソの音」や「ラの音」の質として聞かれているわけではありません。この「ソ」や「ラ」の音の質は、下方に描かれている、かつて「ソ」や「ラ」の音として聞かれ、過去把持を通して「ソ」や「ラ」という音の質の意味づけと価値づけを担っている潜在的志向性による「意味の枠」として与えられているのです。

感覚素材とそれに呼応する潜在的志向性としての「意味の枠」であるその音質は、そのつど、お互いを呼び覚ますかのように相互に覚醒し合い、「ソ」や「ラ」の音になって聞こえるのです。この感覚素材と潜在的志向性が相互に呼び覚まし合う「相互覚起」のことこそ、フッサールは「連合」と呼ぶのです。

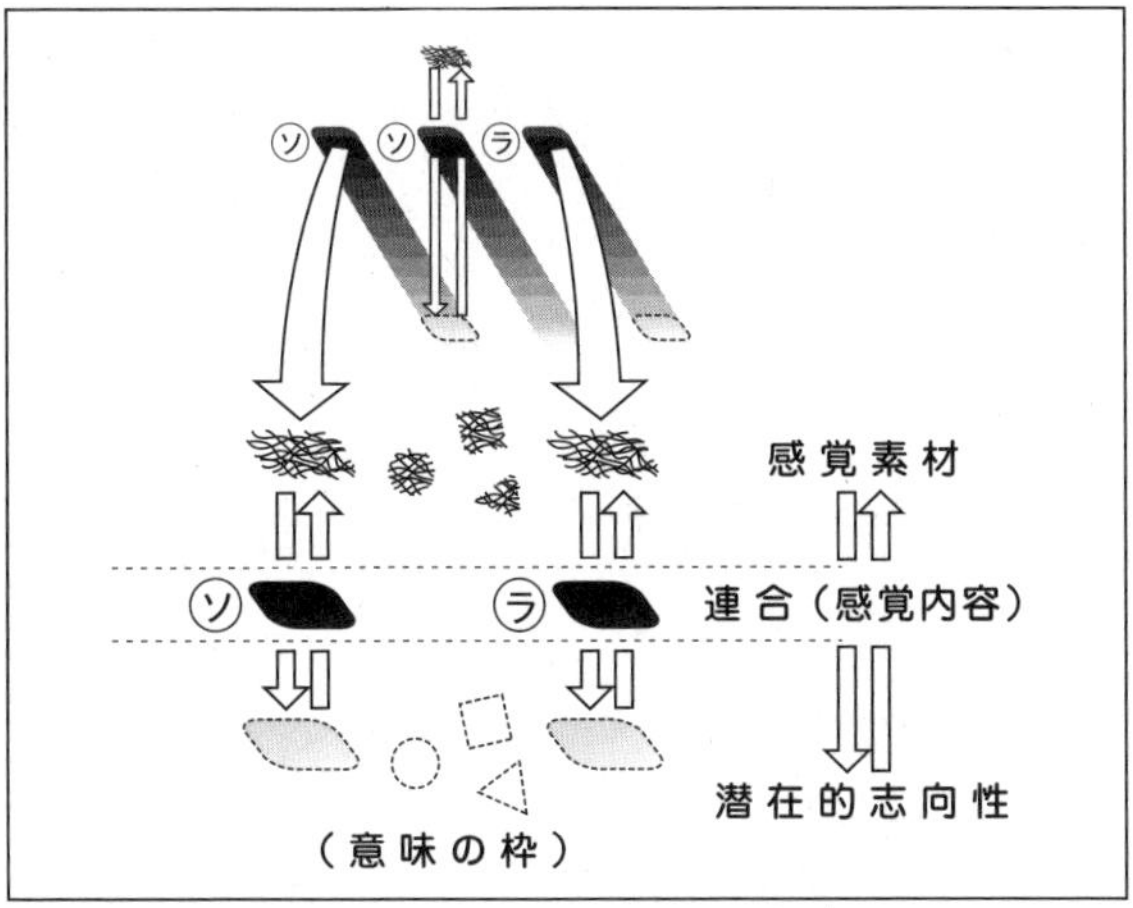

〈図11. 感覚素材とそれに呼応する潜在的志向性の「意味の枠」〉

「ソ・ソ・ラ」が聞こえるとき、最初の「ソ」の音が聞こえたときと二番目の「ソ」の音が聞こえるときとでは、次の点で異なっています。最初の「ソ」の音の場合、私たちはその曲が、どんな音で始まるのかを注意して聞こうとしています。

木琴の音が聞こえると、それまで無数の音を聞いてきた自分の経験のなかから、その音に相応するような潜在的志向性として沈澱している〝木琴のソの音〟が呼び覚まされます。感覚素材としての〝木琴のソの音〟と潜在的志向性としての〝木琴のソの音〟という感覚の意味の枠とのあいだに相互覚起といわれる連合が生じ、〝木琴のソの音〟という感覚内容が顕在的志向性として、直観にもたらされるのです。

それに対して二番目の「ソ」の音が聞こえるとき、一番目の「ソ」の音はまさに過去把持される最中で、直観力を弱めながら潜在的志向性になりはじめています。ですから二番目の「ソ」の音が一番目と同じソの音か、あるいは少し違っているか、正確に聞き分けることができます。

過去把持されはじめた最初の「ソ」の音と、次の「ソ」の音とがよく似ているのかどうか――その次の音が来るのと同時に「意味と価値」を呼び覚まし合う連合を通して現実の音が聞こえるのです。

念のために申し上げれば、この連合は、二つのソの音を聞き比べることではありません。すでに潜在的志向性になりはじめているはじめの「ソ」の音に次の「ソ」の音が合致するかどうかということなのです。

空調音の場合も同じです。気づくことなく空調音が〝聞こえ〟、それが過去把持されるとともに、その過去把持される空調音が未来予持され、その未来予持に相応する空調音の感覚素材で充実されていきます。このとき、空調音の感覚素材と、潜在的志向性としての過去把持と未来予持との相互覚起（連合）が起こっているのです。もちろん、このとき、意識して内容と形式が合うかどうか、比較したり、想い起こして結びつけているわけではありません。

過去と「生き生きした現在」と未来

さて、本章では「音の持続と時間の流れ」が受動的志向性である過去把持と未来予持によってどのように意識されているかが明らかにされました。

しかしここで、もう一つ考えておくべきことがあります。この音の持続の意識は、まさに幅のある「生き生きした現在」が意識されているのであり、普通、私たちが「現在・過去・未来」というときの、音が流れる「現在」が明らかにされただけである、ということです。子供のころの思い出という「過去」や、将来の人生設計といったときの「未来」については語られていません。

第4章の「感覚と知覚」の区別と関係づければ、受動的綜合による感覚は「生き生きした現在」において起こっていて、能動的綜合による知覚の場合、知覚によって事物の同一性（特定のリンゴがどんな感じ方をしようとも、同じそのリンゴであり続けること）が確保されると説明されました。この知覚によって「昨日買ったリンゴを明日食べる」というように、感覚のように現在に限定されることなく、「過去と未来」という時間の広がりのなかで「その同じリンゴ」について語ることができるのです。

ただし、「昨日買った」といえるためには、「昨日という過去」を想い起こせる「想起」というはっきり意識した能動的志向性が働かねばならず、「明日食べる」といえるためには、「明日という未来」を予め期待できる「予期」という意識された能動的志向性が働きうるのでなければなりません。

「現在」である「いまちょうど」見えて知覚されているリンゴが、想起によって「昨日という過去」に買ったリンゴと同一化され、「明日という未来」に食べるリンゴとして同一化されているのです。

ですから、私たちが時計の時間をカッコに入れて、直接、経験される時間について考えるとき、まずは「生き生きした現在」における過去把持を通して、「過ぎ去る」という過去という意味の起源が明らかにされ、未来予持を通して「無意識に予測する」という未来の意味の起源が明らかにされます。

それに加えて、感覚のまとまりを「同一のリンゴ」として知覚して、その知覚が過去把持を通して遠い過去の出来事になり、それを「昨日買ったリンゴ」というように想起するとき、その想起を通してその出来事が過去の出来事という意味づけがなされることになり、あるいは

「明日食べるリンゴ」というように予期するとき、その予期を通して「明日」の未来という意味づけがなされるのです〈13〉。このようにして「現在（過去把持と未来予持が含まれる「生き生きした現在」）・過去・未来」という、私たちが通常考える時間の意味内容の成り立ちが示されるのです。

〈12〉フッサール，E．（一九六七）『内的時間意識の現象学』（立松弘孝訳、みすず書房）三八頁

〈13〉この通常の意味での「過去と未来」という時間の意味の成り立ちについては、山口一郎『現象学ことはじめ』第三章、第五節を参照。

第6章

現象学・脳科学・仏教

本能志向性とアラヤ識の関係

「見えないボール」をどうヒットにするか

第5章では、『桜』の曲を聞くときに、そもそもそれはどのように聞こえているのかが問われ、過去把持や未来予持など、目新しい現象学の用語に接することになりました。そこで重要なことは、まず「時間形式」があって、そこに「時間内容」が与えられるわけではなく、はじめに「時間内容」ができ上がり、でき上がる「時間内容」の与えられ方（鮮明さ、直観力の違い）によって、より薄まっている「時間内容」から、いまの順番（時間形式）が古い順に決まってくる、ということでした。

つまり、「過去把持の交差志向性（縦軸）」による「時間内容」の生成から「過去把持の延長志向性（横軸）」における「時間形式」が、客観化（外化）によって生まれるのであり、はじめから「時間形式」が存在しているわけではないのです。

そして、この過去把持の交差志向性と延長志向性の関係は、もちろん『桜』の曲を聞くときだけに当てはまるものではありません。本章ではさらなる例として「なぜイチローのような強打者はボールの軌道が見えていないにもかかわらず、ヒットを打てるのか」ということを切り口にしながら、見えないボールをヒットにしているときの過去把持と未来予持の働き方をさらに考えていきましょう。

ここで、「ボールの軌道が見えていない」というのは、「意識して見えている」とはいえないということですが、この「ボールの軌道が見えていない」ということについて、第2章で紹介したリベットの「〇・五秒の意識の遅延説」と関連づけることができます。この説の要点は、「人間は何かが見えると意識できるまでに〇・五秒間の脳内活動が必要とされる」というものでした。ということは、ピッチャーが時速一四五キロメートルのボールを投げたとき、そのボールはバッターまで〇・四五秒で届くので、バッターにはボールが見えているとは意識されていないことになります。そこでバットが振られるとき、ボールの感知は「無意識に行なわれている」といわれなければなりません〈14〉。

リベットは、見えていないこの剛速球をヒットにできる理由を、「人間は幼児期の学習を通じて、この脳内活動に必要な〇・五秒をその感覚刺激の始まりに遡って、同時に見えているように意識できている」と説明したわけですが、彼はこの感覚刺激の始まりに遡る能力を「精神の能力」と名づけました。

しかしまさにこの「精神の能力」という名称が示しているとおり、リベットの主張は、精神がその〇・五秒を物理現象としての感覚刺激の始まりまで遡ることができるとする「観念論」の立場の表明につながってしまいます。

第1章で確認したように、デカルト以降の心身二元論とは、自然科学者の「外に現実に存在する、つまり実在する自然がすべて」とする実在論の主張と、精神科学者の「内に存在する、つまり内在する精神がすべて」とする観念論の主張でした。リベットは脳科学者ですから、自然科学研究者として実在論の立場をとり、脳内活動を自然現象として、その因果関係を明らかにしようとします。しかし、〇・五秒前の感覚刺激の始まりに時間を遡れるとし、この遡る能力を「精神の能力」と主張する以上、そこに精神（観念）を認める観念論を紛れ込ませてしまっているのです。

それでは、精神と物質の二元論ではなく、私たちの経験の世界の豊かさをそのまま受け止め、その成り立ちを説明しようとする現象学では、「バッターが無意識のうちに剛速球をヒットにしていること」について、それをどのように説明するのでしょうか。

ボールの軌道と過去把持と未来予持

前章で、『桜』の「サ（ソ）」「ク（ソ）」「ラ（ラ）」のはじめの「ソ」の音が、なぜ「ソ」の音として聞こえるのかということが、図11（一二五頁）を使って説明されました。この図11を「剛速球をヒットにできること」の説明に当てはめてみましょう。

図11の上方に描かれていたのは、私たちの生活のなかでそのつど、与えられる無数の「感覚素材」であり、下方に描かれていたのは、「胎児以来、聞いてきた無数の音が、過去把持を通して無数の潜在的志向性として沈澱していること」を意味する、点線で囲った枠取り（意味の枠）

です。

そこで「感覚素材」としての音が与えられたとき、無数の潜在的志向性として沈澱している「意味の枠」のなかから、その感覚素材に呼応する「意味の枠」との合致、つまり連合が起き、それがお互いを呼び覚ますかのように相互に覚醒し合う「相互覚起」が生じた、というのが、その説明でした。

それを敷衍《ふえん》すれば、「見えないボールの打ち方」は次のように説明することができます。

ピッチャーが時速一四五キロメートルのスピードで投球するとき、そのボールから連続した無数の感覚素材（刺激）が与えられます。その感覚素材が、バッターが子供のころから行なってきたバッティング練習の繰り返しを通して沈積してきた無数のボールの軌道の潜在的志向性（意味の枠）と結びつき（連合が生じ）、無意識においても、そのボールの軌道をある軌道（感覚内容）として特定できるのです。この特定されたボールの軌道は、過去把持されると同時に、その過去把持された「意味の枠」が未来予持されます。ボールの軌道を無意識に予測できるこの未来予持の「意味の枠」どおりにボールが来れば、意識するのに必要とされる〇・五秒以前に、意識することなくバットを振り、ヒットにできる、というわけです。

とはいえ、もちろん『桜』の「ソ・ソ・ラ」の音を聞くときの、意識を伴う過去把持・未来予持の場合と、見えない（意識できない）ボールをヒットにするときに働いている、意識を伴わない過去把持・未来予持の場合とでは、志向の充実の仕方が異なっています。

『桜』の曲の「ソ・ソ・ラ」を注意して聞くとき、そこではそれぞれどんな音がするのかということが意識され、つまり能動的志向性が充実して、それが意識の鮮明さ（直観力）に与えられています。それに対して目に見えないボールの軌道（たとえばカーブ）は、同じく意識にのぼることなく〝聞こえていた〟空調音の場合と同じように、その音の受動的志向性が空調音の感覚素材によって充実されてはいても、意識の鮮明さには与えられていないのです。

ストレートとカーブの感じ分け方

しかし、見えないにもかかわらず、ストレートとカーブの違いが〝見分けられる〟ためには、意識の鮮明さ（直観力）を伴うことなく、見えなくてもボールの移動する位置の変化が、感じ分けられていなければなりません。

この「感じ分け」を説明するために、過去把持の交差志向性（縦軸）において「時間内容」が生成し、それが客観化を通して過去把持の延長志向性（横軸）における、それぞれのいまの時間の位置が決まるとする分析を活用し、「目に見えないボールの位置の変化」について、さらに詳しく説明してみましょう。

ここでは、ボールの軌道がカーブであるとします。ボールに向かうバッターにとって、カーブが曲がりはじめるボールの位置をａとし、その途中の位置をｂ、曲がりきった位置をｃとしましょう。そのとき、それぞれａ、ｂ、ｃの位置にあるボールから、それぞれの感覚素材（刺激）がバッターに与えられ、それぞれに過去把持されていきます。バッターにとってヒットを打つために決定的に重要となるのは、見えないカーブの軌道であり、ａ、ｂ、ｃの位置関係です。

ここで、図9で「ソ・ソ・ラ」の順番が決まるときのように、最後のｃの感覚素材が与えられるときには、このｃの直下の縦軸に描かれた過去把持の交差志向性（縦軸）には、直前に過去把持されたｂと、さらにその少し前に過去把持されたａとが、過去把持の層となって沈澱しています。

この過去把持の交差志向性が、もっとも薄まっているａの時間位置、次に薄まっているｂの時間位置、まだ薄まっていないｃの時間位置という順番で、過去把持の延長志向性（横軸）に客観化（外化）され、「過去になっていく順番」が決まっていくのです。そこでａ、ｂ、ｃの時間位置が決まるとは、ａからｂへの時間間隔と時間位置によって決まってくるａからｂへの曲がり具合（すなわち角度）が感覚内容として与えられることを意味し、その曲がり具合が過去把持されるとともに未来予持され、ｂからｃへの時間間隔と時間位置が無意識に予測され、その未来予持の志向が充実するとき、つまり実際にｃが感覚素材として与えられるとき、その曲がり具

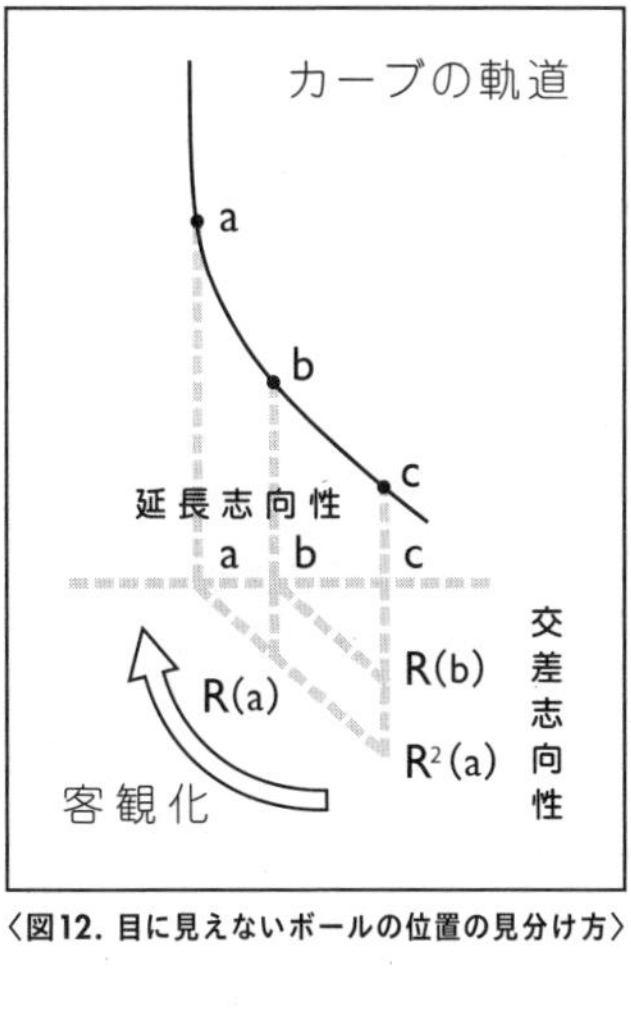

〈図12. 目に見えないボールの位置の見分け方〉

合が決まるといえるのです。

どんなカーブでも「慣れ」は起こる

とはいえ当然ですが、カーブといえどもピッチャーによって、その軌道は千差万別です。どれだけバッティング練習を重ねてきたとしても、バッターが初めて見るカーブの軌道を予測してバッティングするのは容易ではありません。

にもかかわらず、初めて見たカーブをヒットにするバッターのバッティングの秘密は、次のように説明ができます。

ある人が、初めて『桜』の冒頭部分である「ソ・ソ・ラ」を聞くとき、一番目の「ソ」の音の聞こえ方と、二番目の「ソ」の音の聞こえ方は異なっています。

一番目の「ソ」のときには、ある特定の大きさと高さの、しかも木琴という音質をもったその音がそのまま、それまで無数の音を聞いてきた経験のなかで、「いつか聞いたことのある大きさと高さと音質の音」として聞こえます。しかし二番目のソの音が聞こえるとき、その直前にはっきり聞こえた一番目のソの音が、その鮮明さが少し損なわれて過去把持されています。この一番目のソの音の過去把持が生じると同時に、無意識に未来予持（その過去把持されたソの音と同じ未来予持）が生じます。この未来予持が二番目のソの音の感覚素材によって充実するとき、感覚の意味内容の「合致〈連合〉」が生じ、同じ「ソの音」として聞こえるわけです。

この説明から導かれるバッティングへの示唆は、たとえどんなカーブであっても「慣れ」は起こる、ということです。バッターが初めての投手の球に向かうとき、ボールのコースを感知するのは並大抵ではありません。しかしそれでも回数を重ね、感知しがたいボールに向かうことで、そのカーブの目に見えない軌道が、過去把持を通して潜在的志向性として沈澱していくのです。

とりわけ、一試合で数回バッターボックスに立つとき、先回の投球内容はまだ鮮明に過去把持に残っていますので〈15〉、二番目の「ソ」の音が聞こえるときと同じように、次に来たボールとの類似性や違いがしっかり感知できます。類似した過去把持の蓄積が、未来予持の精度を高めていくのです。

ここからわかるのは、すべてにわたって創造的活動の飛躍の瞬間は、無意識を通じて生じるといえるかもしれませんが、その瞬間が実現するためには、それ以前に重ねられる、目標を定めた意識的努力や集中した練習が必要不可欠になる、ということです。それがほのかな予感であれ、何かに目的づけられていることへの探究心なしに、創造的な行為は実現しません。すべての能動的綜合には受動的綜合が先立っているとはいえ、能動的綜合による努力は、意識的活動による努力として、過去把持を通して潜在的志向性へと変容していき、その活動に関する未来予持の精度を高めていくことができるのです。

リベットの「〇・五秒の脳内活動」を解明する

さて、もう一度リベットの「〇・五秒の意識の遅延説」に戻って、第1章の最後で説明したヴァレラの神経現象学が、どのように〇・五秒の脳内活動を理解しているのか、明らかにしてみましょう。

図13〈16〉を見てください。

この三つの層に分けられているのは、リベットの〇・五秒間の脳内活動を三つの観点から描写したものです。

いちばん上に描かれているのは、〇・五秒の幅で描かれている「認知的現在」です。この認知的現在は、そのときどきの現在に「何かがそれとして意識される」ことを意味していて、何かが意識されるためには〇・五秒が必要になる、ということです。

この〇・五秒間に脳内で何が起こっているのか。それを描いているのが、いちばん下の

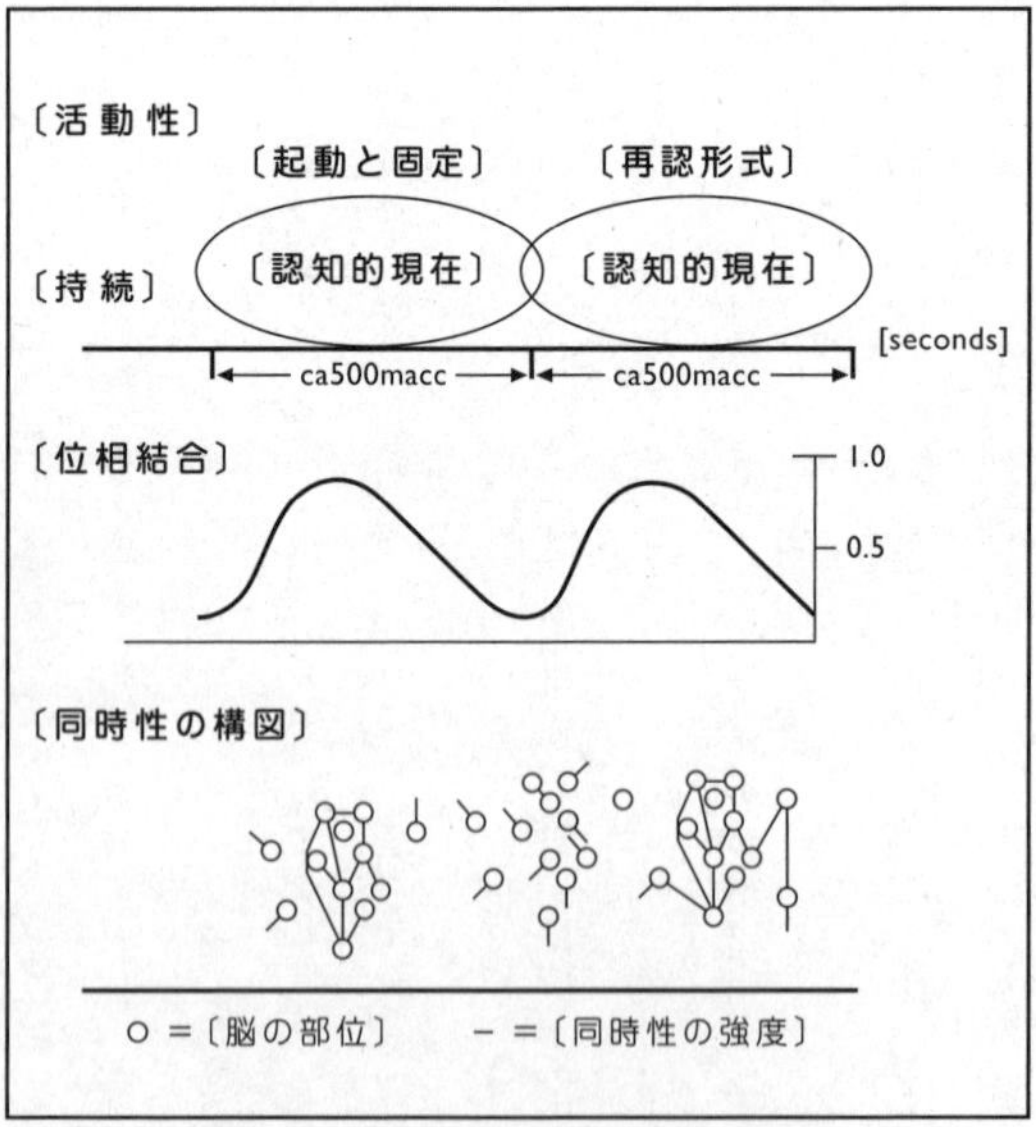

〈図13. 3つの観点から描写された0.5秒の脳内活動〉
出所：山口一郎（2008）『人を生かす倫理』（知泉書館）355頁。

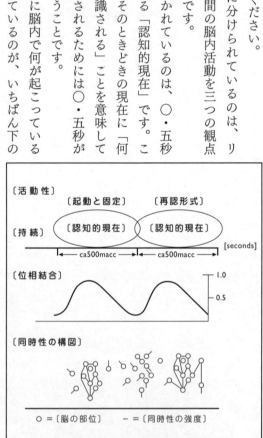

層で、そこには、神経細胞間に同時に起こる「結合」とその結合の消滅が、〇・五秒単位で描かれています。ここに記されている「同時性の強度」というのは、この結合の強さの度合いの違いを意味しています。

この神経細胞間の結合のことをヴァレラは「神経細胞アセンブリ（組成〔CA〕）と呼び、この〇・五秒間の神経細胞間の結合によって何かが意識されるようになる、というのです。この神経細胞間の結合は、外界からの感覚刺激（素材）が与えられるとき、神経細胞群間のシナプスによってお互いを選び分ける「自己選択（selfselected）」であると説明されます。さらにこの「自己選択」の仕方は、ヴァレラがマトゥラーナとともに創設したオートポイエーシス論の鍵概念である「カップリング（coupling）」の仕方であるとされています。この「自己選択」や「カップリング」については本来であれば詳しく説明すべきものですが、本書では必要最小限の用語説明に限らせていただきます。

いずれにしても、ここでお伝えしたいことの要旨は、ヴァレラが、〇・五秒間に生じる神経細胞群間の自己選択（カップリング）について「この自己選択としてのカップリングで起こっていることは、フッサールのいう過去把持と未来予持において起こっている受動的綜合、すなわち連合である」〈17〉と見なしていることなのです。

この「自己選択」が起こったその結果は、〇・五秒後に「意識された何か」として意識にもたらされます。この自己選択では、ちょうど「見えない（意識されない）ボールをヒットにするバッター」のように、意識にのぼらないボールの軌道を、意識にのぼらない過去把持と未来予持を通して、無意識に感じ分けているといえるのです。

リベットの脳科学研究は、自然科学研究を基礎とし、いわゆる客観的時間を前提にしています。意識が生じるのに必要な時間を客観的時間によって計測しているのです。また、ヴァレラが「現在の意識」を研究する際にも、脳科学研究者としてリベットと同じように客観的時間を使用します。しかし、同時にヴァレラはフッサールの『内的時間意識の現象学』を読み、フッサールの受動的志向性である過去把持や未来予持を理解し、それを脳科学研究の研究成果の理論的解釈に活用しようとします。ヴァレラの「現在－時間意識」という論文では、脳科学の研究成果が時間意識の脳科学的研究として積極的に受け止められ、つまり事例の一つとして受容され、自由な思考実験などを通した自由変更を経て、時間意識の本質が知的直観にもたらされるという本質直観の方法がとられているのです。

ヴァレラの「空性の現象学（Ⅰ）」

ヴァレラは、オートポイエーシス論のマトラーナと並ぶ創始者であり、著名な脳生物学者であるだけでなく、チベット仏教の瞑想を実践し、大乗仏教の根本概念である「空《くう》」の概念をめぐり、「空性の現象学（Ⅰ）」〈18〉を執筆しています。

この「空性」というのは、スーニャーター（sunyata）を指し、「空」と訳されます。それは仏教の「無我」の概念に由来しています。ここまで第2章の「無心に輝く物事の本質」や、第3章のヘリゲルの「無心の弓」などでも語られたように、「物事に我を忘れてなりきる」ときの「無心や無我」は、現象学にとっても重要なテーマとなっています。

「空」の概念は、大乗仏教の『般若経』や竜樹《りゅうじゅ》（ナーガールジュナ）の『中論（『根本中頌』）』において中心的に論じられてきた概念とされ、そこでは、仏教の「無我」の概念が空の概念を通して、「実体」の概念の徹底した否定によって理解されることになったとされます。

「実体」の概念とは何かといえば、それは西洋哲学の伝統において思考の中心に置かれ、近世に至って「精神（心）と物質（物）」という二つの実体による二元論ともなったものです。「実体」とは精神にしろ、物質にしろ、一方が一方だけで、片方があろうとなかろうと、独自に存在できるもののことを意味しています。

つまり、「精神」と「物質」という二つの「実体」を認めるということは、精神は精神として物質と無関係に、物質が存在しなくても、それ独自に存在することができるわけで、逆もまたしかりです。一元論とか、二元論とか、多元論とかいわれるのは、この「実体」が一つか、二つか、多数か、という実体の数を指しています。そしてデカルトの主張した「精神と物質の二元論」は、西洋哲学の実体論の中核をなし、それ以後、物質一元論である、外界の物質からすべてを説明できるとする「実在論」と、精神一元論である、内面に確信される精神からすべてを説明できるとする「観念論」へと展開していくわけです。

これに対して仏教哲学では、この「実体」の概念自体が否定され、それに代わって「法（Dharma）」の概念が中軸になります。仏教哲学での「法」の概念は、法則や秩序、具体的存在を構成している要素的存在とされ、五蘊《ごうん》という五つに分類される法は、「色《しき》・受《じゅ》・想《そう》・行《ぎょう》・識《しき》」といわれます。現象として現れている存在が、「色（物質的存在）、受（感受すること）、想（表象すること）、行（意志すること）、識（認識すること）」とに分類され、とらえられているのです。

そしてこの五蘊の法は、互いに依存し合う、相互依存の縁起（他の存在を縁にして生起すること）の相互関係性において働いているとされます。たとえば、これまで何度も例としている「電車の急ブレーキで隣の人の足を踏んでしまった」という場合を法の縁起として描けば、「電車の急激な揺れ（物理的刺激としての「色」）と、潜在的志向性（意味づけと価値づけである表象としての「想」）としての運動感覚（感受としての「受」）とのあいだに相互覚起（連合、すなわち意識にのぼっていない認識としての「識」）が生じていて、しかもそれと同時に随意運動として意図的に行なったのではない（意志を働かせたのではないという「行」の有無）というかたちで、五蘊の相互関係において互いに依存し合っている様子を描写できるのです。

繰り返しますが、法としての「色（感覚素材）、受（感覚）、想（表象）、行（意志）、識（認識）」は、個々の実体として互いに無関係に存在するのではなく、相互依存の相互関係において密接にかかわり合っています。しかも、法は実体とは理解されませんので、法の働きとしての法の縁起は、意識する実体としての主観（心ないし精神）が、実体としての客観（物ないし物質）を意識された対象として認識するというように働いているのではないのです。そうではなく、法の縁起が働いた結果が、初めて意識されたものとして意識にのぼるのです。

この法の縁起の思想を、先ほどから考察してきた「無意識のなかで働く〇・五秒間の脳内活動」と関係づけるとき、さらに興味深い論点が明らかになります。

意識にのぼる以前に成立しているといえる「色（感覚素材）」と「想（表象）」とのあいだに生じている「識（認識）」という法の縁起（相互の依存関係）は、フッサールによる、同様に意識にのぼる以前に成立している感覚素材と過去把持されている潜在的志向性とのあいだに生じる相互覚起（連合）にぴったり対応しているということは、すでに見たとおりです。

両者に共通しているのは、意識される以前に、法の縁起と相互覚起が生じていることですが、このことは、意識以前に生じている〇・五秒間の脳内活動が、ヴァレラにおいて、神経細胞アセンブリにおける自己選択（カップリング）の働きと相応することを意味しています。というのも、先ほど述べたように、この神経細胞アセンブリにおける自己選択（カップリング）は、フッサールの過去把持と未来予持による受動的綜合（連合）として働いているといえるからです。

ここでさらに指摘しておきたいのは、ヴァレラと共同研究を行なっていたフランスの現象学者ナタリー・デプラスが、このカップリングと対になった連合である「対化」はぴったり相応するとしていることです〈19〉。対化については第4章において、リンゴを手にとってゆっくり回してみるとき、「運動感覚と視覚像」が対になって連合していることとして説明がなされました。つまり、何らかの感覚刺激が与えられ、神経細胞アセンブリにおけるカップリングが生じて、それが意識にもたらされるとき、フッサールにおいて、感覚素材と潜在的志向性との相互覚起による対化の連合を通し、それが意識にもたらされることと同一の事態が起こっているということができます。

この法の縁起と相互覚起とカップリングに共通にいえることは、第一に、それが「意識以前」であり、第二に、それが「人称以前（第2章で述べられた「一人称―二人称関係」と「一人称―三人称関係」が成立する以前）であるということです。というのも、この二つの人称関係において前提にされている「一人称」とは、「私（自我）」を意味しますが、法の縁起は、自我が意識される以前に法の相互関係として生じているのであり、相互覚起も受動的綜合ですから自我は関与しておらず、「対化」として働くカップリングの場合も同様なのです。つまり、三者とも人称が成立する以前にその働きを遂行してしまっているのです。

ヴァレラはこの点に注目し、「空性の現象学（I）」において、大乗仏教の一主流である唯識《ゆいしき》（派）の「アラヤ識（無意識）」の概念に言及しています[20]。唯識では、世界のすべての存在は、唯《ただ》八層からなる「識」の縁起によって存在するように表象されていると説かれています[21]。

このアラヤ識（無意識）をヴァレラは、「前（先）人称的」といい、先に述べた「人称以前」であるとして、人間の認識活動の根源を「アラヤ識」に認め、唯識の卓越性を強調しています。

アラヤ識には、当然ですが、実体としての主観の意識だけでなく、自我の意識も含まれていないのです。

潜在的志向性とアラヤ識

唯識では、何かが意識されると、それと同時に、その意識されたものは、必ずその痕跡《こんせき》をアラヤ識に残していくといわれています。このことを、もともと「匂いが織物につく習慣化」を意味する「薫習《くんじゅう》」という言葉を使って、その意識されたものがこの薫習を通して「種」を意味する「種子《しゅうじ》」となって、アラヤ識に沈澱していくと説明がなされます。ですから、よい行ないも悪い行ないも、すべて、種子となってアラヤ識に蓄積していき、のちの行為に影響を与えるのです。

これをフッサールに即していえば、薫習は、過ぎゆくものを保っていく過去把持に対応し、その痕跡といえる種子は、潜在的志向性に対応するといえるでしょう。

また、唯識では、意識は「法の縁起」を通して成立するとされ、「色」に相応する、一定の感覚刺激（素材）が与えられると、アラヤ識に存在する「種子から特定の意識が生まれる」とされます。アラヤ識に存在する種子が、その「色（感覚刺激）」に相応する特定の意識を生むというのです。

そのことを、「種子が熟する」という言い方をして、土の温度とか、湿り気などの環境条件が整えば、つまり潜在的志向性の蓄積が周りの他の潜在的志向性との連合において影響し合って、一定の限界に達すると、何らかの感覚刺激（「色」）を契機にして、その蓄積した「特定の種子」が、その意味内容と価値内容に相応した意識に転ずるとされます。

この唯識でのアラヤ識の特徴として重要であるのは、アラヤ識は、とても微細で意識にのぼらないということと同時に、私たちの身体と、身の回りの無機的な自然が、このアラヤ識によって意識にもたらされているとされていることです。身体の意識には、身体保存のための無意識に働く本能や衝動の働きも含まれます。この身体維持の働きとしてのアラヤ識は、本能的活動や衝動的活動としてつねに、「暴流（仏教用語で「激しい流れ」を意味する）」のように働き、それが意識にのぼるのは、そのアラヤ識が働いたあとの結果であるとされます。

だからこそ、たとえば「電車の急ブレーキ」の際、本能的な無意識の活動として「足が先に動いた」ことがあとになって意識されることは、唯識によれば、アラヤ識（身体の無意識）によって意識されている、環境の変化に対する適応であると理解されるのです。

本能志向性と触発について

この先人称的な（人称以前の）アラヤ識の種子から特定の意識が生まれるという見解は、フッサールが一九三〇年代に展開した「生き生きした現在の流れ」という分析の内容と、驚くべき一致を見せています。

フッサールは一九三〇年代に至って、『内的時間意識の現象学』で展開された「過去把持と未来予持を含む現在」の分析をさらに深化させていきます。その深化は、一九二〇年代に始まる「受動的綜合の分析」が転機になっています。この「受動的綜合の分析」では、これまで繰り返し述べてきたように、すべての感覚素材（刺激）と、その潜在的志向性とのあいだの相互の意味の覚醒（相互覚起）が、連合と呼ばれることが示されました。ということは、原理的には、無数に同時に与えられる感覚素材に相応する無数の潜在的志向性の充実が可能であるといえます。

にもかかわらず、特定の感覚素材に相応する特定の潜在的志向性の充実だけが意識にもたらされているのは、なぜでしょうか。この問いに対してフッサールは、「それらの連合を通して形成される意味づけと価値づけがもつ、自我に働きかける触発する力である触発力が違うから」〈22〉と説明します。でき上がる連合のなかで、自我のもつ関心と興味に応じた連合が選択され、触発力の強い連合が意識にもたらされるというのです。

第5章で示された「カクテルパーティー効果」で考えれば、わかりやすいでしょう。大勢の人の話し声が聞こえるなかで、どこかで自分の名前が話された途端、それが聞こえてきて、その話に聞き耳を立ててしまうことがあるのは、自己中心的な「自我（自分）の関心」の典型例です。

しかし当然ですが、「自分の関心」とは、そのときどきの関心事の内容に限られず、「生命維持のための生存本能」や「快／不快、好き／嫌い」などの情動的価値づけに即応して、触発する力の強弱が決められます。たとえば「愛の告白」や「入学試験」の最中でも、グラッとくる地震があるとき、その地震の強さに自分の関心は奪い取られ、「相手の答え」や「問題を解く」ことは棚上げになります。

このとき、どうして地震に気づけるのか、あらためて潜在的志向性の充実との関連において記述を試みてみましょう。すでに何度も繰り返してきたことですが、復習の意味も兼ねて再確認してみてください。

「愛の告白」の際、二人が対面して座って話すときの各自の身体のバランスの感覚（広い意味での運動感覚）は、話しているあいだ、意識にのぼることなく過去把持されるとともに未来予持され、その意味づけと価値づけの内容が充実され続けています。だからこそ、急に来た地震の揺れで身体が動かされるときの運動感覚が、それまで意識にのぼることのなかった、それまでの運動感覚の未来予持に当てはまらない、それとは違った「より激しい運動感覚」として感じ分けられるのです。

そして興味深いのは、大切な「愛の告白」の瞬間であれ、告白される相手も、同じように突然の地震に気づき、語りかける相手が急に口を閉じたことを非難しようとはしません。語りかけられる当人も、ちょうどそのときに同じように「地震の揺れ」を感じているからです。こうして、いつも受動的綜合である連合を通して成立している無数の感覚内容の只中で、特定の感覚内容、つまり生命維持本能に訴えかける触発力の強い感覚内容が、第一に意識にもたらされ、しかも語りかけている自分だけでなく、語りかけられている相手にとっても同じ体験が共有されます。二人のあいだに同じ運動感覚の変化を共有した「共感」の同じ時間が流れるのです。

この個人一人ひとりに別々に流れる時間ではなく、複数の人々のあいだの共有体験における「共有現在」の時間の流れの生成こそが、次章のテーマになります。

〈14〉リベット，B．『マインド・タイム』一二七頁以降を参照。

〈15〉目に見えないボールをヒットにしたあと、それを振り返り、「あれはストレートだった」「カーブだった」などとバッターがいえるのは、〇・五秒後、見えないボールの軌道が意識されずに過去把持に残っていたからにほかならない。

〈16〉この原図は、ヴァレラのThe Specious Present: A Neurophenomenology of Time Consciousness, in: Naturalizing Phenomenology, 二七六頁に掲載されており、この論文の抄訳が「現在－時間意識」『現代思想　特集オートポイエーシスの源流』一七〇～一九八頁に掲載されている。

〈17〉この神経細胞アセンブリの自己選択としてのカップリングとフッサールの過去把持の関係については、山口一郎『人を生かす倫理』三五四～三五八頁を参照。

〈18〉ヴァレラ「空性の現象学（I）」（『現代思想　特集オートポイエーシスの源流』）一四〇～一六〇頁を参照。

〈19〉このことの詳細については、Depraz, N. The rainbow of emotions: At the crossroads of neurobiology and phenomenology, in: Phenomenology and the Cognitive Sciences, 2008 を参照。

〈20〉ヴァレラ，F.「空性の現象学（I）」『現代思想　特集オートポイエーシスの源流』一五三頁以降を参照。

〈21〉アラヤ識というのは、そのもっとも深い層に位置する無意識を意味し、その層の上に、マナ識と呼ばれる「潜在的自我意識」、意識（自覚的意識）、五識（五感とされる視覚、聴覚、嗅覚、味覚、触覚）が層をなして相互に関係し合っているとされる。唯識とフッサール現象学の関係については、山口一郎（二〇〇四）『文化を生きる身体』（知泉書館）第四部を参照。

〈22〉フッサール，E.『受動的綜合の分析』第36節を参照。

第7章

二重の相互主観性

生活世界の構造を解き明かす

二つの明証性の違い

本稿も最終章にたどり着きました。本章の目的は、第一に、冒頭に挙げた「感覚の本質は共感にある」という現象学の主張に最終解答を与え、第二に、「人権の本質直観」の可能性について語ることにあります。この二つの課題は哲学による解明として、根本から「根拠づけられなければならない」のです。

この「根拠づける」という証明の仕方は、哲学に特有のものです。自然科学の場合、その証明は実験を通してなされますが、哲学はこれまでに見てきたように、自然科学が扱わない意味づけや価値づけを研究しようとします。そして、その証明の仕方は「こうとしてしか考えられない」という、誰もが納得せざるをえない確実さが基準になります。

この「確実さを基準にする」ことを、現象学では、「明証性《めいしょうせい》に基づく」という用語で表現します。明証性とは一般的に「明らかであること」を意味していますが、この明証性はさらに「絶対に疑いきれない明証性」と「完全に明らかになった明証性」とに区別されます。

二つの明証性の違いは、どこにあるのでしょうか。たとえば、近世西洋哲学の根本的見解といえるデカルトの「我思う ゆえに我あり（コギト エルゴ スム）」に由来する「考える自分（自我）がいる」というときの「自己意識の明証性」は、「絶対に疑いきれない明証性」とはいえても、

「完全に明らかになった明証性」とはいえません。

なぜならデカルトが「我思う」というときの「思う、ないし考える」と訳されるcogito（コギト）には、「思う、考える」という意味だけでなく、「感じること、つまり感覚すること」という意味も含まれますが、そこで「考えているときの自己意識」と「感じているときの自己意識」とは同じといえるでしょうか。

もし同じであるならば、チクセントミハイの「フロー体験」のときに実感している「忘我」や、ヘリゲルの「無心の弓」で自分の意識が消え去っているときの「無心」などは、「無我とはいっても、ほんとうは同じ自分の自己意識がそこにある」といわねばならなくなってしまいます。この点で、「自己意識の明証性」は、いまだ「完全に明らかになった明証性」とはいえないのです。

ここで現象学は、この「絶対に疑いきれない自己意識そのもの」の生成の起源はどこにあるのか、ということを探求しようとします。そのために「乳幼児の内面」に戻るための「脱構築」という方法をとろうとするのです。自己意識に限らず、現象学は現象学的還元を通して明らかにされた感覚の受動的志向性や知覚の能動的志向性、さらに「生き生きした現在」に働く受動的志向性としての過去把持や未来予持など、すべての志向性がどのように発生（生成）してきたのか、発生の経過をたどろうとします。このような「意味と価値の発生」を解明しようとする現象学の研究方向が、発生的現象学と呼ばれるのです。

この発生的現象学の方法とされる「脱構築」とは、構築されている志向性の全体からその一部を取り外して（脱して）みるという意味でそう呼ばれます。それは時間の志向性を例にするならば、第5章で示された「現在（過去把持と未来予持を含む「生き生きした現在」）・過去・未来」という、でき上がって構築されている通常の時間の意味内容を成り立たせる志向性の全体のうち、乳幼児の内面、それも時間意識に到達するために、「過去を想起する記憶の能動的志向性」と「未来を予め期待する予期の能動的志向性」を取り外し、脱してみるということです。それによって「受動的志向性としての過去把持と未来予持を含む『生き生きした現在』の意識しかもちえない乳幼児の内面」に戻ってみるという方法なのですが、具体例をもってまずは説明していきましょう。

添い寝の際の「共有現在」

たとえば母が子に添い寝しているとき、その添い寝という母と子の「共有体験」には、母子のあいだで「情動の一致」が生じている、ということができます。ここでいう「情動」とは、身体に根ざす生理的条件などに左右される、快／不快も含んだ喜びや恐れ、悲しみなどの一時的で急激な感情の動きを意味しています。これは人間だけではなく、動物にも当てはまります。それに対して「喜怒哀楽」と表現される感情には、この身体の生理的条件は加味されていません。

母親が赤ちゃんの側《そば》で添い寝しているとき、赤ちゃんの呼吸のリズムは、母親のゆっくりした呼吸のリズムに次第に合うようになっていき、寝入る前のゆっくりした一つの呼吸が、二人のあいだを行き交うことになります。そこで赤ちゃんが寝入ったと感じて母親がベッドに移そうとするとき、しっかり寝入っていない赤ちゃんはビクッとして、目を覚ましてしまうこともあります。

この一連の添い寝の経過について、二人のあいだに共有される「時間内容の持続と変化」を、次のような運動感覚の持続と変化として描写することができます。

赤ちゃんにとって胎児のころから身についている運動感覚とは、心臓の鼓動や四肢の運動、おしゃぶりの運動など、本能的な身体運動の際のそれです。そこに加えて生誕後、外気を呼吸するときや、泣くときの運動感覚も生じるようになっています。

このような赤ちゃんの身体全体の運動感覚を背景として、母子の添い寝の際の呼吸のリズム（「吐いて吸って」というリズムの一単位）は一つに一致していくわけですが、そこで意識にのぼることなく働いているのが、同じ一つのリズムが刻まれるときの二人に共有されている、受動的志向性としての過去把持と未来予持なのです。

二人で一つの呼吸のリズムが生じるとき、それに伴う運動感覚が過去把持にもたらされ、その過去把持につれて、その過去把持された運動感覚と同じ潜在的志向による未来予持が生じます。次に生じる呼吸のリズムによる感覚素材（刺激）が、その未来予持の潜在的志向の意味の枠と合致（連合）すれば、直前の呼吸のリズムと同じリズムが刻まれたことになるのです。そこでは合致（連合）するかどうかが、意識にのぼることなく、二人にとっての共有体験として感じ分けられているわけです。

この感じ分けは心理学において、母と子のあいだで「それぞれの呼吸のリズムがお互いの呼吸のリズムに引き込まれていく」という意味で「引き込み現象」といわれています。しかしそこで自然科学の「一人称－三人称関係」に引き込み現象が観察されるとしても、具体的にどのように引き込まれていくのかが説明できなければ、ただの事実の確認にとどまってしまいます。現象学はその「引き込まれ方」について、本能志向性の充実／不充実として、志向分析を通して明証的に理解できるとするのです。

寝込んだと感じ、母親がそっと赤ちゃんをベッドに移そうとして、赤ちゃんがビクッと驚いて目を覚ましてしまうとき、この本能志向性の充実／不充実が、共有される受動的志向性としての過去把持と未来予持を通し、はっきり現れた瞬間であるといえます。それまでの二人のあいだには、ゆっくりした一つの同じ呼吸のリズムが共有されていました。それを共有体験することで、いわば「共有される現在」を生きていたのです。そこで母親が赤ちゃんをベッドに移そうとしたとき、一つになっていた呼吸に乱れが生じます。気づかずに二人に共有され、未来予持されていたその呼吸のリズムが突然、与えられなくなるのです。

このとき共有体験の共有現在に大きな変化が生じ、変化以前と変化以後の前後関係が、二人にとってはっきり区別されることになります。この変化が生じたときにこそ、変化以前の共有現在が、二人にとってともに同時に感じられる「過ぎ去った過去」になり、現在との区別（境界線）が生じるのです。

融合した身体から自他の身体への分割

少し話は飛ぶように感じられるかもしれませんが、生後四カ月ごろまでの赤ちゃんは、身体の外から来る「外部感覚」と、その内で感じる「内部感覚」が区別できないといわれています。さらにその外部感覚についても、色やかたちなどがわかる視覚、何かの音が聞こえる聴覚、何かの匂いがする嗅覚など、五感が区別されて感じ分けられていない、とされているのです〈23〉。

私はこの状態を「原共感覚」と名づけています。つまり、いわゆるアルファベットの発音に色を見たり、かたちに音を感じたり、味に色を感じたりする知覚現象である「共感覚」と違って、そもそも「色が色」「音が音」として感じ分けられない状態ですので、共感覚以前の原共感覚と呼ぶのです。

こうして、外部感覚と内部感覚が区別できていない生後四カ月くらいまでの赤ちゃんは、自分が泣いているのか、別の赤ちゃんが泣いているのか、区別がつかずに「泣くことが伝染してしまう」のです。つまり、外から聞こえる泣き声と、自分が泣いているときに身体の内側で感じる動きの運動感覚の区別がつかないので、聞こえる泣き声と、自分が泣くことで生じる運動感覚とが一つのこととして結びついて（連合して）与えられてしまう、ということです。

このとき赤ちゃんにとっての〝自分〟の身体と〝他〟（〝〟は、本来的な意味で「自分と他者」の意識が成立していないという意味です）の赤ちゃんの身体の区別はついておらず、その赤ちゃんにとっては、いわば世界全体が一つに融合した〝自分〟の身体ということもできます。

その後、生後八カ月ごろを頂点にして、言葉にはならないものの、赤ちゃんはとても多彩でリズミカルかつ抑揚の利いた発声（タ、タ、タ、タ、タ／トゥルル、トゥルル／バブ、バブ、バブなど）を繰り返すようになります。これは喃語《なんご》と呼ばれます。どの国の母親や養育者も赤ちゃんの喃語をそのまま上手に真似て、赤ちゃんと養育者のあいだに喃語のやりとりが、こだまのように楽しく繰り返されます。

この喃語の発声には、明るさや暗さ、強さや弱さなど、さまざまな陰影を含んだ情動表現が伴われています。明るく大きな喃語には、明るく陽気で元気な情感が表現され、暗くて弱い喃語には、ひそやかで穏やかな情感が伴います。

こうしてさまざまな喃語の模倣を通し、母子のあいだには、お互いに模倣し合う情動表現による「情動の一致」の体験を基礎としながら、情動的コミュニケーションの土台が形成されていくのです。

さて、この喃語による情動的コミュニケーションの最中、次のような出来事が起こります。

楽しそうに喃語を繰り返す赤ちゃんが、一瞬、戸惑った様子で母親の顔をまじまじと眺めたり、母親の唇に触れようとしたりするのです。喃語の模倣の只中で、赤ちゃんは何に戸惑い、驚いたのでしょうか。

このとき、喃語を発する生後八カ月ごろの赤ちゃんが〝自分〟で喃語を発するときには、「聞こえる喃語の声（それが〝自分〟の声か、〝他人〟の声かはともかく）」と「喃語の発声のときに〝自分〟の身体内で感じる運動感覚」は、いつも必ず「対」になって「対化」し、結びついています（対化については、第4章でリンゴを手にして回してみるとき、「運動感覚と視覚像」「触覚と視覚像」などが対になって与えられているという説明を思い出してください）。

しかし、伝染泣きの時期を過ぎた赤ちゃんにとって、母親がその喃語を上手に真似て発するとき、たしかに「母親の発する〝自分〟の喃語によく似た喃語の声」は聞こえますが、「〝自分〟が喃語を発するときには、いつも対になってつながっていた、喃語を発するときの運動感覚」が感じられません。

そこで赤ちゃんが何に驚いたかといえば、それは対になって与えられるはずの未来予持される運動感覚が与えられない、充実されない意外さの表現なのです。

つまり、「喃語の声^{1}―喃語の運動感覚^{1}」「喃語の声^{2}―喃語の運動感覚^{2}」……という対の連続のあと、「喃語の声^{3}―〔喃語の運動感覚^{3}〕」という対の他の項である「喃語の運動感覚」が未来予持されても、それが満たされない（充実されない）こと（〔　〕は充実されないことを意味する）に気づいて赤ちゃんは驚くのです。このときフッサールは、対として無意識に予測していた（未来予持していた）、しかし実際にはそこには感じられない運動感覚のことを「ゼロの運動感覚」と名づけました。

「ゼロの運動感覚」の気づきの意味

赤ちゃんが「ゼロの運動感覚」を、そこにはない欠損する「運動感覚」として気づいたということは、それまでは一つのこととして実感されていた「喃語の声と喃語の運動感覚」に、はっきりした区別（境界線）が生まれるということを意味しています。

違う言い方をすれば、「ゼロの運動感覚」の際立ちに気づくということは、そこで充実されている喃語の声の「聴覚としての際立ち」に気づく、ということです。運動感覚の意味内容と聴覚の感覚の意味内容とが分離し、区別できるようになるのです。こうして赤ちゃんには、外部感覚と内部感覚が一つのものであった「原共感覚」の段階から、「ゼロの運動感覚」の気づきを通して、次第に個々の感覚野の区別が形成されていきます〈24〉。

赤ちゃんが感じる運動感覚は、「ゼロの運動感覚」に気づく以前は、すべて本能的な身体の動きに伴うものでした。喃語の発声も本能的に生じているので、もちろん赤ちゃんはそれを運動感覚として意識しているわけではありません。しかし喃語の模倣を機に運動感覚がそれとして〝気づかれた〟あとには、声が出るときにはそこに運動感覚がいつも伴っていることが意識できるようになります。

さらにいえば、これは声を出すときだけでなく、本能的に動いている手足の動きなどについても同じです。そこで当初は本能的運動として起こっていた「ハイハイ」の運動に伴う運動感覚が、「あそこまで」と意図的な目標を定めた「ハイハイ」に変わるとき、この本能的運動に伴う運動感覚は、随意運動、すなわち随意的な能動的運動に伴う能動的な運動感覚に変化していきます。

この本能的な運動感覚と随意的な運動感覚の違いは、これまで何度も例に挙げている「電車の急ブレーキの際に隣の人の足を踏んでしまった」場合と、そこで他人の足を「意図的に踏みつける場合」とで、それぞれ絶対に間違うことのない「感じ方の違い」として確信されています。わざと踏みつける場合、行動の責任者としての「自分（自我）」が明確に意識されているのです。本章の冒頭に述べた「自己意識の明証性」が、意図した行動に必ず備わっているということです。

このような随意運動を獲得していく途上にある幼児は、手を伸ばして指差したり、おもちゃを手にして遊んだり、立って歩けるようになるなかで、四肢の運動が自由に制御できるようになっていき、自分の身体の運動を制御する当事者として自己（自我）意識が形成され、意識されていくのです。

母子が実感する共感の世界

こうして「原共感覚」における伝染泣きの時期から、母と子のあいだの喃語の模倣を契機として、自他の身体の区別が生成してくるとき、そのなかで次第に、両者のあいだの「情動の一致」の体験を通して、情動的コミュニケーションの土台が形成されていきます。

たとえば喃語の模倣の繰り返しのなかで、母親が少し変化をつけて「タ、タ、タ」というときの最後の「タ」の音を少し大きく、高くしてみると、赤ちゃんもその変化を真似て、最後の「タ」の大きさと高さを変えることができます。つまり、似た情動を模倣するだけでなく、情動の変化も真似ることができるのです。

この同じ喃語の模倣と変化した喃語の模倣を通して、その同じ喃語に伴う同じ情動や、変化した喃語に伴う変化した情動がともに体験され、共有されることで、明るかったり、暗かったり、強かったり、弱かったり、軽快だったり、鈍重だったりする情感の世界、つまり「共感の世界」が母子ともに実感されることになります。

さて、ここで明確にいっておくべきことがあります。それは、赤ちゃんは「ゼロの運動感覚」の意識を通じて次第に自分と他人の身体の区別を自覚するようになる以前に、つまりそれがはっきりと「自分の感覚」として意識される以前にも、すでに豊かな情動的コミュニケーションによる「共感の世界」を母とともに生きている、ということです。

この「共感」に対して第2章では、五感として感じられるすべての感覚は、自分個人の身体で感じるのであり、「共感など幻想である」という意見が述べられました。その意見に対して、ここまで筆を進めてはっきり明言できるのは、「自分の感覚」と「他者の感覚」という区別そのものが、「自分の身体」と「他者の身体」の区別を前提にしているのであって、この「自他の身体の区別」とは、乳幼児の「ゼロの運動感覚」の意識によって初めてできあがる（生成してくる）ということです。

したがって、「共感など幻想である」という考え方の根源にある「自分の身体に限られた自分の感覚（五感）」というときの、「自分の感覚」の「自分の」という意味にそもそも気づけたのは、「ゼロの運動感覚」に気づき、随意運動ができるようになったからであり、その「自分の感覚」に気づく以前に、すでに母子は授乳や添い寝などさまざまな本能志向性の充実／不充実を通し、「情動の一致」による共感の世界を生きていたのです。

実在論と観念論にとっての共感とは

個々人の「各自の実感」を出発点にした現象学が、「自己意識の明証性」の根源を求めてたどり着いたのは、自他の意識がはっきり区別できない母子間に生じる「共感の世界」でした。ここでいま一度、現象学に対峙《たいじ》する「存在は外界に実在する物質から成り立っているとし、精神をも物質としての自然から説明できる」という実在論と、「存在は心の内部に内在する精神から成り立っていて、物質をも精神が制御できる」という観念論にとって、共感がどのように考えられるかを確認しておきましょう。

実在論にとって共感とは、各自の脳がつくり上げる「感覚」を、他者の「言葉や表情」を通して想定される、他者の脳がつくり上げている「感覚」と見なす「幻覚」になります。自分の脳と他者の脳が直結していない以上、それぞれの脳で感じる感覚は別々であり、そこで共感とは「共同幻覚」とでも呼ぶべき存在でしかありえません。

その一方、観念論にとって共感とは、各自の精神の働きである「自己意識」がもつ「自分の感覚」を、「他者の言葉と表情」を通して「他者の自己意識がもつ感覚」に当てはめることで生じる「幻想」になります。各自の自己意識は、各自別々に与えられており、共感とは「共同幻想」とでも呼ぶべきものになります。

しかしながら、実在論および実在論に依拠する自然科学の研究は、第3章で説明したように、感覚を感覚の科学として物理因果的な自然現象として解明することで、感覚の意味や価値（色や音など五感の区別や快／不快の価値感情）を主観的なものとして研究から除外しています。この感覚の意味や価値が理解できないまま、共感の意味と価値について判断できるはずがありません。

他方、観念論は、自我（自己）意識に固執するあまり、「自分の感覚」の背後、ないしその起源や由来、またその発生を問うことができません。あるいは問うことを意図的に拒絶します。

このとき、重大な問題となるのは、先に説明した母子間の本能志向性の充実／不充実によって生成する、共に生きられる「生き生きした現在」における情動的コミュニケーションという視点が欠落してしまうことです。

繰り返しますが、母子間に生じている言葉以前の情動的コミュニケーションは、「自分の感覚」と「他者の感覚」が区別される以前に働いています。観念論はこの「自分の感覚」を「他者の感覚」に当てはめようとするとき、自他が区別される以前にすでに与えられている情動的コミュニケーションにおける共感が前提になっていることを見落としているのです。

現象学は共感を二つに区分する

こうした実在論と観念論の共感についての見解に対し、現象学は共感を「自我意識が形成される以前と以後」とに区分します。発生的現象学による意味と価値の発生の問いを通して明らかにされたのは、第一に、この自我意識が形成される以前の共感ということになります。

その一方で、現象学が「感覚の本質は共感にある」というとき、自我意識が形成される以前の共感だけではなく、自我意識が形成されたあとの共感についてもすでに言及がありました。第2章で語られていたチクセントミハイの「フロー体験」や、「無我の境地」において生じる共感がそれです。

そこでは、ダンス競技でペアが「一心同体」のように踊っているとき、二人のダンスの動きの感覚が共有され、ぴったり一致したものになっていた、そのようなダンスのあとのインタビューでは、二人とも「無心で、我を忘れて踊りに集中できた」という感想が聞かれる、という例が挙げられました。そのときには「自分が踊る」という自我の意識がなくなっているので、「自分（一人称）がなくなる無我の境地」に達している、ということができます。ダンスをしている二人が大人のでき上がり済みの自我意識を振り返ることなく、二人で一つの身体になり、「一つになった運動感覚の共感」を通してダンスが自然に生じているかのような「共感の世界」が生じているのです。

ちなみに、無心ということでは第3章で「無心の弓」が実現したヘリゲルの例も挙げられていました。呼吸に集中することで「自分が呼吸しているのか、呼吸に呼吸されているのか」がわからなくなるほど呼吸と一つになり、そこで弓を張って矢を放つことができているとき、自分（自我）への関心は、完全に消え失せています。だからこそ阿波範士の指南どおり、自我意識が形成される以前にひたむきに世界に向かう赤ちゃんの、その手のように、また、まるで自分が「ザクロの実」と一つになって「ザクロの実が弾けるように」矢を放つという無心の弓が実現したのです。

さらに、第6章で目に見えないボールをヒットにしている野球のイチローのような強打者の場合にも、自分の意識は、いつでもあとからやってくるのであり、無心にバットが出てヒットにしているという意味で、これも無心の経験ということができるでしょう。

しかし「無心のダンス」の場合には、たしかに二人は一心同体で共感できているといえても、「無心のバット」や「無心の弓」といったとき、それは共感と関係があるとして、いったい何と共感しているのか、と問えるのではないでしょうか。赤ちゃんであれば自他の身体の区別がつかずに世界と一つになり、すべてを感じ取って共感しているといえるとしても、弓を射て、バットを振る大人がいったい何と共感しているのでしょうか。

「我－汝関係」と「我－それ関係」

このことを考えるうえで重要な役割を果たすのが、第1章で紹介したブーバーが語った「我－汝関係」と「我－それ関係」との区別です。

「我と汝（ドイツ語でIch und Duの訳語）」というときの「汝」とは、「あなた」を意味する二人称の親しみを込めた親称とされ、日本語にすれば、「あんた」や「お前」になるかもしれませんが、日本語の二人称代名詞に翻訳のしようがないので、古語からとってきて「汝」という語を当てています。しかしドイツ語では、二人称の親称として、家族のなかでお互いを「汝（Du）」と呼び合い、子供が成長して、十五～十六歳くらいになると、学校で先生から大人扱いされはじめ、「あなた（Sie）」と呼ばれることになります。さらには大人になって社会に出て、最初はあなた

(Sie) と呼び合っていたのが、親しくなって友人になった場合、互いを汝(Du)と呼び合うのです。この「我－汝関係」は、第2章の言葉でいえば「二人称－二人称関係」に相応します。

この「我－汝関係」の特質は、「全身全霊で我を忘れて物事(汝)にかかわる」ということです。普通は二人称の「汝」といえば人間のことですから、我を忘れて(自分にとらわれずに)相手と向き合うようなほんとうの親友とか、男女や親子の愛の関係が「我－汝関係」と呼ばれますが、ここで「物事」ともいわれているように、この汝は、好きで我を忘れて打ち込むスポーツや芸術だったり、新製品の開発の仕事だったり、ヘリゲルの場合のように、「弓禅一致」といった禅の精神だったりもするのです。

ということは、この「我－汝関係」において、相手(人間)との共感が成り立っているだけでなく、我を忘れて物事になりきれるとき、その物事とぴったり一つになるという意味で、「共感が成り立つ」といえるのではないでしょうか。

たとえば、チクセントミハイの報告する「手術中に生じる医療チーム内のフロー体験」の場合、手術がオーケストラの楽曲の演奏による「深い共感」に喩えられていて、これはまさに無心における共感の適切な表現といえるでしょう。そしてヘリゲルの場合、自己意識をもつヘリゲルの「自分の手」が、自己意識が形成される以前の「赤ちゃんの手」になることで初めて「無心の弓」が実現したのであり、赤ちゃんのひたむきな世界とのかかわり(我－汝関係)における世界との共感が、「無心の弓」において再現したともいえるのです。

とはいえ、我を忘れて物事（汝）に集中する「我－汝関係」とはいっても、「ボーッとしていること」と「我を忘れること」は別事であり、ヘリゲルの無心の弓にしても、強打者の見えないボールをヒットにする技術にしても、それは長期にわたる意識的な練習や努力、さらには必要とされる知識を集めてやっと実現するものです。そのとき、もう一つ重要になるのがブーバーのいう「我－それ関係」です。「我とそれ（Ich und Es）」というときの「それ（Es）」とは、事物や人間の場合の三人称を意味しています。つまり「我－それ関係」とは、第2章で確認した「一人称－三人称関係」に相応します。「一人称－三人称関係」は、「一人称－二人称関係」の場合と違って、二人のあいだの主観的な「好き嫌い、快不快」を混じえず、客観的で距離をもった観察や評価をくだすときに人間のとる態度です。

自然科学や人文科学のように、すべての学問研究は「一人称－三人称関係」である「我－それ関係」において成立しています。これはスポーツや芸術の練習や稽古も同様です。自分をあえて突き放し、自分に対して客観的に距離をとり、意識的努力と練習を積み重ねて初めて、やっと「努力している自分をも忘れるような無心」に近づくことができるのです。チクセントミハイの「手術中に生じる医療チーム内のフロー体験」などでも、手術に携わる医者や看護師の「我－それ関係」を通して習得した医療技術を完璧に運用することによって初めて、お互いに我を忘れた無心の境地における共感が生じえたのです。

つまり、自我意識が成立したあとの「一人称－三人称関係」である「我－それ関係」において、初めて学問を研究したり、スポーツや芸術の練習や稽古ができるようになるのであり、そのときには当然、言葉が使用可能で、言語的コミュニケーションができるようになっていなければなりません。ここでさらに問われるべきは、母子間の情動的コミュニケーションに加え、その言語的コミュニケーションがいったいどうやってでき上がってくるのかということを、現象学はいかに解明できているか、ということです。

同じ物の知覚はどう成立するか

この言語習得について考える前に、たとえば赤ちゃんに見えている「うさぎのぬいぐるみのピョン太」と母親に見えている同じ「うさぎのぬいぐるみのピョン太」が、角度や大きさは違って見えているにもかかわらず、なぜ二人とも同じ「うさぎのぬいぐるみのピョン太」であると知覚できているのか、ということが確かめられる必要があります。なぜなら、それぞれの物には名前がついていますが、それが同じ物につけられた同じ名前でなければ、異なる人がその名前を使うことはできないからです。

赤ちゃんがおもちゃ箱の方向に手を伸ばして「アー」といいながら何かをねだるとき、そこでほしいのが「おもちゃの自動車のブーブー」なのか、「うさぎのぬいぐるみのピョン太」なのか、母親が手渡してあげれば、すぐにわかります。「ブーブー」を手渡して受け取らず、不満げに手を下ろせば「ピョン太」がほしかったのであり、そのまま「ブーブー」を手にして遊びはじめれば「ブーブー」だったのです。

この赤ちゃんの「快／不快」の情動表現を感じ分けられない（共感できない）母親はほとんどいないでしょう。こうして母子のあいだの情動の一致による快／不快の感じ分け（共感の仕方）が、二人が「ブーブーはブーブー」「ピョン太はピョン太」と区別して知覚できていることをお互いに確かめ合っていることを保証しているのです。この母子がお互いの情動の持続と変化を感知し、共感し合う情動の一致について、発達心理学者で幼児精神分析医であるダニエル・スターン（一九三四〜二〇一二年）は、「情動調律（affect attunement）」と名づけています〈25〉。

このとき赤ちゃんに与えられている「ブーブーやピョン太」の視覚像と、母親の自分に映っているそれらの視覚像が正確に同じか、違っているのかは、二人にとってはどうでもよいことです。問題は、二人にとって「同じブーブーやピョン太」への対応の仕方が問われていることなのです。

このことからしても、「知覚の科学」と称して同じ対象物が外界に客観的に実在していて、母子の脳にどのような視覚像が結ばれるかを検証することで、客観的事物の知覚の成り立ちを問おうとする自然科学の方法論の限界は明白です。脳の画像が永久に一致しない以上、同じ物にはなりえないからです。

言語使用の能力の形成

この「知覚」による「同一事物」の成立に加えて、身体運動に関しては、随意運動における能動的志向性による能動的綜合としての「随意的な運動感覚」の志向が覚醒し、充実される必要があります。つまり、乳幼児にとって本能的運動であった四肢の運動が、随意的な能動的意識を伴う随意的運動によって制御できるようになり、そのことで、たとえば乳幼児が手にしたくて腕を伸ばした、その手の先にあるぬいぐるみの「ピョン太」を母親が手渡してあげるとき、お互いの随意運動が随意運動として了解されているといえます。

なぜならそこで母親は赤ちゃんの手を伸ばす随意運動の志向の意味を即座に了解し、赤ちゃんも自分の手の動きに相応して「ピョン太」を手渡してくれる母親の随意運動の志向の意味を了解する、まさに能動的志向の交換による相互の了解が実現しているからです。

これに、身体全体を動かす運動が加わると、おもちゃのクルマの「ブーブー」がソファと壁のあいだに隠れてしまったとき、ハイハイしていってそれを見つけ、摑んで取り出すこともできます。このとき、直前に見えなくなった「ブーブー」と、見つけたその「ブーブー」との事物の同一性が確認されているといえるのです。また「知覚」だけでなく、一日経っても、昨日遊んだその「ブーブー」と同じ「ブーブー」が見えることは、そこに能動的綜合としての「記憶」が働いていることが明らかです。

そうした知覚を重ねていくなかで、人間には言語使用という能動的綜合の能力が形成されていきます。幼児の記憶には、母親が手渡してくれる「ブーブー」を、「はい、ブーブーね」とか「ブーブーほしいの？」というように、いつも「ブーブー」という同じ名前で呼んでいることが残っていきます。「見えているブーブーの視覚像（視覚）と、ブーブーという発音（聴覚）」とが対になって（連合して）いることが記憶に残り、知覚による同一物に与えられた「言葉の意味」が理解されるようになるのです。さらに、その言葉を自分でも使えるようになることで、言語使用という能動的綜合の能力が形成されていきます。

こうして幼児は、知覚と記憶と言葉の使用を通して、おやつのお菓子を「一つ、二つ、三つ」と数えながら、きょうだい同士で喧嘩しないようにそれを平等に分けるなど、数にかかわる経験も重ねていき、さらに学校での学習を通して文字を習い、自分が感じ、考えることを言葉にするという、能動的綜合の能力による言語的コミュニケーションの基礎をつくり上げていくのです。

相互主観性について

このように、自我意識が形成され、言語使用の能動的綜合の能力が形成されてくることを基準にして、人間同士の相互の了解の仕方は、情動的コミュニケーションと言語的コミュニケーションというように段階的に区別されています。

フッサールは、この相互に了解しうる能力である「相互了解」を、お互いに意味づけと価値づけという志向性を担う主観として認め合うこととして「相互主観性」と名づけました。絶対確実であるとされる個人個人の実感から出発した現象学が、あらためて常識と思える「相互主観性」を哲学の問題とせねばならなかったのは、自分の感覚と他者の感覚は、自他の身体が別々である以上、実在論にとってそれが共同幻覚であり、観念論にとっては共同幻想にしか思えなかったからです。

このときフッサールは、この相互了解である相互主観性の成り立ちを、自我意識が形成される以前、しかも自他の身体が区別される以前にまで遡り、本能志向性の充実による情動の一致において「共有体験による共有現在」が成立している共感の源泉へとたどり着きました。この母子間の相互の感じ合い（共感）は、自己意識を伴わない、意識にのぼる必要のない受動的志向性による受動的綜合を通して成立している情動的コミュニケーションによる相互主観性（相互の了解）ですので、受動的志向性と受動的綜合の「受動」をつけて、「受動的相互主観性」と呼ばれます。

それに対して、能動的志向性による能動的綜合である随意運動や知覚や記憶、そして言語使用の能力が前提にされる言語的コミュニケーションにおける相互主観性（相互了解）が、能動的志向性と能動的綜合の「能動」を添えた「能動的相互主観性」と呼ばれるのです。

二重の相互主観性からなる「生活世界」

相互主観性（相互了解）の成り立ちを明らかにすることで、情動的コミュニケーションによる受動的相互主観性と、それを土台にした言語的コミュニケーションによる能動的相互主観性という、二層による相互主観性の層構造が明らかになってきました。

フッサールは、私たちが生きている社会生活の全体を「生活世界（Lebenswelt）」という概念で把握し、この相互主観性の二重構造によって理解しようとします。このとき、Lebenswelt のLeben とは「生、生命、生活」を意味し、Welt は「世界」を意味しますので、生活世界とは、動植物など、自然環境を含めた生命全体に包まれた人間の具体的な生活全体を意味するのです。

この生活世界の上層である「言語的コミュニケーション」は、知覚や言語や判断などの能動的綜合による能動的相互主観性の分析によって解明され、生活世界の基盤として下部層をなしている情動的コミュニケーションは、受動的相互主観性の働きとしての受動的綜合の連合と触発の分析によって解明されます。

図14で受動的相互主観性と能動的相互主観性のあいだに記されている「相互基づけ」とは、言語的コミュニケーションは、情動的コミュニケーションの土台の上に初めて可能になるのであり、その意味で情動的コミュニケーションによる受動的相互主観性が能動的相互主観性を基

づける（上向きの矢印）一方、他方では言葉による語りかけ（言語的コミュニケーションの促進）があって初めて言語習得が可能になるように、言語的コミュニケーションによる能動的相互主観性の働きかけ（下向きの矢印）を広い意味で基づけと呼び、両者による双方向の基づけを相互基づけと名づけているからです。

この受動的および能動的相互主観性による生活世界をフッサールがことさら強調しなければならなかった理由こそ、本稿の前の対談で述べた、十九世紀後半以降、ヨーロッパ社会から始まる、数学を基礎にする自然科学研究による技術文明の支配を通し、生活世界の根幹をなす「生きることの意味と価値」が見失われてきているという危機感にほかなりません。そして技術文明の最大の特徴は、この情動的コミュニケーションによる受動的相互主観性によって「生かされている（意味づけられ、価値づけられている）」ことに無自覚なところにあります。それをこそフッサールは、言語的コミュニケーションの偏重からくる「数学化による生活世界の危機」と名づけたのです。

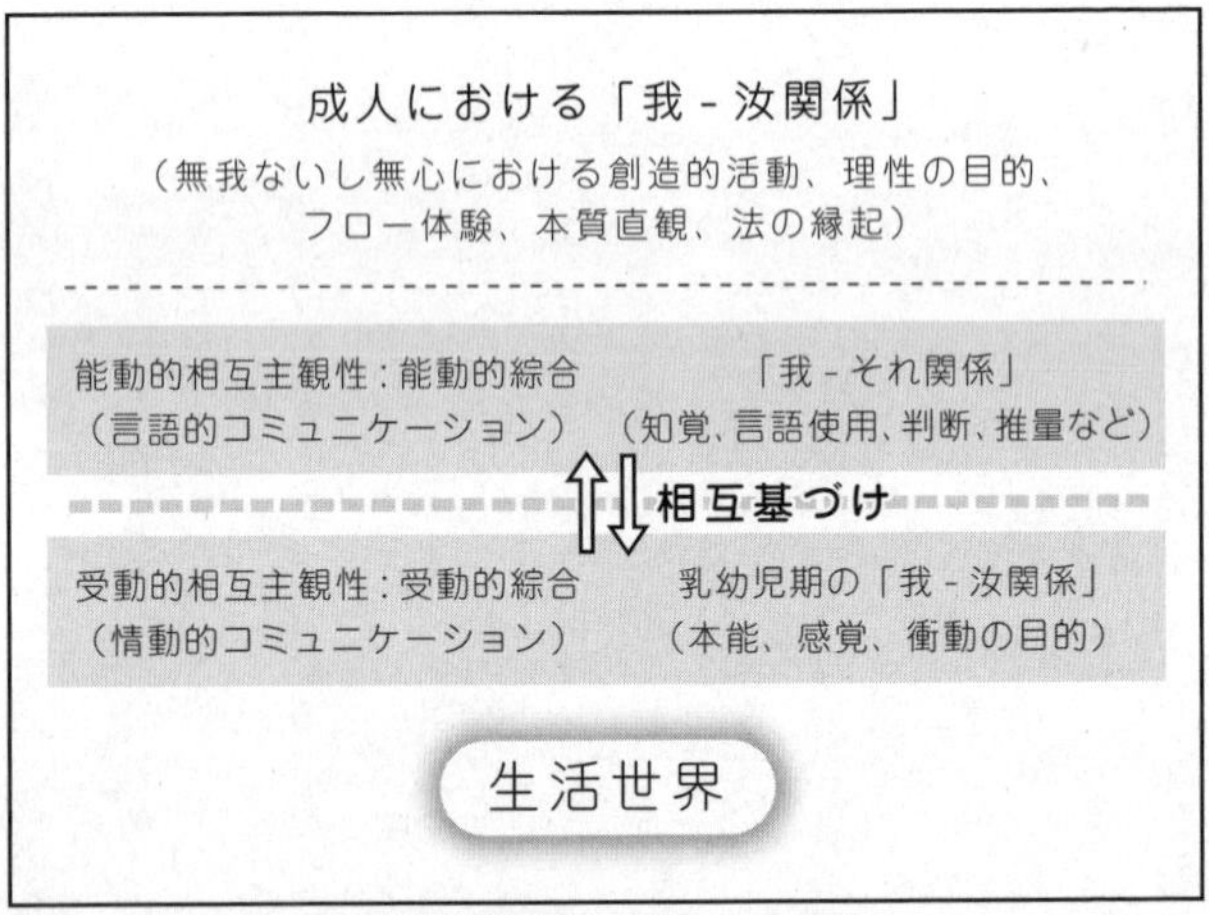

〈図14. 生活世界は2層の相互主観性から成り立っている〉

人権の本質直観はいかにして可能か

ここで、地球上のあらゆる生活世界に共通に妥当するはずの「人権」の本質直観について考えるとき、すべての「意味と価値の発生（生成）」を問う発生的現象学の見地から重要となるのは、「感覚と言語」の関係です。文化と伝統の異なった世界中の国々において、それぞれの国の家族や社会環境のなかで、情動的コミュニケーションの土壌から「自他の身体の区別」の体験を通して、自分の身体を自由に動かす随意運動の能力を習得していき、言語的コミュニケーションが生育してくるとき、共感（感覚）がどのように言語表現にもたらされてくるかが、哲学の共通言語といえる概念として、人権が正当に理解されるために重要であるからです。

たとえば公害訴訟で公害を被る当事者が、それまでの生涯で向き合うことのなかった「基本的人権」という言葉に弁護士を通して接するとき、基本的人権には、「生命身体の安全、表現の自由、移動の自由、私生活の保護、財産権の保障など」が属していることを知識として知ることになります。しかし、それを知識として知ることと、その権利を自分の権利として主張できることとは異なります。

だからこそ、そこで「人権」という言葉にまつわるすべての人権についての考えをひとまずカッコに入れ、その言葉を使って考えることをいったん停止する現象学的還元が必要とされます。生存権や自由権という馴染《なじ》みのない言葉を使おうとする以前に、「すべての意味と価値の発生の起源と目的」を明らかにしようとする発生的現象学は、自分はどのように、受動的綜合による情動的コミュニケーションの土台の上に、自他の身体の区別に気づき、能動的綜合による「知覚、記憶、随意運動、言語使用」などを通して言語的コミュニケーションを習得し、社会生活の一員となり、どのように当の「人権問題」に遭遇することになったのかを振り返るのです。

そうすることで、「人権の本質」が問われるとき、本質直観の方法の第一段階である「事例収集」により、「我－それ関係」における人権にかかわるさまざまな学問研究の成果を積極的に受容し、第二段階である「自由変更」を通して、自分の経験の範囲を超える、他者が被る「人権侵害」の事例など、他者の経験の領域にまで考えを尽くすことで、自分が遭遇している「人権問題」の問題解決の方向が見えてくることになります。

このとき、問題の解決の指針となっているのが、図14で「成人における我－汝関係」と記される「無心における共感」の実現という目的なのです。「我－それ関係」を経た成人の「我－汝関係」における無心の活動においてこそ、「人が人として生きる意味と価値」が体験され、そこで実現する目的づけに即してこそ、「人権の本質」の在りどころである「人権の本質直観」に到達できるといえるでしょう。

具体的にいえば、ダム建設といった環境問題の解決を求めて、基本的人権に含まれる「移動の自由、私生活の保護、財産権の保障など」が問題になるとき、新しい住居のための代替地の経済的価値をめぐって、専門の弁護士を通して、法律、経済にかかわる可能な限りの知識を総動員し（「我―それ関係」の貫徹）、交渉に当たるだけでなく、「先祖代々の墓を守ること」の当事者、およびその家族や親戚にとっての「意味と価値」が当事者たちすべてが互いに納得できるまで話し合うこと（「我―汝関係」の遂行）を通して初めて、自分たちにとって「人権とは何か」という、その本質に近づくことができるというわけです。

「棲み込み」としての暗黙知

この二重の相互主観性の論点は、フッサールの「数学化による生活世界の危機」の指摘と深く関連しています。フッサールが指摘しているのは、母子間の本能志向性の充実による情動的コミュニケーションが生じている受動的相互主観性の重要性が見失われている、ということでした。この「受動的相互主観性についての無知」ということを人間の知性に関連づけて、人間の認知能力を「言語以前の認知能力」としての「暗黙知」と、「言語と数」による「形式知（明示知）」との全体から考察しているのが、物理化学者、科学哲学者であるマイケル・ポランニーです。

ポランニーは、私たちは「言葉で表現できる以上のことを知っている」として「暗黙知」の領域を確定し、その暗黙知の例を数多く指摘しています。たとえば、私たちは、年を重ね無数の人の顔に接してきて、その無数の人の顔のなかから、ある特定の知人の顔を「その人の顔」として間違いなく見分ける能力をもつという例が示されます。このように暗黙知は、言葉が使用される以前の身体的認知（情動的コミュニケーション能力）を可能にしているだけではありません。ポランニーは、暗黙知が言葉を使った文章による言語的コミュニケーションの領域にも大きな影響を与えている、と述べているのです。

というのも暗黙知は、狭い意味での、仕草や表情などの身体表現にかかわる身体知や技能知に限られず、言語的コミュニケーションの領域に属する精神科学や自然科学の学問研究に際しても、それらの研究対象への暗黙知による「感情移入（棲み込み）」の能力を要求しているからです。この学問研究の際に要求される「感情移入」とは、簡潔にいえば、これまで論じられてきた自己意識が形成されたあとの能動的綜合の只中で生じうる「我－汝関係における共感」を意味します。

ポランニーは、純粋な理論の探究とされる数学の研究に当たってさえ、「カエルを構成する諸関係を形式化するためには、まずそのカエルが暗黙知によって非形式的に特定されていなければならず」といい、カエルを観察して形式知にもたらすためには、まずその前に、そのカエルが暗黙知においてすでに特定されていることから出発しなければならないといいます。それだけでなく、自分の構築した数学の理論の「正当性を確かめるためには、カエルに感情移入しなければならない」というのです〈26〉。つまり、「カエルの数学理論」が形式知としてでき上がり、それが理論として正当であるかどうか確かめるためには、もう一度、あらためて、カエルに感情移入（共感）しなければならないといっているのです。

これは、松尾芭蕉（一六四四～一六九四年）が、「松のことは松に聞け」といったことと同じことといえないでしょうか。この感情移入（共感）という点で、ポランニーのいうサイエンスと、芭蕉のいうアートは一致するというのは、いいすぎでしょうか。

とはいえ、ポランニーの「カエルに感情移入（共感）する」場合と、芭蕉の「松のことは松に聞け」という場合に、同じく共感とはいっても、そのような共感に至るための工夫の仕方には、文化的背景の違いがあるように思われます。というのも、芭蕉の場合、禅の修行に見られる「自己（自我）を空《むな》しくして」世界を映すといった、ヴァレラが「空性の現象学（I）」で述べている仏教の無我の思想（第6章参照）が根底に流れており、「言葉を捨て、もちろん数も捨て、すべての計らいを捨て、無心に松に向き合う」ことができるとされています。

それに対してポランニーの場合、能動的志向性による能動的綜合としての感情移入を強調するのであって、能動的綜合としての感情移入は、受動的綜合としての感情移入を、欠くことのできない必要な条件として前提にしていることが、見失われているといわれなければならないでしょう〈27〉。

〈23〉脳科学者である小西行郎氏は、「目をつぶってお乳を飲んでいても、視覚野、前頭葉、体性感覚野、運動野など多くの部位が活性化している」（小西〔二〇〇三〕『赤ちゃんと脳科学』集英社新書、四〇頁）ことが検証されているとしている。

〈24〉この原共感覚からの個別的感覚野の生成（形成）の詳細については、山口一郎『感覚の記憶』第二章「個別的感覚質（クオリア）の生成」一九一～二四六頁を参照。

〈25〉この「情動調律」について、相互主観性論の関連において、より詳しい説明が、山口一郎『人を生かす倫理』第三部、第1章「間身体性と相互主観性の発達」第二節（6）「情動調律」による相互主観性の形成においてなされている。同右、二四七頁以降を参照。

〈26〉ポランニー，M.（一九八〇）『暗黙知の次元』（佐藤敬三訳、紀伊國屋書店）四四～四五頁を参照。

〈27〉この論点の詳細については、山口一郎（二〇一八）『発生の起源と目的』（知泉書館）第二部「受動的綜合の位置づけ」、第三章「暗黙知と受動的綜合」三三四～四〇一頁を参照。

対談

野中郁次郎

×

戦略とは「生き方」である

山口一郎

二項「同体」ではなく二項「動態」

野中　第1部では、そもそも現象学とは何か、それは他の哲学とどのように違い、何を追究しているのか、という議論を山口さんに展開していただきました。あらためて現象学の何たるかが理解できたように思います。

そのうえで現象学という学問が、私が生涯をかけて研究してきた知識創造理論と近似する思想であることも、再確認することができました。

SECIモデルを世界で最初に評価してくれたのは、エーザイCEOを務める内藤晴夫さんです。エーザイは、「患者様と生活者の皆様の喜怒哀楽を考え　そのベネフィット向上を第一義とし　世界のヘルスケアの多様なニーズを充足する」を企業理念に掲げ、その理念を一言に集約したものをhhc（ヒューマン・ヘルス・ケア）と呼んでいます。

その企業理念の実践に向け、内藤さんがもっとも重視しているのは、SECIモデルでいうところの最初のステップ、つまり「共同化」です。そのためにエーザイは、グローバルのすべての社員に勤務時間の一％の時間をかけて、医療や介護の現場で患者や生活者と「共に感じ、共に生きよ」と宣言しています。

もともとSECIモデルを構想した当初、そのなかで私は暗黙知・形式知の相互変換プロセスである「表出化」と「内面化」がもっとも重要であると考えていましたが、相互変換プロセスは、それほど簡単かつ単純なものではありませんでした。なぜならそこには暗黙知・形式知の明確な境界が存在しているというよりも、現在・過去・未来が重なり合いながら、そこで必ず起こる対立・矛盾を通して、いっそう高い境地に進むという弁証法的な働きが存在することがわかってきたからです。

山口　SECIモデルでは共同化から始まり、表出化、連結化、内面化を経て、再び共同化に戻ってくるというスパイラル（螺旋《らせん》状）の知識創造の進展が理論化されていますが、始まりの潜在的に働いていた共同化と、戻ってきたときの共同化の暗黙知の質の違いが重要であると思います。「患者や生活者と『共に感じ、共に生きよ』」というときの「共同化の共感と共生」という暗黙知の能力は、スパイラルな運動の創造的展開を通して、果てしなく高まり、深まっていくと考えられるからです。

暗黙知という考え方を提唱したマイケル・ポランニー自身、この力動的プロセスを十分に描けているわけではありませんが、私が第1部で述べたように、「カエルへの感情移入（棲み込み）」による暗黙知は、カエルの数学による理論化（形式知化）以前にすでに与えられていますが、それを形式知化したあとに再度、感情移入を通して暗黙知にもたらされなければなりません。このとき始まりの共同化の暗黙知に比べて、戻ってきたときの共同化の暗黙知の質の向上は、明らかであるといえます。

野中　そうした意味で、暗黙知か、それとも形式知かという「二項対立」的な区分けは正確ではありません。二項対立では、ディベートのように対立項を倒して自らを正当化しようとするので、その二つは最初から最後まで分かれたままです。しかし絶えず変動する現実に照らせば、その暗黙知も形式知もコンテクスト次第で「どちらも正しい」になってしまい、二項対立の解は「半分真理」で終わってしまう。そうなってしまえば、もはやそこから新しい意味が生み出されることはありません。

そこでは絶えず変動するコンテクストに応じながら、二項対立ではなく相互作用しながらバランスをとって新しい知を創造していく必要がある。喩えるならばそれは二項「同体」ではなく、二項「動態」でしょう。

山口　二項「動態」としての暗黙知と形式知の相互変換プロセスとはまさに、フッサールの生活世界における「受動的相互主観性」と「能動的相互主観性」との「相互基づけ」に相応しているように思われます。第1部の図14（一七八頁）で描いたように、暗黙知に相応する「受動的相互主観性における情動的コミュニケーション」は、「形式知に相応する能動的相互主観性における言語的コミュニケーション」に先行し、その前提となります。その意味では、「感性」が「知性」を基づけているといえるでしょう。

その一方、幼児が養育者による言葉の語りかけのなかで育ち、教育を受け、成人となっていくように、知性による言語的コミュニケーションは、つねに豊かな共感の経験が言葉として表現され、形式知として公共性をもつことができるように導いているわけです。その意味で、言語と数による形式知が、アリストテレスのいう「目的因（事物が何のために存在するか、行為が何のためになされるかを示す目的が、その事物の存在やその行為を理由づけるもの）」として働くことで、共感による暗黙知を方向づけ、暗黙知の形式知化を促しているわけですね。

受動的相互主観性と能動的相互主観性の相互の働きかけは、言葉以前の、意識にのぼらない、その意味で無意識の暗黙知の豊かな内実を熟成させ、言語と数による形式知を、諸文化に普遍的に妥当する理性による公共性を獲得しうるように目的づけているといえるでしょう。

野中　現象学はまさにそれまでにあった哲学とは違って、無意識に焦点を当てた哲学ともいえますが、ポランニーは暗黙知について、次のように語っています。「人はつねに言葉にできることよりも多くを知ることができる。個人がもつ知識には、言葉で表現できる部分と、言葉で表現できない部分があり、前者よりも後者のほうが多くを占めている」。この後者について、ポランニーは暗黙知という名称をつけたわけです。

そこでポランニーは言葉にすることができない知識を暗黙知と考えたわけですが、我々がSECIモデルで考えていたのは、正確にいえば「まだ言葉にされていない知識」でした。現象学的にいえば、山口さんが第1部で説明されたように、言葉とは知覚の上に成り立つものですから、そうした意味では現象学の「受動的綜合」という概念はまさに、「まだ言葉にされていない知識」ということを見事に表した概念といえるでしょう。

その一方で、現象学がいうところの「能動的綜合」という考え方は、SECIモデルがいうところの形式知に当たります。そうした意味でも現象学を知ることによって、暗黙知、形式知という考え方を基礎とするSECIモデルの内実が、さらに充実してくるわけですね。

「暗黙的知り方」に通じるアブダクション

野中　そのうえで、いま強く感じているのは、「暗黙的知り方」とは、演繹《えんえき》法でも帰納《きのう》法でもない、アブダクション（仮説生成）に通じている、ということです。アブダクションとは簡単にいえば、結果から原因がどのようなものかを推測し、観測された事実への説明を見つける手法である、といえるでしょう。
これはアメリカの哲学者であり、プラグマティズムの創始者とされるチャールズ・サンダース・パース（一八三九〜一九一四年）が、アリストテレスの論理学を基礎にして提唱した方法論です。たとえばそれは、①朝起きたら看板が倒れていた（現象）→②風が吹くと看板が倒れる（法則）→③だから（現在は吹いていないが）寝ているあいだに強い風が吹いたにちがいない（仮説）、というような考え方のことです。

しかし、ここでは①の現象の説明として③の仮説が立てられていますが、看板が倒れる原因はほかにも「誰かが倒した」「重さに耐えきれずに自ら倒れた」など複数考えられるわけです。つまり、②の法則自体は正しいとしても、そもそもその法則をどう思いついてこの方法論に当てはめるか、ということについては、推論する人の発想に拠《よ》るわけですね。

山口　現象学は観念論によってすでにでき上がった概念の分析という演繹法をとらず、その一方、実在論による経験的事実に基づく帰納法に対してもその限界を示します。現象そのものに、その現象を現象にしている「隠れて働く規則性」を露呈しようとする方法をあてがうわけですが、演繹でも帰納でもないという点で、アブダクションの方法は現象学の方法にかなり似ています。

野中　おっしゃるとおりで、ならばそのアブダクションのために、いかに想像力をいかんなく発揮できるか。そうした想像力という点でも大きな示唆を与えてくれるのが現象学です。山口さんが第1部で言及された「自由変更」がそれですね。

現実の本質を見据え、こうとしかいいようのない、SF（サイエンス・フィクション）さえも使いながら仮説をつくっていく。そこである種の命題ができれば、そこから先は演繹です。とにかくそれをブレイクダウンしてやってみようというのが、SECIモデルの二番目と三番目である「表出化」から「連結化」、そしてさらにそれを現実の只中でテストしていくのが「内面化」ということです。

山口　「自由変更」とは、本質直観において第二段階にくるプロセスでした。そこで一番目にくるのが「事例収集」。このときの事例にはもちろん、自然科学研究を含めたあらゆる学問の研究が含まれます。第1部でご説明しましたが、現象学は自然科学の研究も頭ごなしに否定するわけではなく、それはかような条件下で獲得された知識である、ということを認めたうえで、受け入れるわけです。

それを受け入れるからこそ、フランシスコ・ヴァレラが提唱する神経現象学などの学問が成立するのです。

そのうえで、第二段階としての「自由変更」があります。自由変更とは、そもそも事例収集で集められた事例とは、どのような現象として現れているのか。それが自然科学の知識であれば、どのようなかたちで、そうした知識として獲得されたのか。あるいは深層心理学や社会科学などの精神科学であれば、どのような「意味づけ」や「価値づけ」の体系のなかでそれを模索していこうという結論に至ったのかなど、そもそもの言葉の意味、使っている用語、概念について、その源泉を探っていくわけです。

ある極端から別の極端まで、SFの世界までを含めて、ありとあらゆる想像力と可能性を踏まえたうえで、自分と他者の相互主観的経験のなかをかけめぐって、そこで落ち着いたところに「不変項」という、もはや変更しえないような存在が残る。これこそが「本質」である、とフッサールはいうわけですね。

現在には「幅」がある

野中　戦後の日本の優れた経営者には、そうした本質直観に長《た》けた人が多かったように思います。たとえば、このあとの第2部でも取り上げますが、本田技研工業創業者の本田宗一郎さん。京セラ創業者の稲盛和夫さん。あるいはキヤノンの社長を務めた御手洗《みたらい》冨士夫さん。最近でいえば、ファーストリテイリング創業者の柳井正さんも、そうした本質直観に優れた人でしょう。

なかでも面白いのは御手洗さん。彼は経理部出身で、バランスシートについて次のような発言をしています。「トップにとって経営とは、バランスシートで語る物語です。理想的なバランスシートを構想し、それを実現するため、企業内のあらゆる組織、あらゆる人間が行なうべき仕事を導き出していくのです」〈28〉。事実、彼はキヤノン社長に就任したあと、部分最適から全体最適へという意識改革を行なって、損益計算書重視からバランスシート重視のキャッシュフロー経営へと、大きく舵《かじ》を切りました。

それだけを聞くと、たんに数値分析に長けた人である、という印象になるかもしれませんが、そうではない。ご自身がいみじくも語っているように、最終的な目標を実現する際には、それをいったいどのような筋書きで実現するかということについて、リーダーは必ず物語を描け、というのです。一人ひとりの人材を「コスト」としてではなく、「知を生む存在」と位置づけるところから物語は生まれる。つまり御手洗さんは、リーダーは数値プラス物語の両方を実践せよというわけです。

そうした意識を強くもっていたからこそ、彼はバランスシートを見た瞬間、いま何をやるべきか、という現在・過去・未来の物語が瞬時に把握できたといいます。現在・過去・未来とは、それぞれが切り取られて存在するわけではなく、すべてがグラデーションで連続している。なぜなら「現在には幅がある」からです。山口さんが第1部で強調されたように、過去が我々の内部に沈澱され、それが現在になる。さらにそこでは未来予持によって、我々はもう、未来すら潜在的に直観してしまっているわけですね。

山口　「幅のある現在」については、次のような説明がわかりやすいでしょうか。私は学生時代から剣道に親しんできましたが、剣道では、双方がその間合いに入ったとき、面やこてなど、どちらが先にきっちりしたかたちで打ち抜けるのかというせめぎ合いがあります。

そのせめぎ合いはもちろん、「現在」という一瞬に起こります。しかしその一瞬のあいだに、その人が練習で培ってきた、習慣化され、身体化されたありとあらゆる技能が詰まっているわけです。この技能はいつでも、その人の身体記憶として、すべての瞬間にその場に居合わせている。現在にこれまでの何十年という身体記憶の過去が伴い、さらにはその身体記憶は、こうなったら次にこうなるという「未来の先取り」を内に含んでいるのです。

つまり、この「現在」という同時点に、自らの無限の過去が、他のさまざまな事柄とのつながりのなかで、深海のように連結しているわけですね。

「物語り的戦略論」の本質

野中　経営学でいえば、最近の戦略論では、ロンドン大学キングス・カレッジ名誉教授で戦争研究の第一人者のローレンス・フリードマンが書いた『戦略の世界史』（貫井佳子訳、日本経済新聞出版社）という本があります。これは聖書や古代ギリシャの神話、『孫子』、ニッコロ・マキャベリ（一四六九～一五二七年）などの古典に始まり、カール・マルクス（一八一八～一八八三年）やマックス・ウェーバー（一八六四～一九二〇年）などの政治・経済戦略、ベトナム戦争、イラク戦争などの主要な戦争、さらには企業の競争戦略に至るまで、あらゆる範疇《はんちゅう》の戦略論を分析し、「優れた戦略とは何か」という核心に迫ったものです。

彼の本を読むほど、かつてないほど動きの激しく、複雑系ともいわれる時代のなかで、分析的なモデルはもはや通用しない、ということを痛感します。初期のわずかな違いがのちに大きな変化になって現れるこの時代には、因果関係だけで物事をとらえることは適切ではない。本のなかでフリードマンは、「戦略とはパワー創造のアートである」と喝破《かっぱ》していますが、我々はそれを「知力の共創」であると考えています。

ダイナミックな世界のなかで、よりよく生きる未来に向けた目的と、それを実現するための多様な手段を、そのときどきの文脈と関係性のなかで志向し、知力を共創し、そして実践していく。そうすることで「生き方」のより高次の意味が開け、連続したドラマが続いていくわけですね。これはいわば、物語でしか説明できない世界であり、実際にそうした考え方に基づいて、経営学では「物語り戦略論」が大きな潮流になりつつあります(29)。

そうした意味では、「戦略とは生き方」であり、現在・過去・未来の明快な境界など存在しない。「幅のある現在」のなかでその現象に応じてジャッジメントを行なうことこそ「決断の本質」であり、それは企業の戦略そのものなのです。

山口　「物語りを通して生き方を学ぶ」というとき、フッサールの発生的現象学との密接な関係があらためて示されます。人は物語ることで、自らの過去を自らの歴史となし、それによって自らの未来という生きる目的が開けてくるからです。

さらにいえば、物語るということは「共に物語る」ことであり、過去の出来事を振り返る自分は、記憶という想起の仕方そのものが受動的綜合である連合を通して生じているわけで、この連合は、本能志向性を通して受動的相互主観性において生成している、ということに注目すべきでしょう。現象学の存在論的展開としては、マルティン・ハイデガー

（一八八九〜一九七六年）の「現存在分析」が知られていますが、彼のいう「共同存在（他者）」は、乳児期の受動的相互主観性における「汝」でないだけでなく、成人の能動的相互主観性における「汝」でもなく、「汝との出会い」は存在しえないのです。人は過去の出来事（汝との出会い）を振り返り、物語るとき、他の人々との出来事を他の人々とともに創設されてきた「共通の記憶」の仕方を通して想起し、物語るわけですから。

野中 そうした意味でこの「物語り戦略論」と、現在から過去を見渡し、過去から現在（過去における未来）を再発見し、その現在から未来を見通して未来を創造する「歴史的構想力」という考え方は、表裏一体であるといえます。古今東西、世界で優れた戦略家といわれる人たちはほぼ例外なく、そうした物語りを生み出せる人であり、歴史的構想力の持ち主でした。

たとえばナチス・ドイツに敢然と立ち向かい、第二次世界大戦の英雄となったイギリスの首相、ウィンストン・チャーチル（一八七四〜一九六五年）。前首相であるネヴィル・チェンバレン（一八六九〜一九四〇年）がナチス・ドイツに対して行なった宥和《ゆうわ》政策を、深い歴史的な知見から過ちだと喝破したこの稀代《きたい》の政治家は、戦後、第二次世界大戦のことを記した著作によってノーベル文学賞を受賞した才能を有していました。そのレトリック（修辞）能力が、生きた言葉で本質を物語る能力として発揮されたわけです。

いまでもユーチューブなどでチャーチルの戦時中の演説を聞くことができますが、シェイクスピア劇のような抑揚をつけたしわがれ声の語り口がラジオから流れるのを耳にしたロンドン市民は、空襲下でも心安らかに眠りについたといわれます。

さらに、彼はたんに物語るだけではありませんでした。その物語りを実現させる政治力にも長けていたのです。ロンドンに行くとインペリアル・ウォー・ミュージアム（大英帝国戦争博物館）の分館の一つとして、「内閣戦時執務室」（ウォー・キャビネット）を見学することができます。彼は国防相を兼務することにより、権力を一手に掌握し、討論を促しつつも最終決断は独裁的に行ない、勝利までの五年間、ここで戦争指揮を執りました。知を綜合しながら、決断した瞬間に実践する、間違ったらすぐに直す、ということを繰り返したのです。それは論理分析的とは対極のやり方であったといえるでしょう。

山口　あらためてこのパートの対談を通じ、現象学と知識創造理論の近似性を私も発見することができました。そのうえで野中さんが現在の経営学の潮流、リーダーシップ、さらにはＡＩなどをどう語られるのか。第２部を楽しみに読ませていただきます。

〈28〉「理論と情熱の融合経営」『日経ビジネス』二〇〇七年十月一日号、六三頁
〈29〉「物語り戦略」については、第11章で詳しく論じる。

第2部

現象学的経営学の本質

野中郁次郎

第8章

SECIモデル

主観と客観の循環から知識は生まれる

「情報処理」から「知識創造」へ

経営学は社会科学の一分野ですが、これまでは「情報処理（information processing）」という概念（コンセプト）が経営学のサイエンス化に貢献してきました。しかし、これからは「知識創造（knowledge creation）」という概念が経営学のアートとサイエンス両側面を総合していくべきだ、と考えています。情報は量を客観的に計算できますが、知識は個人が情報を主観的に意味解釈したうえで獲得するものです。そして、真の意味で実践的な知識を生み出すには、人間が外界や他者とかかわり合うなかで、情報を自ら選定し、感知し、解釈し、実践し、身体化しなければならないのです。

コンピュータ技術の発達に伴う一九七〇年代の「認知革命（cognitive revolution）」までは、心の動きは情報処理過程であるととらえられてきました。ノーベル経済学賞を受賞したハーバート・アレクサンダー・サイモン（一九一六～二〇〇一年）は、人間をコンピュータに喩えた認知科学の情報処理モデルを基盤に組織論を構築しました。しかし、情報処理プロセスを解明しても、意味のある主観的な感覚や体験は解明できません。

サイモンの人間観は、「アリ」のメタファー（喩え）で喩えられる単純な認知能力者です。海岸を歩くアリの軌跡は一見、複雑に見えます。それは、アリは巣の方向はわかっていても、直前の障害物は予知できないために、障害物にぶつかるたびに進路を変えるからです。複雑な軌跡は、アリが複雑だからではなく、環境の複雑さを反映するにすぎません。したがって組織は、個人の認知能力の限界を克服した合理性を効率的に確保するために、客観的・機械的・階層的な情報処理システム、もしくはそれを体現する官僚制のような仕組みをもつことが、そのパフォーマンスを向上させるためには必要だとサイモンは主張しました〈30〉。

現実の人間の意思決定には主観的な価値観が入りますが、サイモンは意思決定の前提から価値前提を外し、事実前提だけに限定することによって、科学的な組織論の構築に成功したのです。このようなアプローチは、あらゆる情報を意識的・分析的に、抽象的に処理する脳という認知科学の伝統的な考え方に基づいています。

しかし「心」とは本来、環境から独立した主体内部で起こる機械的な情報処理過程としてとらえるべきではありません。むしろ、絶えず変化する環境の只中で、外界や他者から何かを感知しつつ、それらを意味づけることによって、自分なりの「現実」をつくり出し映し出すのが、人間の「心」です。つまり、客観的なデータや情報をコンピュータのようにすでにプログラミングされている基準に沿って処理していくのではなく、もっと主観的・不規則的・創造的な過程を経て、人の心は周りの環境を認識、判別しているのです。

このようなプロセスを説明するために、感覚・知覚・思考が行為と直結し、身体を媒介に環境とオープンに相互作用する「身体化された心（embodied mind）／拡張された心（extended mind）」

という現象学の影響を受けた脳科学のアプローチが、いまでは主流となりつつあります〈31〉。

ポランニーの暗黙的知り方

我々の知識創造モデルの基盤を構成する概念の一つが、マイケル・ポランニーの「人格的知識(personal knowledge)」としての暗黙知です。まずはこの暗黙知について説明しておきましょう。端的にいえば、プラトン以来現代に至るまで、西欧における知識論の主流は、主観を排した形式知・客観知のみが知識である、という考え方を根底にしていました。一方、フッサールは著書『ヨーロッパ諸学の危機と超越論的現象学』で、「日常性の数学化を推し進める諸科学が客観的に確定しうるものだけを真理とするならば、世界に生きる人間の存在は意味をもちうるか」と問い、「人間の生き生きした主観こそすべての学問の根本であるべきだ」との信念から現象学を構築しました〈32〉。

この現象学の影響も受けて、五十歳にして物理化学者から科学哲学者に転じたポランニーは、カール・ポパー(一九〇二〜一九九四年)に代表される客観的で科学的な形式知のみが知識であるという偏見から脱却することをめざしました。「すべての知識は暗黙的か暗黙知に根ざす」のであり、身体性に根ざす信念や主観こそが知識の源泉であると主張したのです。

ポランニーによれば、「知ること」とは傍観者的なポパー流の「認識主体なき知識(knowledge

without a knowing subject)」ではなく全人的なコミットメントが不可欠で、感性と理性、主観と客観、アートとサイエンスのバランスがとれた知識観を回復させるべく、伝統的な哲学用語ではありませんが、直観的に腹に落ちる「暗黙知」という概念を提唱したのです。

暗黙知とは、言語や文章で表現し難い主観的・身体的な経験知であり、特定の文脈ごとの経験の反復によって個人に体化される認知スキル（信念創造、メンタル・モデル、直観、ひらめきなど）や、身体スキル（熟練、ノウハウなど）を含んでいます。これに対して形式知は、特定の文脈に依存しない一般的な言葉や論理（理論モデル、物語、図表、文書、マニュアルなど）で表現された概念知です。

ポランニーは、科学的知識の基盤として「暗黙的知り方（tacit knowing）」こそが知識の源泉であると唱えました〈33〉。ばらばらで部分的な知の要素を関係づけ、一貫性のある包括的全体をボトムアップで推論して、総合的に新しい意味をつくるプロセスを「暗黙的統合（tacit integration）」と名づけたのです。これまで議論されてきた現象学に関連させると、暗黙知は無意識的な受動的綜合に相当し、形式知は意識的な能動的綜合の要素に相当すると考えられます。

我々の「知る」という行為と方法は、すべて暗黙的統合という能力によって生み出されます。暗黙的統合は発明・発見・創造の技能です。細目（近接項）と全体（遠隔項）の相互作用のプロセスでは、部分的な細目のレベルから全体のレベルに向かって進むにつれ、個々の細目も感知し直され、それらがまたより全体に近いレベルと細目レベルとの関係性にフィードバックされて、新たな高次の意味が創造されていきます。一つのレベルから上位の層が生まれるのが創発プロセスが、暗黙的統合によって起きるのです。

連なります。この部分↓全体↓部分↓全体の「から—へ（from—to）」の一連のダイナミックな(emergence)であり、上位の概念が細目の意味を規定します。階層は目的に応じて上下に無限に

暗黙的統合の能力には、三つの技芸《アート》があります。まずは「見ることの技芸《アート》」としての「鑑識眼」です。病気の診断では、医師は患者の顔相やレントゲン写真（部分）などを見て患者の病状（全体）を知るという目的のために焦点化し、諸部分を暗黙的に統合し、診断しています。「鑑識眼」には、顔の識別、美術品の鑑定なども含まれます。

次に「することの技芸《アート》」。ピアニストは自分の指の動きを無意識になるまで練磨しながら曲を奏でるという目的のために焦点化し、諸部分を暗黙的に統合し、演奏しています。

「イメージする技芸《アート》」も暗黙的統合の一つです。たとえばシャーロック・ホームズは、「長年の習慣で、ぼくの思考力は鋭くなっていますから、途中の一つひとつのステップを意識して踏まずとも、すぐに結論に到達してしまうのです」「細かな点を観察すれば、事件の本質が分かるんだがね」〈34〉と普通の人なら見逃すような細かい、たった一つの事柄を見分けて、一貫性のある物語をつくり上げていきます。これがホームズの推理の名人芸の基礎なのです。

個人の暗黙的統合は、副次的意識（無意識・潜在意識的）と焦点的意識（意識的）を交互に駆使することで知識を構成するプロセスですが、全体よりも細目に焦点化してしまうと、新しい意味を生み出すことはできません。ピアノの演奏の場合、音符一つひとつと指の動きの一致に焦点化

しすぎると、音楽全体としての意味あるパフォーマンスは成立しません。副次的意識は、想像力と直観を含み、意味生成の基盤となりますが、無意識的に感知されるため、すべてを言語化することはできないのです。しかし、焦点的意識によって全体としてとらえられるものははっきりと概念化しやすく、意味をもっているので意識的に語ることができます。

つまり、身体感覚（bodily senses）を通して無意識的にとらえられている細目や部分から、意識的に概念化されたものなどすべてを包括する母体が、「心（mind）」とも考えられます。これは、「心」が身体と一つであることを示しており、客観主義的知識論、すなわち心と身体を分けるデカルト以来の心身二元論に対峙する考え方です。心と身体の両者は分けられないとする西田幾多郎の「純粋経験」や、世界と心を身体の行為から生み出すといったフッサールやメルロ＝ポンティらの現象学、それに基づく認知科学者フランシスコ・ヴァレラらの「身体化された心（embodied mind）」やアンディ・クラークらの「拡張された心（extended mind）」と通底する考え方なのです。

ハワイの意味とは何か

暗黙的統合のプロセスについて、ハワイへの旅行経験ということを例に見てみましょう。空港から出て州花のハイビスカスのレイで歓迎を受けたあと、クルマでパイナップル畑をドライブし、ホテルの近くでフラダンスショーを見ます。そして、多種多様な人たちが行き交うチャイナタウンのマーケットに入り込み、ワイキキビーチで波に乗ります。これら意識的・無意識的な経験それぞれをイメージとして統合してみると、ハワイは「楽園」であるというコンセプトになるでしょう。

しかし、二日目に真珠湾のアリゾナ・メモリアル・センターや戦艦ミズーリ、太平洋航空博物館などをめぐり、カネオへ・ベイの海兵隊の基地を見て、旧日本海軍航空隊の真珠湾攻撃の歴史を知ったあとはどうでしょうか。時間的・空間的に広い視点でハワイを見ると、たんなる楽園ではなく、太平洋戦争においてはアメリカの戦略的にもっとも重要な前戦基地であり、中国が台頭する今日では、ハワイ、日本、インド、オーストラリアを結ぶ「アジアの安全保障ダイヤモンド」〈35〉の重要な一角であることが身をもって「わかる」

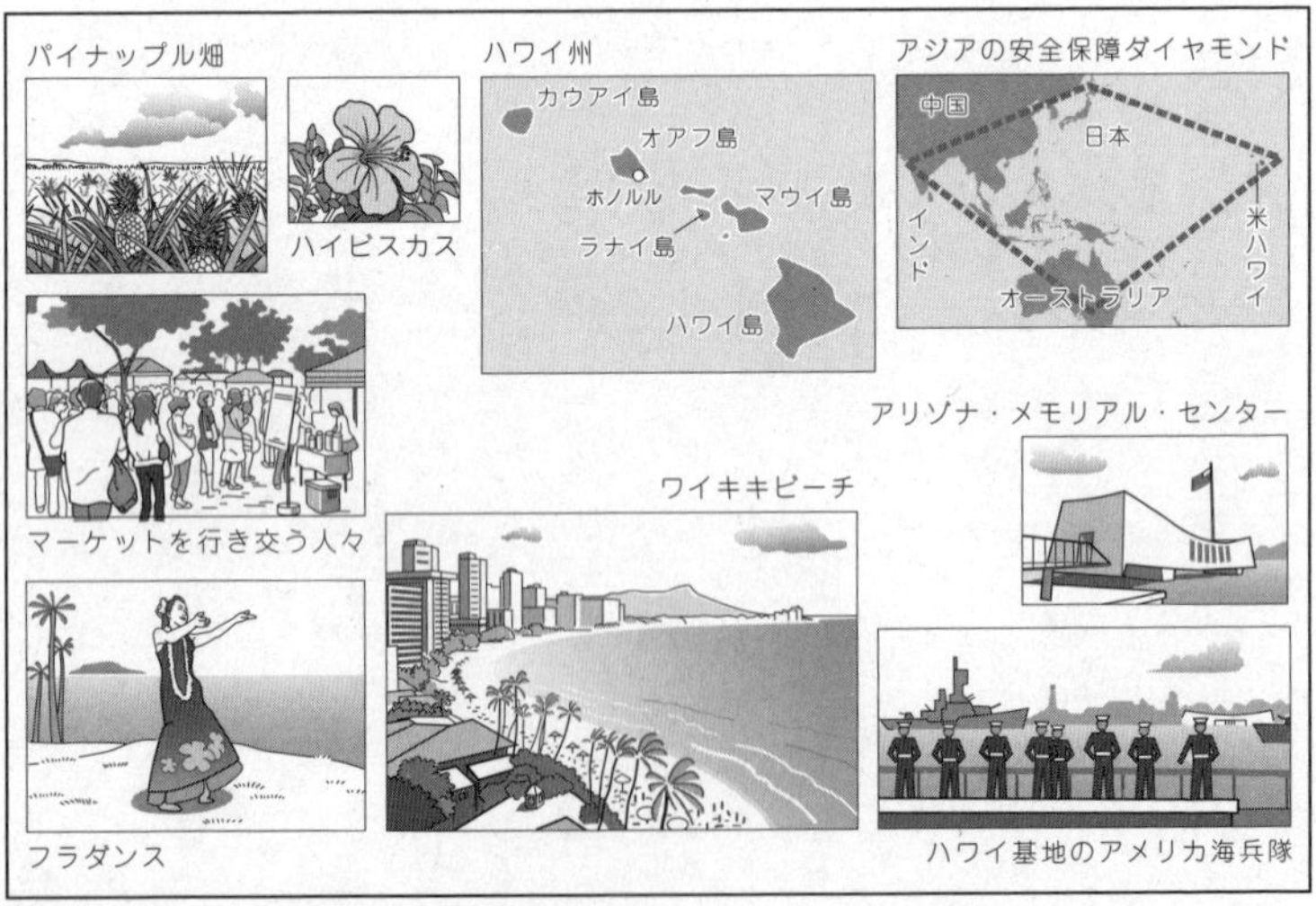

〈図15. ハワイへの旅行経験と暗黙的統合のプロセス〉

ようになるのです。副次的意識（部分）と焦点的意識（全体）は相互作用の関係にあり、「何を見ようとするか」「何に焦点を置こうとするか」という目的性を変えることにより、部分と全体の関係を行き来して、暗黙知から新たな意味を生み出すのです。

この目的性は恣意《しい》的に変えられる一方で、ポランニーが「人間は語れる以上のことを知っている（We can know more than we can tell）」といったように、無意識的に働いている目的意識、つまりフッサールの提唱する「受動的志向性」という側面ももっています。

しかし、たんなる部分を寄せ集めただけでは、上位の全体の意味にはなりません。つまり、意味は各細目からボトムアップで総合されるものの、全体は各部分の単純な総和からは生み出せない意味をもつので、意識的なトップダウンで細目のあり方や細目同士の整合性や関係性が決まります。このようなダイナミックなコンテクスト（文脈、背景）に応じた経験に基づく目的設定は、人間しか持ち合わせない能力だといえます。ＡＩが飛躍的に発達してもなお、身体をもたないＡＩは、形式的に目的に関連する情報しか学習できないのではないでしょうか。

演繹・帰納・アブダクション

このような部分と全体が往還する「暗黙的統合」による知識創造の方法は、プラグマティズムの哲学者チャールズ・サンダース・パースが提唱したアブダクション（仮説生成）と通底しています。パースは、演繹法（ディダクション）も帰納法（インダクション）も新しいアイデアを生み出さず、科学のすべてのアイデアはアブダクションによって生まれる、と第三の推論の形式を明らかにしました〈36〉。

アブダクションは事実の察知から始まりますが、そのためには何よりも目的意識が必要です。自らの信念や思いに基づいて焦点を決め、細目を観察してそれらを総合することにより、仮説が生まれます。この目的意識の有無こそが、アブダクションが他の知の創造の方法と異なる点だといえます。演繹法は、与えられた論理的命題から個別の事象を分析し、その真偽を導きますが、与えられた命題を超える発見はありません。帰納法は、現実の個別事象の集積から普遍的な真理を抽出して新たな命題を提示しますが、絶えず例外という問題に悩まされます。

ところがアブダクションは、現実の個別事象のかすかな徴候にも驚きや変化を察知し、関係するありとあらゆる知見を統合して自在な仮説をつくり、試行錯誤的に検証しながら新たな発見に至るのです。事件を解決するという目的意識のもと、どんな微細な事実も見逃さず、大胆な仮説を見出すホームズも、まさにアブダクションによる推理を実践しているわけです〈37〉。

組織的知識創造のプロセス

我々は、知識を「個人の全人的《パーソナル》な信念／思いを『真・善・美』に向かって社会的に正当化していくダイナミックなプロセス（Knowledge is the dynamic social process of justifying a personal belief towards truth, goodness, and beauty.）」と定義しています。ビリーフ（belief）は「信念」と訳すこともできますが、原語の意味は、漠然と心にあるもやもやとした「思い」も含めています。

ポランニーの功績は個人の暗黙知の次元を明らかにしたことですが、「暗黙知」と「形式知」の相互作用という側面は理論化されませんでした。したがって、ポランニーの知識論だけでは、暗黙知と形式知との相互作用から生まれる組織的な知識創造の原理を明らかにすることはできないのです。

組織的知識創造理論では、すべての知識を暗黙知と形式知の二つのタイプに分けてとらえます[38]。ポランニーの暗黙知や暗黙的統合を基盤としながら、その後の人文科学、社会科学、認知科学、脳科学などの知見を取り入れて体系化し、組織の知識創造プロセスをモデル化したものです[39]。図16が示すように、暗黙知と形式知は対照的にも見受けられますが、両者は対極に位置する二項対立ではなく、連続的で相互変換できる関係

暗黙知（tacit knowledge）	形式知（explicit knowledge）
● 言語化が困難な知識	● 言語化された知識
● 経験や五感から得られる直接的知識	● 体系的知識
● 現時点（いま、ここ）の知識、現場の文脈に依存する知	● 過去の知識、時空間を超えて移転や再利用ができる知識
● 身体的な勘どころ、コツと結びついた技能	● 明示的な方法・手順、マニュアル
● 主観的・個人的	● 客観的・社会（組織）的
● 感性的・情念的	● 理性的・論理的
● アナログ知	● デジタル知
● 身体経験を伴う共同作業により共有、発展増殖が可能	● 言語的媒介を通じて共有、編集が可能

〈図16. 暗黙知と形式知の違い〉　出所：野中郁次郎・紺野登（2003）『知識創造の方法論』（東洋経済新報社）36頁

にあります。我々は、両者の相互変換のプロセスによって新たな知が組織的に創造されると考えています。

暗黙知と形式知の関係は、コインの表裏のように喩えられることもありますが、その境界は動的で明確には分離できません。暗黙知と形式知の関係を図17の氷山のメタファーで表すと、水面から出ていて目に見える部分が形式知であり、水面下に沈む何倍にもなる大きな塊が暗黙知です。形式知は暗黙知を基盤として生成され、形式知の伝達においても意味解釈が行なわれる際には、個人の暗黙知が介在します。

ただし、知識は動態的プロセスであり、固定した「モノ」ではありません。知識の根本には、潜在的に働いている「動詞」あるいはプロセスとしての暗黙知、より正確には暗黙的統合があり、それを固定化・表出化したものが「名詞」あるいはプロダクトとしての形式知なのです。このように暗黙知と形式知は互いに独立して存在するのではなく、グラデーションをなす動的連続体なのです。

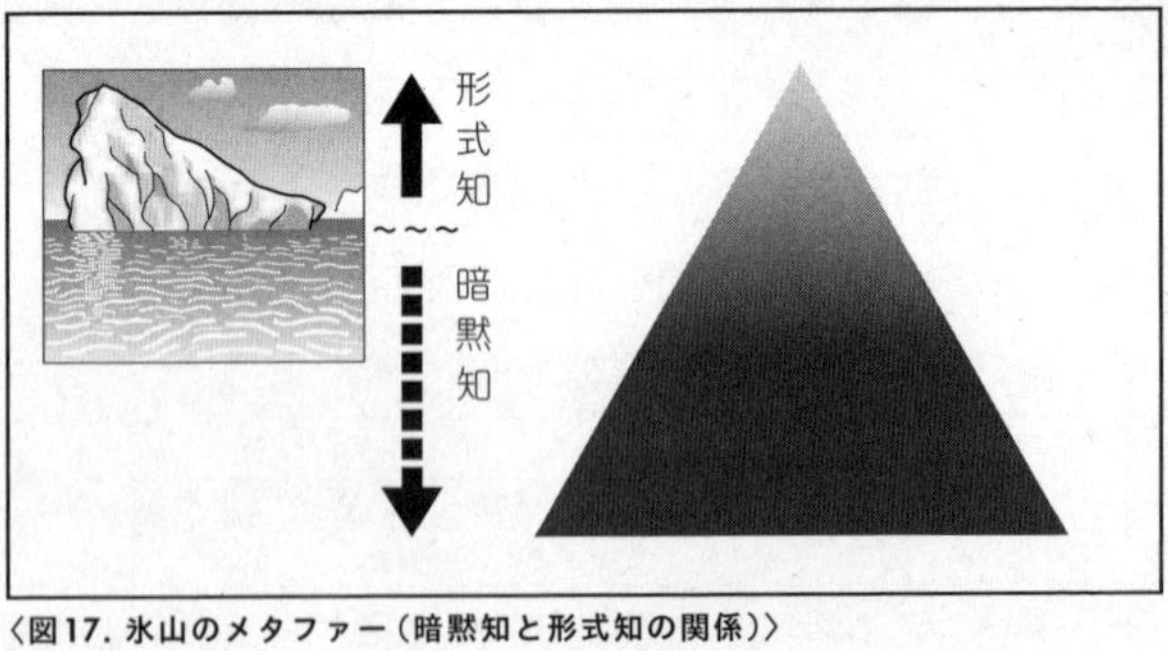

〈図17. 氷山のメタファー（暗黙知と形式知の関係）〉

「氷山の動きが持つ威厳は水面に出ている八分の一による」とは、客観的で簡潔な描写で記述する手法・文体であるハードボイルド・スタイルを開発したノーベル文学賞受賞者アーネスト・ヘミングウェイ（一八九九～一九六一年）の言葉です〈40〉。ヘミングウェイの簡潔な文章は、状況や情景を表すのに選び抜かれた珠玉の言葉で綴られましたが、水面上の形式知がいかに水面下で見えない豊かな暗黙知の本質を示唆しているかという、形式知の重要性を認識していたからだと思います。

しかし、両者は対照的な性格を有するがゆえに、その相互変換プロセスにおいて弁証法的な創造のダイナミクスを内包し、そのダイナミクスによって新しい知識が生まれることになります〈41〉。知識の源泉には、ダイナミックに変化する性質をもつ暗黙知があり、それを固定化し、ダイナミックな流れから切り取って概念化・言語化したものが形式知といえます。

個人の生活世界での体験から得られた暗黙知は、一人称で内から外へと語られることによって、対面的な二人称の集団の形式知、さらには三人称の組織の形式知へと変換されます。一方、マニュアルなどの言語化された形式知は、実践を通じて外から内へ取り込まれて身体化することにより、再び個人の暗黙知へと変換されます。

フロー状態の「動詞（knowing）」＝暗黙知を、「名詞（knowledge）」＝形式知としてストックすることにより、取り扱いや伝達が容易になります。そして、名詞となった形式知を受け取った側がそれを実践して体験し、解釈することで再び動詞化するのです。

我々はこの変換過程によって、意識の有無を問わずに、知識の伝達や共有を行なっているのです。

SECIモデル

組織的知識創造プロセスを説明するSECIモデルは、ポランニーの暗黙知が基本的には個人のモデルであるのに対して、個人・集団・組織・社会のレベルの暗黙知と形式知の相互変換を示す集合知のモデルです。SECIモデルは、以下の四つのフェーズからなるプロセスモデルです。

①**共同化**（Socialization）：個人が他者との直接対面による共感や、環境との相互作用を通じて暗黙知を獲得する

②**表出化**（Externalization）：個人間の暗黙知を対話・思索・メタファーなどを通して、概念や図像、仮説などをつくり、集団の形式知に変換する

③**連結化**（Combination）：集団レベルの形式知を組み合わせて物語や理論に体系化する

④**内面化**（Internalization）：組織レベルの形式知を実践し、成果として新たな価値を生み出すとともに、新たな暗黙知として個人・集団・組織レベルのノウハウとして体得する

つまり、①思いを共感し、②共感を概念に、③概念を理論に、そして、④理論をノウハウや

知恵に変換していくプロセスを描いたのが、SECIモデルであるということです。

SECIモデルは、循環を重ねるごとに暗黙知と形式知の沈澱層がその厚みを増していく螺旋状の展開を示しています。この四つのフェーズをスパイラルに繰り返すことによって、知識は個人(一人称)、集団(二人称)、組織(三人称)のあいだ(場)での部分－全体を循環しながら、新たな知をつくり、それが新たな価値へと結実して、新たな関係性を生み出し、社会的組織としてのエコシステムにおける知識創造へとつながっていくのです。

第一フェーズは、他者の暗黙知を自分の暗黙知に変換したり、他者とかかわりながらともに暗黙知をつくっていったりする「共同化」です。この段階では、他者との経験の共有が基礎となります。すなわち自然環境との相互作用や他人と共通の時間・空間を過ごす体験を通じ、暗黙知が複数人のあいだで共有され、さらに異質な暗黙知が相互作用するなかから、新たな暗黙知が創発されていきます。

共同化は「共感」によって可能になります。暗黙知は特定の文脈・背景に依存するので、自分にはわかるものの、それを他人が理解できるような具体的なかたちとして表現しづらいため、身体的に「五感」を働かせたり、文脈やシチュエーションを共有したりするなどの直接的な共体験が有効です。他者と自分との違いを克服してお互いをわかり合うためには、個別具体の目の前の世界に棲み込み、他者と経験を共有することで、その世界におけるお互いの暗黙知を共有したり、蓄積したりすることができるのです。

また企業は、社内はもちろんのこと「顧客に学ぶ」という言葉に代表されるように、顧客と出会う市場に多くの関係形成と共体験の場が存在し、そこから知識を得ます。市場におけるさまざまな行動により呼び起こされる共感や共鳴によって、顧客や取引先、さらには競合他社とも暗黙知を共有することが可能となるのです。とくに、たんなる感情移入を超えて相手の立場・視点に立ち、身体知を深く共有する他者への「棲み込み（indwelling）」は、自己を超越し、新たな気づきを獲得することにつながります。その気づきが、固定観念や理論の打破につながるのです。

共同化の段階で個人の内部に集積された暗黙知は、蓄えられた暗黙的知識を言語やイメージ、モデルなど、何らかの表現ツールを使って具体的なかたちにする第二フェーズの「表出化」により、形式知に変換されます。共同化は、直接経験を共有する人々のあいだでの限定された知の生成ですが、表出化は集団で共有した暗黙知を形式知にすることにより、集団の知として発展させていくプロセスです。

表出化の方法論は「対話による本質追究」です。個人の暗黙知は、対話を通してその本質が言語化され、さらに磨かれて概念化されていきます。言葉にしようと試みることで、個人のなかに秘められていた暗黙的知識の本質が具体的なかたちになって浮かび上がってくるのです。演繹的あるいは帰納的な論理分析によって、暗黙知に隠されたコンセプトやメカニズムを表出化するとき、より有効なツールとなるのはメタファーやアナロジー、仮説生成の発想法《アブダクション》などです。

表出化によって集団の知になった言語や概念が具体化されるために、概念と概念を関係づけて理論や物語にしたり、概念を操作・細分化したりして、組織レベルで体系化するのが第三フェーズの「連結化」です。連結化とはまた、抽象的で曖昧なコンセプトを具体的な形態へ「落とし込む」ことでもあります。

具体的には、新製品開発において製品コンセプトを具体的な製品仕様にしていく設計の過程や、コンセプトを組み合わせて戦略を立てていく過程などが挙げられます。企業のビジョンを事業や製品に落とし込むことは、知識を統合して体系化し、新たな形式知を創造することに相当します。

さらにそれを、さまざまなプレイヤーがもつ知識と結びつけ、事業として構造化していくとビジネスモデルになります。連結化の方法論は「論理構成によるシステム化」と、概念間の関係性をビジョンの実現に向けて「シナリオやプロットを構想する物語化」があり

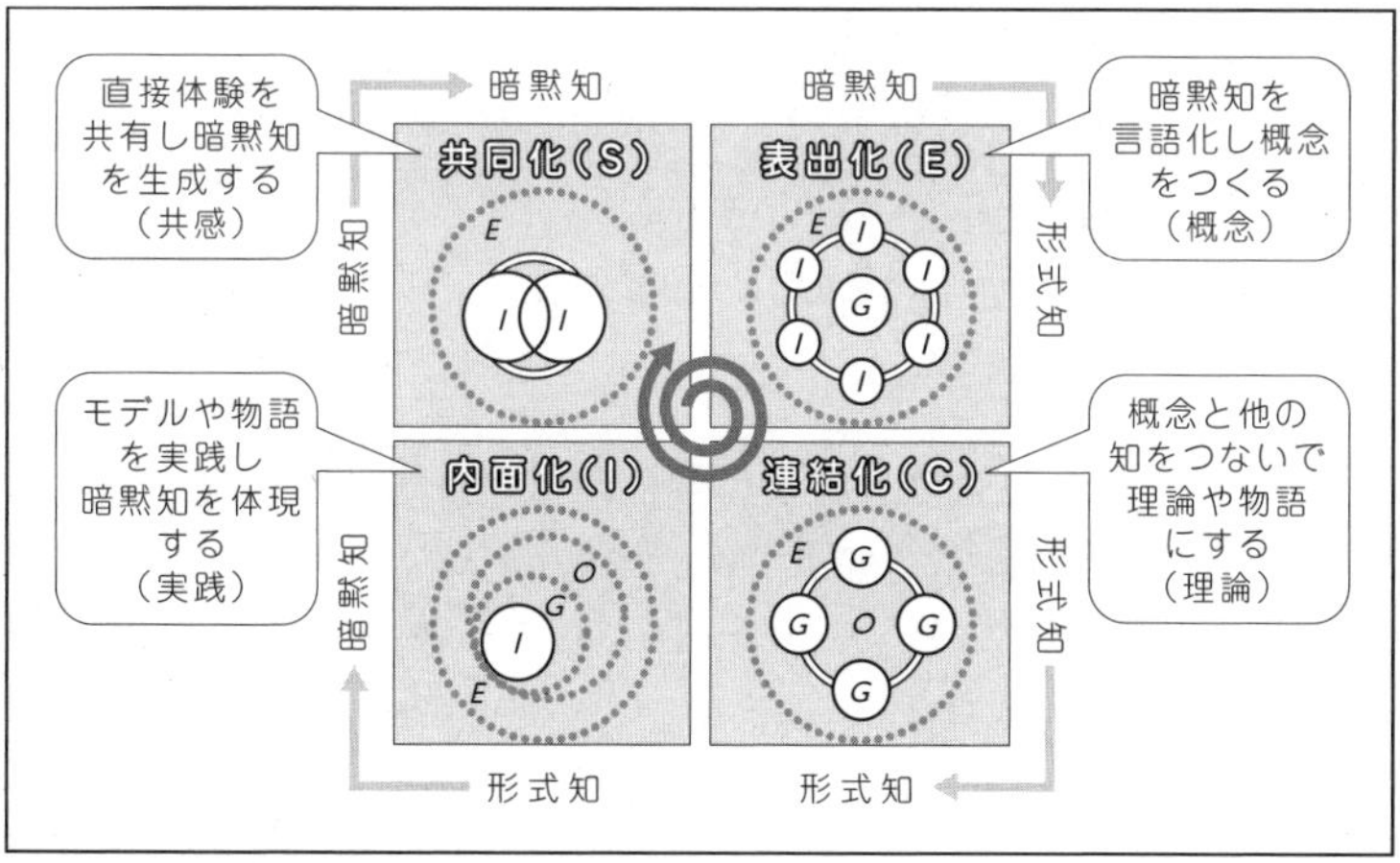

〈図18. SECIモデルの組織的知識創造スパイラル〉

ます。

共有化された形式知は、再度個人に取り込まれ、実践を通して暗黙知化されて、もともともっていた知識と結びついて新たな知となり、その個人のなかに蓄積されていく。それが第四フェーズの「内面化」です。連結化により、組織において体系化された形式知は、内面化の段階で行動を通じて暗黙知が創造され、個人のものになります。内面化はただ受身的に実践することではなく、能動的・意識的に行なわれる実践です〈42〉。自分の行為と行為によって得られたものが、自分にとってどのような意味をもつのかを考えるという内省を実践と同時に行ないながら、形式知を暗黙知化するのが内面化なのです。「行為の只中の熟慮（contemplation in action）」、いわば「動きながら考える」のが内面化の鍵だと我々は考えます。

知識創造プロセスは、スパイラル（螺旋）状に展開されていくのであって、閉じたサイクルではないことに

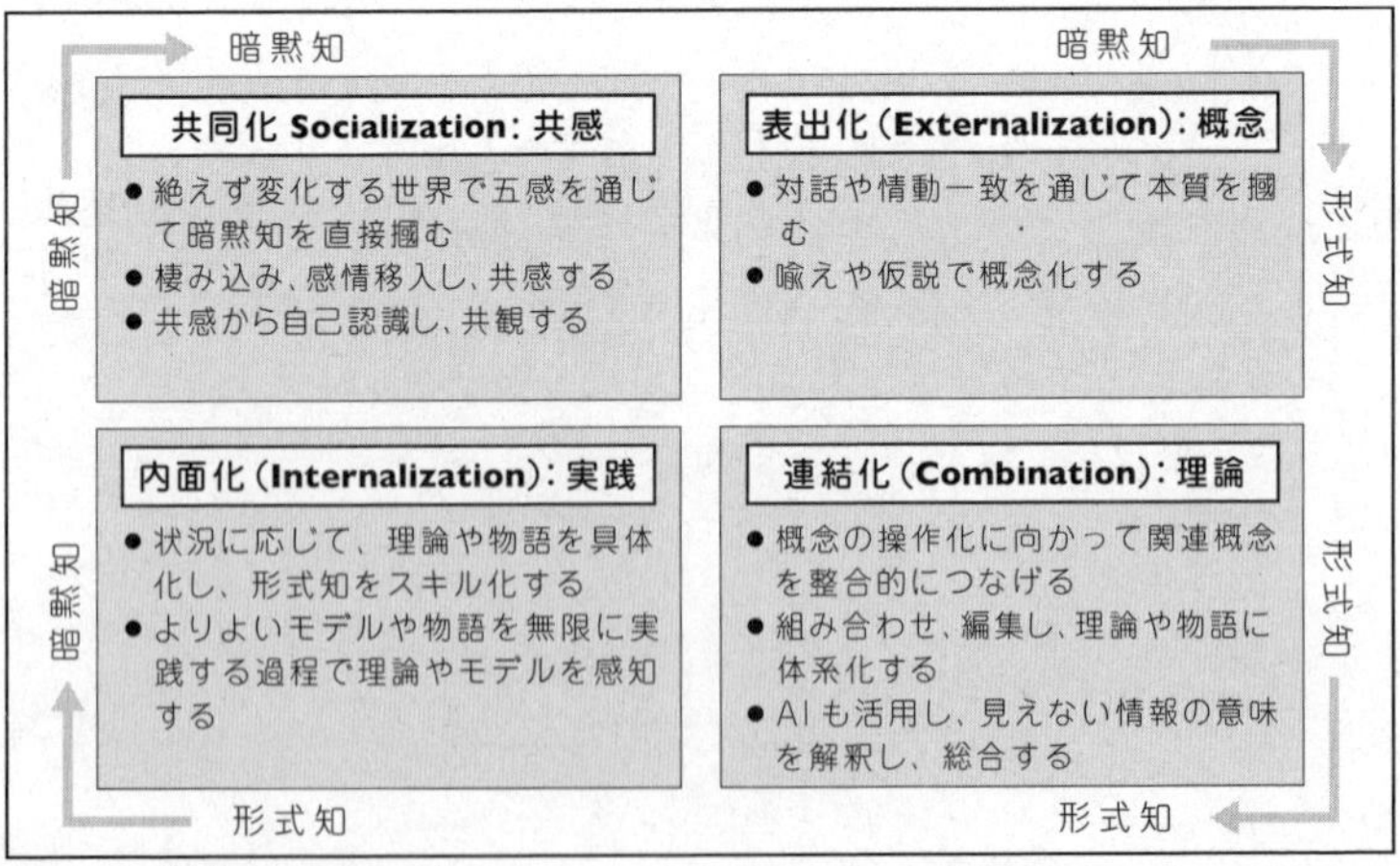

〈図19. 知識創造のコンテンツ〉

留意する必要があります。

未来へ向けて新たな知を生み出す知識創造過程は、SECIプロセスのなかで増幅され、拡大発展していくスパイラルなのです。SECIプロセスにおいて創造された知識は、次の新たな知識創造のスパイラルを呼び、組織の境界さえも越えて縦横無尽に広がっていくことが可能なのです。

フェーズごとにその行為的側面を具体的に書けば、図19のように実践的モデルに近づきます。実務家の人たちがよくいう「知識スパイラルを回す」という言葉を実践するためには、図19のように各フェーズでの具体的な行為・活動を考えて実行していくことが求められます。

SECIモデルは、個人の知識獲得モデルではありません。それは、組織がいかに知識を創造するかをプロセスとして説明するために構築された理論モデルです。知識創造プロセスの材料となる知識を個人が暗黙的に共有する共同化から始まり、これまでも触れてきた三つの知の作法である演繹法、帰納法、発想法《アブダクション》を使いながら、個人、集団、組織、そして個人、組織、あるいは国家の集合としての社会という四つの存在論的レベルで知識が創造されるプロセスを説明しています。

その意味でSECIモデルは、活動主体としての存在論的両極である個人と社会が、集団や組織という中間《メソ》レベルで二項動態的に相互作用しながら知識を創造するプロセスを説明する、集合的知識創造の理論的モデルともいえます〈43〉。

SECIプロセスvsPDCAプロセス

事例を挙げれば、富士フイルムの「See-Think-Plan-Do」の業務プロセスがあります。富士フイルムは、不確実で予測不可能な環境下において、見事に企業革新を行ない、成長を遂げました。古森重隆代表取締役会長・CEOは「自ら変化を作り出せる企業」をめざして、写真関連分野の構造改革を断行し、本業消失の危機を乗り切りました。研究開発役員らとともに自社の知識体系を活かして六事業を徹底的に議論し、業績悪化のときに研究開発費を集中投下し、M&A（企業の買収・合併）も活用して、復活を遂げたのです。その復活を支えたのが、古森会長が提唱した「See-Think-Plan-Do」の業務プロセスです。

このプロセスは、まずはありのままの現実を見ることから出発しています。これは、いきなりPlanから始まるPDCAプロセスと異なり、暗黙知、暗黙的統合がスタートとなるSECIプロセスと共通しています。つまり、既存のやり方や与えられた情報を鵜呑《うの》みにするのではなく、現状を肌で感じ、必要な情報を妥協なく集めること、How-toに走らないでWhy-Whatを大事にすること、安易にアイデアに飛びつかず、きちんとその場そのときの状況を見極めて、定石《じょうせき》・思考手順を大事にして骨太の仕事を回しやり抜くこと、などを具体的に実践することを示した業務サイクルなのです。

この「富士フイルムウエイ」のプロセスは、古森会長が提唱する「ビジネス五体論」に基づいています。まず、「目」「耳」「鼻」「肌」、すべての感覚を総動員して情報の本質を摑む必要がある。その情報をもとに、「頭」で戦略・戦術を考える。併せて相手を思いやる、共感する「ハート」がなければ物事はうまく進まない。自分の意見をきちんと伝える「口」、すなわちコミュニケーション能力も大切である。さらに、度胸やガッツといった「腹」や、現地現物主義の行動力という「足腰」も必要不可欠である。そして、最後は強引にやり抜く「腕力」も必要になる。

このように富士フイルムの企業革新は、人間の身体がもつすべての感覚を研ぎ澄まして、目の前の現実の本質を摑む「See-Think」が、「Plan-Do」に先行する「ビジネス五体論」として実践されたのです〈44〉。

昨今、経営学ではイノベーションが重要なテーマになりつつあります。マネジメントの概念化に貢献したピーター・ドラッカー（一九〇九～二〇〇五年）は、「知識は今日唯一の意義ある資源である。いまいえることは、知識を富の創造過程の中心に据える経済理論が必要とされているということである。そのような経済理論のみが、今日の経済を説明し、経済成長を説明し、イノベーションを説明することができる」と主張しました〈45〉。

この提言に応えて、ＳＥＣＩモデルはたんなる経営の具体的ノウハウというものを超え、人間、さらには人類の成長や進化と、善《よ》い企業を創造する「生き方」も含めた広いイノベーションの枠組みを説明します。また、知識創造理論は主観的・人格的知識である暗黙知の概念をはじめとする哲学を基盤とするので、人間の主観的な経験の探究を哲学体系の基盤として掲げる現象学とは根底で通じるところがあります。

〈30〉サイモン，H.A.（一九八二）『システムの科学』（稲葉元吉・吉原英樹訳、パーソナル・メディア社）第3章。サイモン理論の体系については、サイモン（二〇〇九）『新版 経営行動』（二村敏子・桑田耕太郎他訳、ダイヤモンド社）を参照されたい。

〈31〉たとえば、その展望についてはクラーク，A.（二〇一二）『現れる存在』（池上高志・森本元太郎監訳、NTT出版）、Johnson, M.（二〇一七）"Embodied Mind, Meaning, and Reason" University of Chicago Press、ヴァレラ，F.J.・トンプソン，E.T.・ロッシュ，E.（二〇〇一）『身体化された心』（田中靖夫訳、工作舎）などを参照。脳科学では、ミラーニューロン（他者の行動を自分の行動のように感じ取らせる神経細胞）やセオリー・オブ・マインド（他人の行動から、その人の心を推測する能力）の分野の研究が進んでいるが、『国富論』で知られるアダム・スミスがその著書『道徳感情論』で示した「同感」の概念が脳科学者からも注目されている（堂目卓生（二〇〇八）『アダム・スミス』中公新書）。

〈32〉フッサール，E.（一九九五）『ヨーロッパ諸学の危機と超越論的現象学』（細谷恒夫・木田元訳、中公文庫）

〈33〉ポランニー，M.（二〇〇三）『暗黙知の次元』（高橋勇夫訳、ちくま学芸文庫）。我が国のポランニー研究としては、栗本慎一郎（一九八八）『意味と生命』（青土社）、渡辺幹雄（二〇〇六）『ハイエクと現代リベラリズム』（春秋社）を参照されたい。ポランニーの「知識論」は、経済学者フリードリヒ・ハイエクの市場は知識の発見の場であるとする市場論と「自生的秩序」の概念、政治学者マイケル・オークショットの「実践的知識」の概念、経営学における「知識経営」の概念などに展開されている。ポランニーの暗黙知についての主要参考文献には、次のものがある。ポランニー『暗黙知の次元』、ポランニー（一九八五）『個人的知識』（長尾史郎訳、ハーベスト社）、ポランニー（一九八九）『科学・信念・社会』（中桐大有・吉田謙二訳、晃洋書房）、ポランニー（一九八五）『知と存在』（佐野安仁・澤田充夫・吉田謙二監訳、晃洋書房）、栗本『意味と生命』、渡辺

（一九九六）『ハイエクと現代自由主義』（春秋社）。

〈34〉ドイル，C．（一九五二）『緋色の研究』（延原謙訳、新潮文庫）第一部、第二章

〈35〉Abe, S. (2012) "Asia's Democratic Security Diamond" Project Syndicate.

〈36〉その概要についてはたとえば、米盛裕二（二〇〇七）『アブダクション』（勁草書房）を参照されたい。

〈37〉シャーロック・ホームズの推論をアブダクションとしたのは、シービオク，T．A．・ユミカー＝シービオク，J．（一九九四）『シャーロック・ホームズの記号論』（富山太佳夫訳、岩波書店）である。内井惣七（一九八八）『シャーロック・ホームズの推理学』（講談社現代新書）も参照されたい。

〈38〉野中郁次郎・紺野登（二〇〇三）『知識創造の方法論』（東洋経済新報社）を参照されたい。

〈39〉代表的文献としては、野中郁次郎（一九九〇）『知識創造の経営』（日本経済新聞社）、野中郁次郎・竹内弘高（一九九六）『知識創造企業』（梅本勝博訳、東洋経済新報社）、野中郁次郎・遠山亮子・平田透（二〇一〇）『流れを経営する』（東洋経済新報社）、野中郁次郎・紺野登（二〇一二）『知識創造経営のプリンシプル』（東洋経済新報社）。

〈40〉西尾巌（一九九二）『ヘミングウェイ小説の構図』（研究社出版）

〈41〉暗黙知の言語による表出は不可能ではない。アンソニー・ギデンズは、言説的意識（discursive consciousness）、実践的意識（practical consciousness）、無意識的動機・認知（unconscious motive/cognition）という意識の三階層理論を唱えた（二〇一五）『社会の構成』（門田健一訳、勁草書房）。言説的意識が「話すことや言語表現を与えられることができる」のに対し、実践的意識は「自分自身の行為の条件を含む社会的条件について知っていたり確信していたりするが、論述的に表現することができない」意識である。言説的意識は形式知、実践的意識は暗黙知であるが、言説的意識と実践的意識は互いに浸透し合う関係にある。また、下條信輔は、無意識と意識のあいだに「前意識」という概念を置いたジークムント・フロイトを引用し、「意識的ではないが潜在的に知っている」という状態の前意識が、努力など何らかのきっかけで意識化できると論じている。前意識の知は、意識と無意識のインターフェースであると同時に、自己の心と物理的、社会的（他者）環境のインターフェースで、個人と社会の関係に重なっていると指摘している（下條信輔〔二〇〇八〕『サブリミナル・インパクト』ちくま新書）。

〈42〉知識創造は学習を取り込んでいるが、両者には根源的な差異がある。海保博之によれば、学習は既存の知識のネット

ワークに新たな情報を取り込み、知識のネットワークを豊潤化するのに対し、創造は既存の知識やものの新たな組み合わせで過去になかったものをつくることであるという（海保〔一九九九〕『連想活用術』中公新書）。学習も創造も結果として知識のネットワークを豊かにするが、新たなリンクを貼る情報が外から与えられたか、それとも自発的に起こったかという点では異なる。内発的な知の根源は思い（信念）であり、存在論にかかわる領域である。学習理論のルート・メタファーは、刺激—反応の行動理論と情報処理モデルであるが、知識創造理論のそれは、哲学の認識論と存在論なのである。

〈43〉経済学は、もともと「合理的人間」を仮定して発展したが、昨今、事情が変わってきている。行動経済学においては心理学を融合し、全人的で感情的な個人像を想定して実証研究を始めている。人の意思決定プロセスには、直観的、無意識的で感情的、ボトムアップで素早く結論が出せる思考回路（システム1）と、意識的、分析的、論理的、トップダウンで結論に時間のかかる思考回路（システム2）の二つがある。両者は相互作用しており、システム1はシステム2に先行し、直観や感情として表出しているという。これはまるで暗黙知と形式知だ。ただし、これらの議論もイノベーションを説明する組織的知識創造プロセス理論にはなっていない。

〈44〉古森重隆（二〇一三）『魂の経営』（東洋経済新報社）第四章

〈45〉ドラッカー，P．F．（一九九三）『ポスト資本主義社会』（上田惇生訳、ダイヤモンド社）三〇三頁

第9章

相互主観をどう育むか

経営に不可欠な「出会い」の本質

知識は知識に「成る」

我々が知識を「個人の全人的《パーソナル》な信念／思いを『真・善・美』に向かって社会的に正当化していくダイナミックなプロセス（Knowledge is the dynamic social process of justifying a personal belief towards truth, goodness, and beauty.）」と定義していることは第8章で紹介しました。つまり知識とは、人が他者との相互作用を通じて、何が「真・善・美」であるかを探求し続けるプロセスであり、そうした主観（信念）と客観（正当化）の相互作用にこそ、知識のダイナミクスがあると考えています。知識は、人の主観と切り離された客観的で絶対的な真実として「存在する」のではなく、主観的で相対的な文脈に依存し、相互主観を通した変化プロセスの只中で知識に「成る」のです。

これまでのデカルト的哲学の流れを汲《く》む脳科学・神経科学は、脳が身体に命令を出す司令塔であり、脳が身体を支配するとの前提のもとで発展してきました。しかし、世界から受け取るすべての情報は、身体を通じてしか脳に入ってこないのです。外界からの情報の多くが身体を媒介にして無意識に取り入れられますが、「記憶」を参照しながら知覚できる身体の反応を仮説にして理解していくのが、ダイナミックな脳の基本的な機能です。つまり、知識は環境のなかで心身一体のダイナミックな相互作用が起こるときに創造されるのです。

フッサールは、「対化（paarung）」という受動的綜合の働きを通して、別々の身体をもつ個々人が相手の意識や身体感覚を共感できる、と論じました。発生的現象学によれば、赤ん坊の自己意識が形成される以前でも、赤ん坊と母親の生きている身体がともに居合わせているだけで二人の情動が一致し、赤ん坊の諸感覚が形成されるそうです。受動的志向性は、独立した個人ではなく、複数の人間の「つながり」をもとに働いているのです。対化は、それを前提にして、自分の視覚野に他者の身体が現れたとき、身体の視覚と運動感覚の連合（association）が起こり、まるで自分の第二の身体のように、相手の身体感覚を自分の意識に映し出します。しかも、自分と他者の身体が、相互かつ同時に連合するのです。

「我－汝関係」は身体性を媒介に成立するのであり、相互主観性の基盤には間身体的な体験共有があります。母親と赤ん坊が添い寝や授乳をするときのように、身体を介して生き生きした「いま・ここ」を共有している状態こそが「共感」の基盤となります。

この乳児期に生成した、自他の身体の区別が生じる以前の相互身体性は、じつは成人した各自の身体の根底において、いつまでも感覚的基盤として存在しており、その上に自分の身体は自分で動かせるという意識的な運動感覚が形成されることによって、自他の身体が区別できるようになるのです。

メルロ＝ポンティも、人間の心は身体に根ざしており、身体感覚は相互に浸透する間身体性であると述べています。それは、まるで自分の右手が左手を触っているうちに、左手もまた右手を触っていると感じるようになる状態です。身体と身体が触れ合う、または同じ時空間をともにすることで、自分と他者との身体が一体化するような感覚になっていくのです。その感覚こそが自分と他者に共振、共鳴、共感を生むのだ、とメルロ＝ポンティは主張します。

ポランニーは、ある事物の全体を認識するためには、全体を構成する部分（近接項）の内部に「棲み込む（indwell）」ことによって、「部分－全体」の関係を自身の内部に統合する「身体化」が必要になる、と述べています。最近の脳科学の研究では、「心」は脳にあるという伝統的な考え方に対し、心は脳だけによって構成されているのではなく、身体や周囲の環境に張り出している、という見解が主流になってきています。心は、脳と脳以外の身体、意識と無意識、身体と環境の相互作用から創発するものであり、脳のなかにだけとどまっているものではありません。それこそが既述した「身体化された心（embodied mind）」あるいは「拡張された心（extended mind）」といえるのです。

乳児期の「出会い」についてブーバーは、「生得的な汝」への関係を生きることと表現しています。出会いの相手は親しく語りかける相手（ドイツ語のDu）であって、たんなる経験の対象である相手ではありません。このような乳児期の「我－汝関係」は、自我の中心が形成され、対象の知覚、言語の使用などを通して、「我－それ関係」が形成されてくるにつれて、「生得的な汝との体験」を記憶に残しながら、背景に退いていきます。

この「出会い」とは、たんなる個人の体験を意味しているのではなく、時間と空間が生まれる出会いです。出会いの相手は、人間に限らず、自然や、精神も含まれます。物事や人間に対するひたむきな態度、自己の損得を勘定に入れない、自己中心性から解放された、自分と相手の区別や境界線が意識されなくなった無心の状態こそが、「至高性をもつ出会い」となります。これはつまり他者の身体が現れたときに、自己の身体も無意識のうちに共振、共鳴、共感して、受動的な「対化」ないしカップリングが行なわれているということです。

フッサールは、身体的存在としての個人の相互主観性を論証しただけでなく、組織や共同体にも発展しうる人間の共感能力を示唆しました。人は、相手を物のような対象と見なして自然科学的に観察するだけではなく、「我－汝関係」のように、相手を感性と知性の能力、自由意思、そして固有性をもった主体であるととらえて、共感し合うことで、全身全霊を使った深い対話が可能になるのです。

対面でともにつくり上げる二人称の相互主観があってこそ、自らを自覚する一人称の主観が生まれます。さらに、二人称の相互主観を媒介にして、より大きな組織や社会レベルでの三人称の客観を構築できるのです。無私の態度で臨む全人的な対話を通じて、言葉では必ずしも

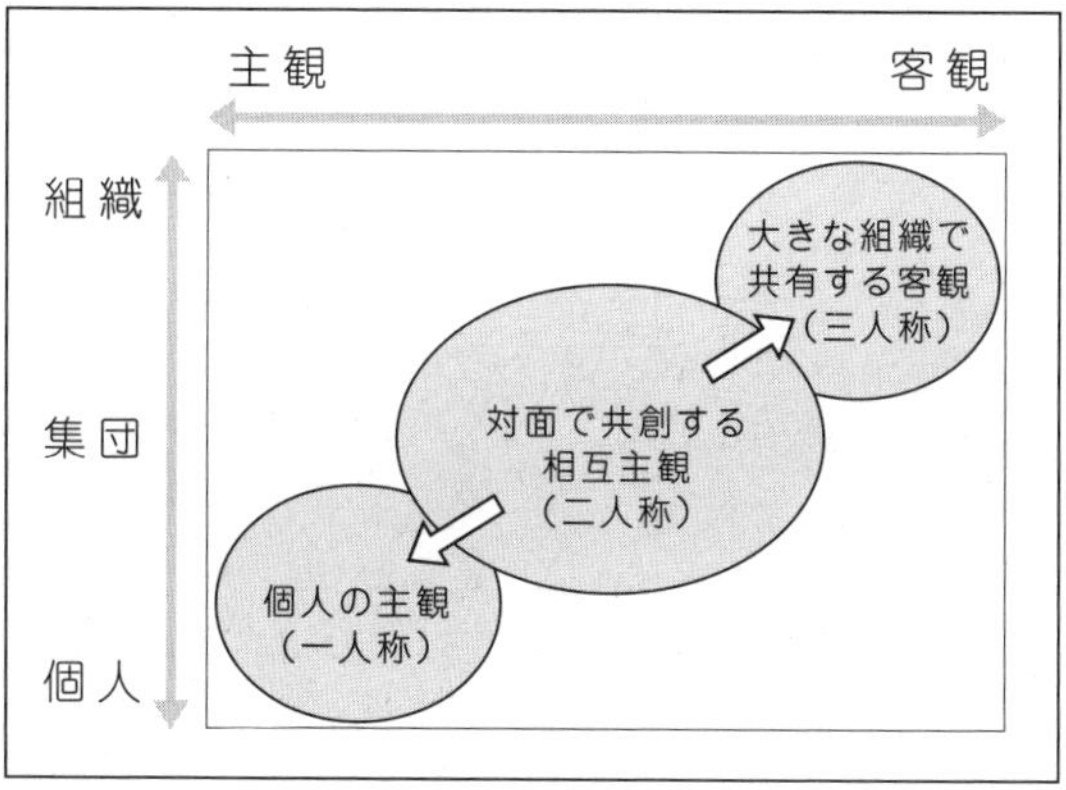

〈図20. 個と組織を媒介する相互主観〉

表せない深い部分における自他の感覚の共通点と違いを実感することも可能になり、そこから新たな意味や価値が生まれてきます。

フッサールは、母子関係を起源とする「我－汝関係」が、無意識のうちに長期記憶に蓄積されていて（過去把持）、人間が真に他者に向き合い、身体感覚を共感し、他者の感覚に没入するときに、主観と客観の分離を超えた相互主観性が生まれると主張しています。相互主観性とは、相互に他者の主観と全人的に向き合い、受け入れ合い、共感し合うときに成立する、自己を超える「我々の主観（共感）」なのです。このようなアプローチで相手と共感し合う組織やコミュニティをつくることによって、「自己（一人称）」の主観と「我－それ関係（三人称）」の客観とが「我－汝関係（二人称）」によってつながれ、新しい知を共創できる組織やコミュニティが形成されるのです。

「場」とは何か

知識創造を実践するためには、対話や実践という人間同士の相互作用が起こる場所や時間・空間が必要になります。そのような相互作用が起こる心理的・物理的なスペースを、我々は「場」と呼んでいます。場と聞くとミーティングルームのような物理的な空間のみをイメージしがちですが、人間同士の相互作用が生まれる時空間、そしてそこにかかわる人々の関係性をも包含しています。この「場」というコンセプトは、身体と環境とのかかわり方、自分と他者とのかかわり方によって「心」というものが生じてくるという先述の原理に則した概念です。したがって、会議、飲み会、プロジェクトチーム、非公式なサークルだけでなく、顧客対応している現場やSNS（ソーシャル・ネットワーキング・サービス）でのチャット、それからオフィスレイアウトなど、人と人が心理的・身体的に相互作用するすべての時空間が場となります。

場は、「共有された動くコンテクスト（shared context in motion）」と定義します。物理的には同じ空間であっても、そこに集《つど》う人々の関係性や相互作用の質・量によって共有されるコンテクストは変わってきますし、時間的にもその相互作用は動的なプロセスとなります。そこで生み出される知識も「いま・ここ」という場のコンテクストに依存することになるのです〈46〉。

先述したように、主観的・身体的な暗黙知が直接共有されると、感情や価値を共有しているという感じ（feeling）が生まれてきます。これは、ポランニーが「棲み込む（indwell）」と表現した、他者あるいは環境に感情移入（empathize）し、「相手の立場に立って物事を見ること」を意味します。この他者の感情や身体の動きの感覚の類似や対比から意味を直感し合うと同時に、より行動的・理性的・客観的な判断をも含めて、新たな意味をつくり出すダイナミックなプロセスが場なのです。

人が場で意味をつくり出すのは、共感によってです。これは、他者との関係性のなかで、個人の主観を超えて、他者やそのときの状況、環境に関与し、共感を育むことで、新たな意味を共創していくのです。企業は、そのような「私の主観」から「我々の主観」としての相互主観を育み、新たな意味生成を通じて知識を創造する場を、さまざまな仕組みとして組織化しています。その事例を見ていくことにしましょう。

京セラのコンパ

京セラで長年行なわれているコンパも、相互主観形成の場だといえます。それは、たんなるドンチャン騒ぎやガス抜きの場ではありません。経営者と従業員、上司と部下、同僚同士が酒を通して胸襟《きょうきん》を開き、仕事の悩み、働き方、生き方について真摯《しんし》に語り合う場なのです。京セラ本社ビルの一二階には、畳がちょうど一〇〇枚並べられた巨大な「和室」があります。京セラでは、本社だけでなく工場でも、和室でテーブルを囲んで、肩を寄せ合い、肘《ひじ》をぶつけ合いながら時間をともにします。みなで一つの鍋をつつき、時間をともにするなかで心をさらけ出し、本音の対話をするのです〈47〉。

手酌はエゴイズムの象徴として歓迎されません。誰かに注《つ》いでやれば、自分の空のコップにも注いでくれるというわけです。そうやって呼吸や顔の赤みなど身体感覚さえも共有しながら、設定されたテーマについての議論を深く掘り下げていきます。

テーマが事前に与えられる場合には、参加者は主体的に考え抜き、知的コンバットを展開します。ときにはトップの稲盛和夫名誉会長が一人ひとりの社員と向き合い、自由な対話を自ら触発してきました。そして、最終的に「京セラフィロソフィ」に基づいて方向づけるのです。ひたむきでオープンな対話によって、京セラフィロソフィが意味することは、頭で覚えるだけでなく、心身に染み込んでいきます。知識は実践できる知恵に変換され、実際の行動に移せるようになるのです。

じつはこのようなコンパは、長年にわたって形成されてきた、社員同士が共感・共創するための慣習なのです。その原点は一九六三年、まだ三十代の若き稲盛和夫の滋賀工場（現・滋賀蒲生工場）開設のメッセージに見ることができます。

「敬天愛人を座右の銘とし、人格の陶冶《とうや》と仕事に徹する信念を京セラ精神とする。常に技術の向上をめざし、未知の世界に挑み、他の造り得ないものに好んで取り組み、独創力を発揮し、不可能を可能にする。互いに赤裸々な気持ちで話し合い、討論のできる場であり、陶冶された各人の人格と気力がそのまま、京セラという法人に人間性の息吹を与え、京セラを顕現するとともに、各人が京セラに融合して一体となる。部下の喜びを喜びとし、悲を分かち合い、京セラの繁栄を自己の繁栄とし、京セラの苦難を自己の苦難として、その解決に熱と希望を持つ。お互いに信じ合い、心と心の結びつきを第一とし、京セラ人としての誇りと無限の喜びを感ずる。人里離れた滋賀県下蒲生赤坂町の丘に、京セラの一大ユートピアを創造せんとする」〈48〉

この京セラ流コンパは、稲盛名誉会長が会社更生法を適用された日本航空（ＪＡＬ）の再建を引き受けた就任当初にも行なわれました。当初、幹部たちはみな、エリート意識が強く、稲盛会長が役員会で「あんたは評論家か」と怒鳴ったこともしばしばありました。経営判断に必要な数字を要求しても、決算データが出てくるのは数カ月後という遅さだったといいます。JAL幹部の意識を改革するために行なわれた研修は、週一回計五回のリーダー教育の講義でした。多忙を極めていた幹部たちは、「早く終わればよいのに」といわんばかりの態度だったといいます。そこで稲盛会長は、京セラに根づくコミュニケーションツールであるコンパという場をもち込んだのです。講義終了後のコンパは一五〇〇円の会費制、テーブルの上に缶ビールとパック寿司を並べただけで、初回はぎくしゃくしてまったく盛り上がらず。積極的に話す人は誰もいなかったといいます。

二回目以降、稲盛会長による「稲盛経営12カ条」について鬼気迫る講義が続きました。三回目のコンパの席で、一人のJAL幹部が手を挙げました。企画畑出身のエース中のエースで将来の社長候補と見られていた人物です。「私がこれまでやってきたことは間違っていた。本当に申し訳ない。（中略）私たちがもっと早くこういう教育を受けていたら、JALも倒産しなかっただろう」〈49〉。企画畑で見栄《みば》えのよい計画をつくって、銀行からお金を貸してもらえればそれでよいと考え、計画が実行できるかどうかは現場任せで、現場が実行しないなら「現場がだめなんだ」と考えていたと率直に語りました。この発言が場の空気をガラリと変えるきっかけになったそうです。その後、稲盛会長の周りには多くの幹部が集まり、遅くまで話をするようになりました。みな内心では同じ思いだったのでしょう。こうして出席者たちから「稲盛さんの実体験に基づく話は具体的ですごく迫力がありよくわかる。（中略）勉強したことを実践したい」との声が聞かれるようになったのです。リーダー教育終盤で行なわれた「伝説の合宿」では、五十歳すぎのエリート幹部五〇人ほどが集まり勉強会を開いて、夜は車座でコンパをしました。これからのＪＡＬをどうするか、それを全員が本音で議論しました。熱い議論は終わることなく、全員が部屋に戻ったのは明け方の四時すぎだったそうです〈50〉。

稲盛会長がもち込んだコンパによって、幹部たちが再建へのさまざまな課題について、心の殻を破って侃々諤々《かんかんがくがく》の議論を交わせるようになった効果はかなりのものだったそうです。そこで相互主観が成立することにより、自己中心的な意識が「我々の主観」へと昇華していったのです。主観と客観の総合により効果的に知識を創造するためには、「我―汝関係」の相互主観性を生み出すプラットフォームである場を、ダイナミックに創発させることが重要だといえます。他者との「我―汝」の相互主観による共感を育む場を通じて、個人、集団、組織、そしてより大きな世界へと、主観から客観への変換プロセスがスパイラルアップしていくのです。

ホンダの「新・旧」ワイガヤ

本田宗一郎のパートナーとして副社長の藤澤武夫は、日常の仕事の場で第二、第三の本田宗一郎を育てる仕組みとしての場を組織に埋め込みました。挑戦的な新車開発のプロジェクトリーダーが最初に行なう重要な場が「ワイガヤ」です〈51〉。それは、職能横断的に選ばれたプロフェッショナル集団の知的論争の場です。素人集団が自由にアイデアを出し合うたんなるブレインストーミングではありません。会社が温泉旅館などよい宿、よい食事、よい温泉と三拍子揃った場所を用意し、メンバーは三日三晩、缶詰め状態になります。逃げ場がない状態で、メンバー同士はワイワイガヤガヤと議論を重ねます。「ホンダは何のためにあるのか」「自分は何のために働くのか」といった本質的議論も出てきます。非日常の生きた時空間で、全人的に真剣に向き合う場なのです。

初日はたいていの場合、個と個のぶつかり合いになるといいます。仕事の不満や上司の悪口から始まって、会社や仕事にまつわる議論が繰り広げられます。頭だけで考えようとする分析派や自分の役職や立場だけに依存している人は、豊かな暗黙知を持ち合わせていないので、議論が展開されるとだんだん無口になってしまいます。その一方で、経験の質の豊かな人、思いの深い人は存在感を示すことができます。ときに議論は熱を帯び、喧嘩にもなることもあります。しかし一日の終わりには、同じ釜の飯を食べ、酒を酌み交わし、温泉で裸の付き合いをして、互いの距離はどんどん縮まっていきます。

翌日も引き続き、膝を突き合わせて議論します。そのテーマは、生き方や志を問うまでになっていきます。「何のために生きるのか」「何をやりたいのか」を互いに問うのです。そうなると、表面的な言葉は尽き果て、自分を守っていた鎧《よろい》は不要になります。お互いの思いを知り、違いを認め、気に入らない相手の意見も全人的に無心に受け入れることができるようになり、同時にほんとうの自分のやりたいことが自覚できるようになります。それは、乳児期の母子関係が復元されたかのような相互主観性の確立へと向かいます。全人的に向き合い、共通の地下水脈を深掘りし、相互理解、許容するのが二日目です。

三日目になると、個人の暗黙知を超えて、他者への深いコミットメントから、総合的な意見が生まれてきます。そこでは、アイデアの飛躍が起き、ともに頑張ろうとスクラムを組む状態になるのです。これが、これまで行なわれてきた三日三晩の生きた時空間の共有という伝統的なワイガヤです。

ところで、ホンダの小型ビジネスジェット機、「ホンダジェット」の二〇一七年、二〇一八年の納入機数が機種別で二年連続の世界首位になったことは記憶に新しいかと思います。自動車メーカーから航空機参入の壁を乗り越えた画期的イノベーションです。プロジェクトリーダーであった藤野道格《みちまさ》の本質直観については、第10章で詳述しますが、革新的なイノベーションを実現した藤野のリーダーシップには「ワイガヤ」が活かされています。

ただし、藤野が行なったワイガヤは、多人数で集まって個人が意見を言い合うのではなく、知識のある専門家が少人数集まり、建設的な意見を交換することを意味しています。知識の乏しい人たちが集まっても時間の無駄であり、進歩には貢献しないというわけです。必要なときに必要な専門家と対話して知的コンバットを行ない、本質を追究するのが真のワイガヤです。だから、ワイガヤというのは二人や三人の状況で起こることのほうが多いのです。チームは対《ペア》を基本とし、日常の仕事のなかで全人的対話に基づく真剣勝負によってこそ、革新的なイノベーションが実現できるという、知識創造の本質を示していると思います。

最近、流行りのデザインマネジメントやブレインストーミングが見落としているのは、この点ではないでしょうか。

エーザイの「共同化」の経営

「我―汝関係」の相互主観性が確立された状態においては、身体感覚を伴う共感も生まれます。この身体感覚の共有が知識創造のベースになることを見抜き、全社を挙げて取り組んでいる企業がエーザイです。

代表執行役CEOである内藤晴夫は、当初から暗黙知の共感（相互主観）が組織的知識創造の原点であることを見抜いていました。エーザイの理念は、「患者様とそのご家族の喜怒哀楽を第一義に考え、そのベネフィット向上に貢献する（hhc理念）」であり、定款にも記載されています。

エーザイは、この理念実現のために知創部を創設し、「グローバルな全エーザイ社員が就業時間の一％（年間二・五日間）を患者様と共に過ごし共体験をすることに用いる」ことを組織全体で徹底しています。

「どうやったら患者様の満足が得られるかを考える方が、いかに売上や利益を上げるかを考えるよりも強く社員を動機付け、それがイノベーションを起こす源泉になるのです。結果は後からついてくるもので、理念が〝それはやるな、あれをやれ〟と指し示すのです」〈52〉と内藤は語っています。

この共体験を通じて、社員は患者と生活者の喜怒哀楽をともにし、直感的に他者の内側に入っていきます。現場に身を置き、時間をともにし、個別具体の患者やその家族の状況を知り、本音を感じ取り、苦しみや悩みに共感します。ある者は老人介護施設における介護実習を行ない、別の者は患者会を訪れたり、処方現場で実習をします。

身体性を伴う直接体験をすることでしか得られない暗黙的な気づきは多く、理屈で分析的にとらえていた薬づくりに対する考え方が一八〇度変わります。内藤も「真のニーズは言葉となっていない暗黙知であり、患者さんと時間を過ごし、その喜怒哀楽を知り、感動して泣く。そこで把握した真のニーズに何とか応えたいという思いが生まれる。実際に患者のところへ行くことがイノベーションや成長の源泉となる、それが組織的な知識創造であると信じている」〈53〉と述べています。

つまり、身体感覚を伴う共体験によって、薬効をもつ化学物質という「モノ」ではなく、患者への治療やケア、家族との生活を含めた新しいソリューションを提供する「コト」として、自分たちの薬をとらえ直すようになるのです。

マイクロソフトの「共感」の経営

世界のIT業界における企業経営やビジネス戦略においても、相互主観性の重要性が注目されはじめています。マイクロソフトの三代目CEOサティア・ナデラも、AIが普及した社会でもっとも希少になるのは、他者に対する共感する力をもつ人間であると主張しています。「一日中オフィスのパソコンに向かっているだけでは、共感できるリーダーにはなれない。共感能力の高いリーダーになるには、世の中に出て、実際の生活が営まれている場所で消費者に会い、私たちが生み出したテクノロジーが人々の日常生活にどう影響を及ぼしているのかを確かめる必要がある」〈54〉

マイクロソフトは、天才的創業者ビル・ゲイツのもとに急成長しましたが、ノキア買収の失敗後、変革の必要性が叫ばれ、会社の存在理由が問われていました。ナデラはフリードリヒ・ニーチェ（一八四四〜一九〇〇年）のいう「現実に直面する勇気」を「ビジネスチャンスに立ち向かう勇気」に変換する必要があり、市場の縮小を思い悩むのではなく、数千億ものコネクティッド・デバイスを我が物にしなければならない、と考えました。

そこで、ナデラはまずトップの経営執行チームが相互に深く理解し合い、それぞれの行動の原点は何なのかを知り、個人の哲学と会社のリーダーとしての仕事を関係づけ、各人の思いや人生観を語ることから会社の変革を始めました。そこから上級幹部の研修のあいだに顧客訪問を組み込み、さまざまな部署の上級幹部が顧客の課題に直接、耳を傾け、文脈を共有しつつ、イノベーションを触発するオープンで率直な対話の場を組織化したのです。

この変革を境として、組織成員一人ひとりがより高いミッションを共有し、他者の役に立ちたいという情熱を追求する存在になりました。ITという人と人をデジタルにつなげる産業においてこそ、そのビジネス経営の基盤として、共感の経営が重要なのです。

あらためて相互主観とは何か。それは相互に他者の主観と全人的に向き合い、受け入れ合い、共感し合うときに成立する、自己を超える「我々の主観」なのです。

セブン-イレブンの相互主観を育む場

大手コンビニエンスストアチェーンのセブン-イレブン・ジャパンの圧倒的強みは、商品開発の機動力でしょう。その基盤となるチーム・マーチャンダイジングは、商品本部のマーチャンダイザー（商品開発担当者／MD）が、素材から製造、包材、機械まで、それぞれ最適なノウハウ・技術をもつメーカーとチームを編成して共同開発する手法です。基本メニューの開発は、毎週実施されるベンダー（製造元）との対話、そしてセブン＆アイ・ホールディングスグループ横断で行なわれる対話の「グループMD」によるものです〈55〉。セブン－イレブンのものづくりは、徹底的なマーケティングによる仮説創造から始まるのです。そのため、グループMDでは、複数の利害の異なる取引先やメーカーと全人的に向き合い、緊張感ある対話を通じて本質直観し、新商品を出し続けなければなりません。

店舗のフロントラインも日々の顧客と向き合い「仮説－検証」に励みます。店舗における「仮説－検証」は、明日の天気予報、近所のイベント情報などをもとに明日の売れ筋の仮説を立てて発注し、結果をPOS（販売時点情報管理）システムで検証する仕組みです。

この仮説検証システムは、一見するとITを駆使した最新の自動発注システムですが、じつは顧客の心理を読まなければなりません。顧客の心理とは言葉で表すことが難しい暗黙知であり、顧客との出会いのなかでの共感を通じて得られるものにほかならないのです。つねに「顧客の立場」で考え、暗黙知を共有し、それを言葉や数量で表す形式知に変換して、発注の仮説へと落とし込んでいく。その結果はPOSで検証され、経験知として取り込まれ、次の仮説生成が行なわれていくという、出会いを起点とした知識創造プロセスがスパイラルに回り続けています〈56〉。

ここで着目すべきは、セブン－イレブンにおいて、ITなどのテクノロジーはあくまで人間による仮説生成を支援するものと位置づけられていることです。三十年以上前からヒューマン・セントリック（人間中心）な考え方を徹底し、IT系を人間の能力の増幅に活用するあり方は、昨今のＡＩ脅威論に対してじつに先駆的な発想だったといえます。

セブン‐イレブンには、各店舗で経営のアドバイスを行なうＯＦＣ（オペレーション・フィールド・カウンセラー）が全国各地にいます。ＯＦＣは、店舗オーナーやスタッフと直接対面の場を共有しながら、「親身な対話」を継続します。一国一城の主《あるじ》であるオーナーは一筋縄ではいきません。全人的なコミットメントを求めてきます。そうした関係を深めながら、ＯＦＣとオーナーは互いに共感し合い、他店にはない新しい価値を共創するのです。

個々に独立した加盟店を守る責任を負うフランチャイズビジネスは、人間的な相互信頼確立と知の共創の場となっています。ＯＦＣはセブン‐イレブンの本部の意図をフロントラインに伝えると同時に、フロントラインの現実を本部にフィードバックしていくミドルアップダウン・マネジメントを実践します。その結果、フロントラインの四〇万人のパート・アルバイトが、仮説検証による単品管理という知の作法を実践しているといえます。

トヨタの「アンドン方式」

次に、トヨタ生産方式の本質は何かについて問うてみましょう。トヨタ生産方式を体系化した大野耐一は、「言葉や文字では表現できない、人間独自の知を書いてみたい。モノを作る方法や生産現場の試行錯誤で日々、進化しているので、書き留めるのは不可能だが、物事の基本になる原則は何とか書いて伝えたい」〈57〉といい、その本質を口述したものがいまも売れ続けるロングセラー『トヨタ生産方式』（一九七八刊、ダイヤモンド社）です。

トヨタの生産工程では、生産ラインにおける自分の工程をこなすだけではなく、前工程・後工程と連携する必要があります。そこには流れ作業での特定の課業分担をこなすモノ的な「孤立した個人」ではなく、人と人との「出会い」の触発と経験知の交流が生まれるのです。企業組織は人間によって構成され、そのうえで意思決定が行なわれるのであり、人間の主観・価値観を抜きにしては組織は成立しないという強い信念が窺《うかが》えます。

大野は、部下の指導員を同じ場所に八時間近く立たせて、生産ラインについている作業員を観察させ、彼の動作に含まれる無駄を発見するように命じました。「いま・ここ」の現在に身を置き、過去と未来をつなぐカイゼンの提案を生み出すように仕向けたのです。このような訓練が身体化されると、生産ラインを一瞥しただけで問題点を発見し、同時に改善案を考え出せるようになります。動作の無駄は、動作の大きさ、手が止まっているとき、次の動作に移るときの「もたつき」の三つだといいます。作業動作の一連の流れから、この三つをパッと見分けられるようになるまでには、三年はかかるそうです。

作業員は、流れる生産ラインと時間の現在時点で、過去と未来をつなげながら自動車を組み立てています。生産ラインに問題が発生すれば、現場担当者の判断でいつでも停止し、解決後に再び稼働させることができます。生産効率の観点からはラインを止めないというのが常識であった時代に、あえて人の判断を組み込んだのです。現場の作業員は、担当作業で遅延が発生し、自分の感じている主観的な作業時間が必要な客観的な基準時間と合わないときは、異常を知らせる「アンドン」と呼ばれるランプをつけて、生産ラインを停止します。すると、すぐに班長や職長が集まってきて、その場でそのときに各人が感じた問題意識を共感し、「なぜ」「なぜ」と次々に問いを発しながら、現在・過去・未来のあらゆる関連知を動員して、共同で問題を解決するのです。

自己の生活実感からの問題意識をとらえる現象学的時間は、一人称的時間です。たとえば、我々は音を聞く場合、その瞬間で音を切り取って聞いているのではなく、いまさっき聞いた音と、これから予測される音を連続的なつながりとして聞こうとしています。「いま」は一点ではなく、有限の幅をもっているのです。フッサールは、過ぎ去る（＝過去）ことを保っておくという意味で「過去把持」と呼びました。そのつど「いま・ここ」に与えられるものは、すべて過去把持されていきます。意識にのぼらない予感の働きは、まだ来ていないものを予めもつという意味で「未来予持」と名づけました。この過去把持や未来予持の内実によって「幅のある現在」の意味が決まっていきます。

現場の文脈の変化に応じて「いま・ここ」に身体感覚や意識が集中されなければ、作業員の過去把持が意識化されることも、未来予持が働くこともないのです。ときどきアンドンがついて、相互主観の場を通じたカイゼンの「出会い」の流れが組み込まれているのが、トヨタ生産方式の本質といえます。

フッサールは、主観的時間意識が、相互主観性を通して他の人とともに経験して生きる時間から生じる、と論じています。ブーバーの「我」が「汝」に会うことで「時を忘れる」思いをし、「全身全霊」で向かい合った「共感の時間」から、ほんとうの時間が生まれるのです。自己と他者の感覚のズレや同じ感覚の共有を認識することによって、個々人の心に流れる時間の流れが感じられ、自分の主観的な「時間」が生まれてくるのです。

現場の文脈の変化に応じて、「いま・ここ」に身体感覚や意識が集中されなければ、生産ラインの作業員や班長や職長などの過去把持が意識化されることも、未来予持が働くこともありません。問題が発生したら作業者がすぐにアンドンをつけて作業ラインを止め、班長や職長たちと相互主観をそのつど共創し、問題をともに解決していく「現場の知識創造」としての「カイゼン」が、トヨタ生産方式の本質なのです。

本章では、「我々の主観」である「相互主観」がともにつくられるなかで、一方で自分のほんとうの時間とほんとうの思いを感じ取り、他方で「そうとしかいえない」本質という客観を生み出すことを明らかにしてきました。この相互主観性を育む場を意図的に仕組み化している企業が、セブン‐イレブン・ジャパンとトヨタ自動車です。この二社は、欧米の著名なビジネススクールでしばしばケース・スタディとなっており、日本発の経営モデルとして高い評価を得ています。

〈46〉①「場」については生命科学の立場から研究を行なう清水博などを参照されたい。②コンテクストは、文脈・背景などを示す。
〈47〉京セラやＪＡＬでの稲盛会長の取り組みについては、引頭麻美編著（二〇一三）『ＪＡＬ再生』（日本経済新聞出版社）、北方雅人・久保俊（二〇一五）『稲盛流コンパ』（日経ＢＰ社）、金子寛人（二〇一七）『ＪＡＬの現場力』（日経ＢＰ社）を参考にした。
〈48〉京セラファインセラミック館の展示資料
〈49〉大田嘉仁（二〇一八）『ＪＡＬの奇跡』（致知出版社）一一八～一二〇頁
〈50〉大田『ＪＡＬの奇跡』一二七～一二八頁
〈51〉小林三郎（二〇一二）『ホンダ イノベーションの真髄』（日経ＢＰ社）
〈52〉『Forbes JAPAN』（プレジデント社）二〇一八年十二月号、三六～三八頁
〈53〉「エーザイ内藤王国　29年目ＣＥＯあと10年の使命」『週刊東洋経済』（東洋経済新報社）二〇一六年四月九日号、八六～八九頁
〈54〉ナデラ，Ｓ．（二〇一七）『Hit Refresh　ヒット・リフレッシュ』（山田美明・江戸伸禎訳、日経ＢＰ社）六四頁
〈55〉吉岡秀子（二〇一八）『セブン‐イレブン金の法則』（朝日新書）
〈56〉勝見明（二〇一七）「『鈴木流経営学』を読み解く」『理念と経営』十二月号、七六～七九頁
〈57〉野地秩嘉（二〇一八）『トヨタ物語』（日経ＢＰ社）二八四頁

第10章

集合本質直観の方法論

個人・集団・組織・社会の相互作用

現象学と志向性

現象学では、心と身体は意識の有無にかかわらず「何かに向かって」働いている、という理解があります。何かが見える・感じられる・わかるというのは、心と身体が、その見る・感じる・わかる物や人、事象に対して知覚のアンテナを張っていたからです。この知覚対象に心身のアンテナが、意識の有無にかかわらず向けられていることを、現象学では「志向性(Intentionality)」と表していることは、本書の第1部で紹介しました。

さらに、無意識的に物事をとらえる知覚のアンテナを「受動的志向性」、意識的に対象をとらえる知覚の原動力を「能動的志向性」と呼びます。志向性、とくに受動的志向性は、必ずしも「主観」と「客観」の区別がある状態のときにのみ働くものではありません。むしろ、当事者の意識のなかで、何が主観で何が客観かを判別する前から働いているものなのです。わかりやすくいえば、「見えてしまっている」や「感じてしまっている」というのは、主客の区別が意識的にない状態でも起こることです。志向性とはデカルト以来、近世哲学の主観と客観という二項対立図式を超えた知覚の仕組みを示すものだといえるでしょう。

真理とは、つねに動きのなかにあります。現象学は、ただ主観的体験だけを分析しているのでも、客観的なものを自然科学的に分析しているのでもありません。現象学は、主観と客観がいつ、どこから発生したり、交わったりするのか、そして、人はなぜ無数の「共通性」と「差異性」の本質を瞬時に洞察することができるのかを探索しています。つまり現象学とは、新たな意味づけ・価値づけのプロセスを概念化する、人の創造力の源泉に深く迫る学問なのです。

私がカリフォルニア大学バークレー校のビジネススクールで博士号を取得したときの博士論文のタイトルは "Organization and Market"（一九七二年）〈58〉でした。そのときの私の理論モデルの基礎概念は「知識」ではなく「情報」でした。サイモンの「情報処理モデル」を基盤に当時、台頭してきた「組織の環境適応理論（contingency theory）」の実証研究だったのです。その後、日本企業のイノベーションの事例研究を通じて、次第に「情報処理」から「知識創造」へのパラダイム転換が起こりました。

一九九五年、竹内弘高との共著 "The Knowledge Creating Company"（邦訳『知識創造企業』）を上梓しました。その後、デトロイトの「自動車殿堂」を訪問した際に、SECIスパイラルを図像化すると「これだ！」と感動した瞬間がありました。そこで見たものは、日本人で初めて殿堂入りした本田宗一郎のコーナーの二枚の写真でした。

現場・現物・現実

図21は、宗一郎がテストコースに手をつき、目の前を疾走するマシンを凝視、観察している

様子をとらえた写真です。彼はこう語っています。「マシンを見てると、いろんなことがわかります。あのカーブを切るにはああやれば、こうすればと……。そして、次のマシンのことを考える。こう考えてやれば、もっととばしてくれる、などと。次の製作過程へ自然に入っているんです」〈59〉。

地面にしゃがみ込んで手をつき、マシンと同じ高さになった状態で、マシンをまず目でとらえ、耳でエンジン音を聞き、鼻で燃焼状態を確認し、手で振動を確かめる。五感を駆使し、感情移入して対象に深く入り込みながら、理性的な分析も加えて、新たな仮説を生み出す。まさにアブダクションでしょう。

図22は、宗一郎が床にアイデアスケッチを描きながらしゃがみ込んで、二人のエンジニアと目線を合わせて直接、対話している写真です。テストコースで得た仮説を部下に説明し、その正否を試させようとしている様子に思えます。まさに、現場で共感した生き生きした暗黙知を、現場で形式知に変換せんとする迫力を感じさせます。しゃがみ込んで、その場で床にアイデアスケッチを描くのは、会社がどんなに大きくなっても変わらなかった宗一郎の作法でした。

英語には「現実」という意味の言葉が二つあります。「アク

〈図21. テストコースに手をつく本田宗一郎〉　出所：本田技研工業

チュアリティ（actuality）」と「リアリティ（reality）」です。絶えず変化する世界において、「いま・ここ」の文脈そのものに入り込み、進行している出来事の只中に身を置き、全人的に何かに焦点を置いて、主客未分の境地で感じ取るのがアクチュアリティです。アクチュアリティは、つねに変化し続ける「コト的」現象であり、動詞的に現在進行形で体験している現実です。一方でリアリティは、物事から距離をとって傍観者的に観察することで見えてくる「モノ」です。基本的にそのときどきの状態を切り取って固定化された現実なので、対象化しやすく、科学的分析に適した現実であるといえます〈60〉。

したがって、アクチュアリティは「ダイナミックな主観的現実」、リアリティは「静止している客観的現実」です。生き生きとした「コト」としてのアクチュアリティは、目の前にある「モノ」を一緒に見て感じることによって他者と共有されるでしょう。そして、このアクチュアリティをもっともよく直観するためには、志向性を鍛えることが重要になってくるのです。

ホンダ（本田技研工業）がグローバルに横断的に議論しながらつくった「ホンダWAY」の三現主義は、"We go to the actual place where things happen（現場に行くこと）"、"We learn about the actual situation（現物・現状を知ること）"、そして"We are realistic（現実的であること）"の三つです。主観的現実に身を置き、「いま・ここ」を起点にしながら客観的現実を摑むという妥協なき実

〈図22. 床にアイデアスケッチを描く本田宗一郎〉
出所：本田技研工業

践を徹底すれば、何が本質か、そして次に何をすべきかが自然と見えてきます。三現主義（現場・現物・現実）は宗一郎が起業以来、ずっと言い続けてきた言葉です。「現場で現物を見て現実を知り、現実的な対応をとる」ことだとの説明がなされますが、ホンダの三現主義には「本質」という隠れたキーワードがあり、「現場・現物・現実を知ることで、物事の本質を摑む」と解釈するのがホンダ流だといわれています。この実践を組織的に行なえば、組織のメンバーの多様な個性が活かされた本質直観が可能になるのです。

過去把持・現在化・未来予持

現象学的アプローチでは、意識は空虚ではなく、つねに何かについての能動的活動であり、志向するものから主客分離できない内容をもち、心は能動的に意識の内容に意味を付与する、全人的なコミットメントであると指摘されてきました。

科学的な知覚プロセスの研究は、物から反射した光が目のなかに入り、感覚器官としての目で処理され、電気信号が神経を通って脳に伝わると考えます。しかし、「現象から本質へ」をめざす現象学的アプローチでは、目に見えている事象の背後に、経験を超えた本質的な意味や価値を問うのです。

そのため、本質直観は多様な見え方のなかで同一性を経験する活動を含みます。一本の木を知覚するというのは、木の周囲を回り、多くの角度や明るさから眺め、木肌に触れ、木の葉が風で揺れる音を聞き、匂いをかぐなどして、動きながら五感を駆使し、過去から蓄積してきたあらゆる知識を総動員して、共通項を紡いで普遍的な意味へと統合していくことなのです。

つまり、過去把持・現在化・未来予持という時間的契機を含む意識作用のプロセスから、「意味づけ」が生成されるのです。このとき「未来予持」は、連続した不断の動的プロセスのなかで過去の経験をもとに予測できる未来を感覚的に展望し、瞬時に構成していく受動的綜合を成立させます。

この未来予持に宗一郎は長けていました。あるクルマのプロジェクトリーダーが、ラジオのスイッチを入れるとアンテナが自動的に伸びてくる特別な仕掛けを装着しました。そのリーダーが誇らしげに、見学に来た宗一郎にそれを操作してみせると、喜ぶと思いきや、なんとアンテナが伸びた瞬間、それを手でもぎ取ってしまい、烈火のごとく怒り出しました。「これ、歩道側についてるんだろう。停車中に脇を通りかかった子供の目を突いて怪我をさせたらどうすんだ」と。

クルマの側面で伸びるアンテナを見た途端、子供が歩いてくる光景を想像し、目を突くかもしれない、という仮説を瞬時につくり上げる。頭で考え、論理的に導き出した推論ではなく、鋭い感受性とひらめきによって無意識にそうなってしまう、彼しかつくりえない仮説でした。さらには、「こうした理由があるから取り出せ」と指示するのではなく、自らの手でへし折ってしまう。そこには人殺しの道具になりかねない自らの製品の安全確保に対する、断固たる姿勢と倫理観があったのではないでしょうか。

直観を駆使して身体で物事を考え、跳んだ仮説の形成に長けた宗一郎は、何よりも実践を尊んだ人でもありました。彼はこんな言葉を遺《のこ》しています。「人生は見たり、聞いたり、試したりの三つの知恵でまとまっているが、その中で一番大切なのは試したりであると思う。ところが、世の中の技術屋というもの、見たり、聞いたりが多くて試したりがほとんどない」。

本質直観のステップ

現象の意味は、直接経験する人や物事との相互作用のなかで意識化され、それが本質直観を通じて普遍化されていきます。意味とは、相互に異なるもののなかから類似性（similarities）を探求するプロセスから生成されます。類似性はその裏腹として差異性も示唆します。正しいとまではいえなくとも、似たような方向性を追求しながら、これはどう考えてもありえない、というものを捨てて本質に迫るのです。

本質直観（eidetic intuition）は、絶えず変化する現象の只中で、多くの類似性のなかから「こうとしかいいようがない」という唯一の同一性に綜合するプロセスです。そのステップは次のようになります〈61〉。

第一段階：対象物と他のものとの類似性を知覚する

第二段階：類似性のなかに潜む同一性を考察する

第三段階：「自由変更（free variation）」を駆使し、物事の普遍的な本質を洞察する

共感という現実に触れるためには、無心で我を忘れるほどに物事に集中しきって、「物事のほう」からその本質を明かすようになることが基本です。第三段階に到達するプロセスとは、創造性を自由に発揮させ、知の境界やカテゴリーも越えて、探究するものの範囲を拡張し、「そうとしか考えられない」本質直観に向かうということなのです。この本質直観は、SECIモデルにおける状況に応じた「部分―全体」のダイナミックプロセスである暗黙的統合や、アブダクションと通底するプロセスといえるでしょう。

「ホンダジェット」の開発

ホンダの小型ビジネスジェット機のプロジェクトリーダーであった藤野道格は、航空学科卒ながらもまったく未経験の航空機の開発に当たって、多様な理論と航空機組立の実務経験を蓄

積したなかで、「翼の上にエンジンを置く」という画期的なアイデアを直観しました。

通常のビジネスジェット機は、エンジンが胴体の両脇に一基ずつ取りつけられていて、室内容量の容積が犠牲となって狭くなり、騒音や振動も大きくなります。機体の性能を上げるために、エンジンを胴体から外して主翼に移すことができれば、機内のスペースは広くなり、居住性もよくなるはず、というわけです。しかし、ジャンボ機のように主翼の下にエンジンを取りつけようとしても、地面とエンジンとの間隔は十分にとれないため、多少不便であっても現在の小型ジェット機のあり方が業界では常識でした。学会においても、主翼とエンジンと胴体ごとによい空気の流れをつくる部分最適が常識でした。

そのような常識に反して、騒音や振動や狭さなども解消し、かつ速度や燃費を改善するという挑戦的な技術課題を日々悶々と考えているときに、偶然、過去に購入していた古典的文献が藤野の目に留まりました。そこには空気の流れの解析を複素関数の組み合わせで行なうという古典的方法が書かれていました。そこからこれまでの理論に反し、主翼、エンジン、胴体を別々ではなく、全体で最適な空気の流れを生み出せるのではないか、という思いが頭に浮かびました。現在・過去・未来の経験と知識を

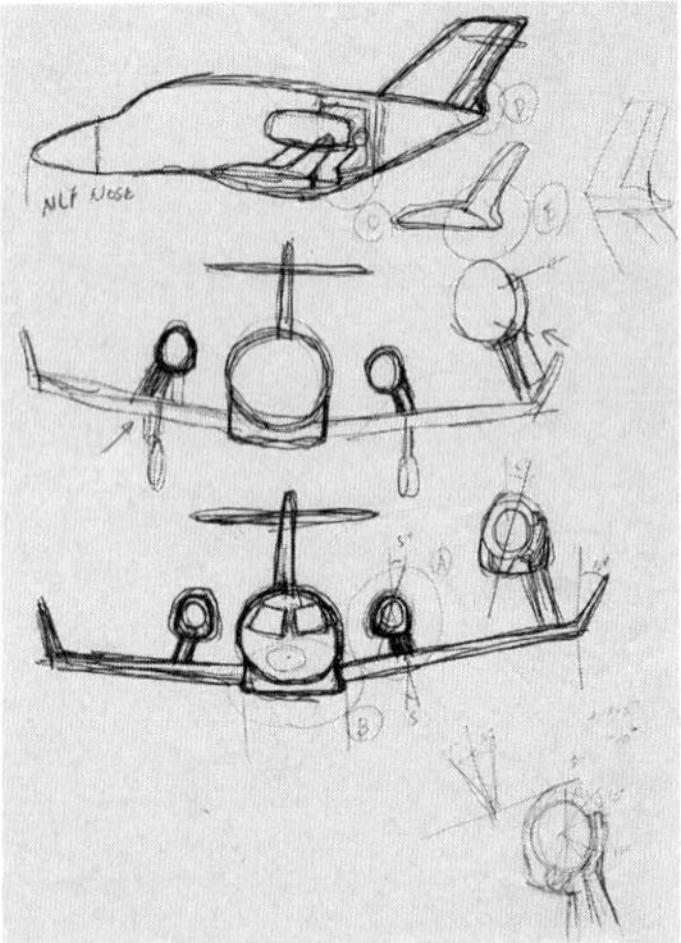

〈図23. 藤野がひらめいたコンセプトのスケッチ〉

出所：Honda Aircraft Company

踏まえて、そのアイデアを無心に考え続けていたある夜、図23のようなプロトタイプがパッとひらめいたといいます。

藤野はこう語ります。「既成概念を破るようなパッとした発想というのは、長年にわたる専門的な勉強で培ったバックグラウンドを一回、捨て去ってしまうくらいのところに到達しないと、生まれないのではないかと思います。禅のお坊さんは修行を積んだ後に、一回すべて無になるといいます。（中略）既成概念とか典型的なパターンとか、ロジックとかをすべて取り払った上で何か新しいことを考えることができないと、新しいものは生み出せないのではないでしょうか」[62]

藤野はこうも述べています。「われわれが飛行機の研究を始めた七〇～八〇年代のころは、コンピュテーショナルなパワーがなかったので、飛行機の本質的に重要なところを考え抜いて八点に絞り込んで評価しなくてはならなかったのですが、いまでは二〇〇〇点もすぐに測定できます。しかし残念ながら、コンピュータ・シミュレーションが進めば進むほど、限られた情報から真の知を得る本質洞察力が劣化していきますね」[63]。

〈図24. ノーズが特徴的なホンダジェット〉
出所：Honda Aircraft Company

まったく新しい形状の航空機となったホンダジェットのノーズのかたちは、イタリアの名門靴ブランド「フェラガモ」のパンプスをヒントにしたといいます[64]。ノーズについて、先端が尖っている形状で何が美しいかということを考えている最中、たまたま立ち寄ったハワイの免税店でフェラガモのパンプスが目に入り、ひらめいたのです。フェラガモは創業者の時代から九十年間靴をつくり続け、現在のパンプスの形状へと至りました。その美しさや機能性への徹底したこだわりに共感し、ヒントにしてスケッチを描き、最終的には多くの理論計算をして、特徴的なホンダジェットのノーズ形状を完成させたのです。

ノーズがどのような形状であればいちばん美しく、機能性も高いかということをずっと考え続けた藤野だったからこそ、他人が見逃してしまうようなパンプスの形状を見たとき、航空機のノーズ形状を直観できたわけです。

概念とは新たな観点

暗黙知から形式知への変換は、容易なプロセスではありません。西欧では古代ギリシャ以来、プラトンの『対話篇』やアリストテレスの『弁論術』など言語化能力を磨き上げる方法論が確立されてきました。一方で日本人は感性を磨き上げてきましたが、暗黙的意味を論理的に言語化することは得意ではありませんでした〈65〉。

しかし我々日本人は、松尾芭蕉のように自然に「棲み込み」、その経験の意味と本質を俳句に詠む素晴らしい本質直観力を併せ持っています。たとえば「古池や 蛙《かわず》飛び込む 水の音」という芭蕉の俳句において、彼の意識の志向性は古池に向けられ、そこに蛙が飛び込む水の音が現れています。その音を聞く俳人の体験の本質的な意味《こころ》とは何でしょうか。芭蕉にとってそれは「その水の音の他には、何も聞こえないまわりの静寂さ」であったのです〈66〉。

知識創造理論で豊かな暗黙知を重視しているのは、それを現実に根づいた知を生み出す必要条件として認識しているからです。SECIプロセスは、世界がそこに客観的に存在するという信念をとりあえずカッコに入れて純粋意識に立ち戻り、私や他者と環境との生き生きとした共感を行なう「共同化」から始まります。

その純粋な感覚的な経験の意味の本質を言語化・概念化するのが、「表出化」という知識創造の第二フェーズです。日本語で「概念」という言葉は、「人間」「犬」などの言葉の意味や分類と同じ辞書的な普通名詞と考えられがちですが、哲学の伝統においては「概念（コンセプト）」とは範疇—類型そのものではなく、それを決定するうえでの本質的な意味や観点の枠組みです。新たな意味を提供するのみならず、物事の本質を摑み取ることのできるような視点になるのです。つまり、複雑で多面的な現実における特定の側面に焦点を当て、認識するための言語的ツールが概念といえるでしょう。そして概念は、これまで見えていなかった、あるいは見落としていた事象を明らかにし、新しい現象を見出す手がかりとなります。

この概念について、アメリカの社会学者タルコット・パーソンズ（一九〇二～一九七九年）はそれをサーチライトに喩えました。彼は物事をシステムという視点でとらえ、構成要素（変数）とそれらの関係からなる統一体と考えたのです。この見方には、部分―全体を行き来する暗黙的統合や受動的綜合などの概念化にまつわる詳細な知覚プロセスは捨象《しゃしょう》されていますが、一般的な概念という言葉の機能は、サーチライトという道具でうまく喩えられるのではないでしょうか。

　事象の本質を表す概念と繊細な感覚を通して知覚されている事象の細部（経験的世界など）のあいだには、絶えず相互作用があります。サーチライトが他の部分やさらに広範囲を照らしたりすることで、概念は私たち自身の思考によって実証、修正、増幅され、形式知として構成されていくのです。

　ただし、そこには概念の光によって照らされなかった部分（残差カテゴリー）が残ってしまい、不正確な概念化が行なわれる危険性も潜んでいます。とはいえ、はじめにそもそも何らかの概念がなければ、それが誤っているかどうかもわかりません。つねに真偽判定に向かって内省しながら、よりよい知の地平を世界に広げる努力をすることが、現実のよりよい理解に到達するための手段なのです。

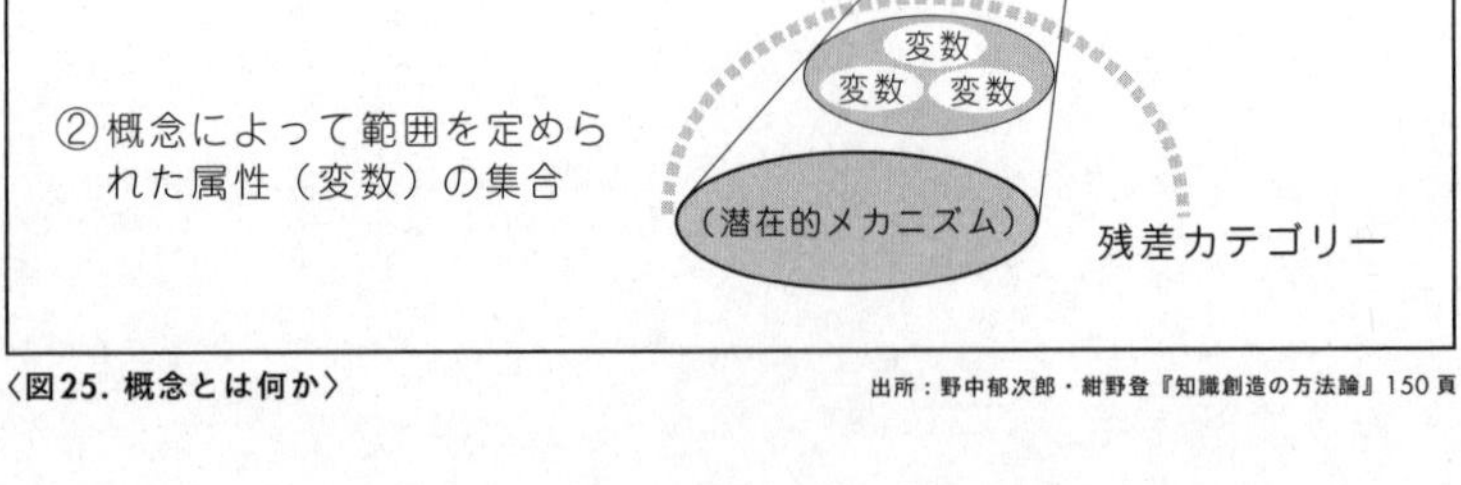

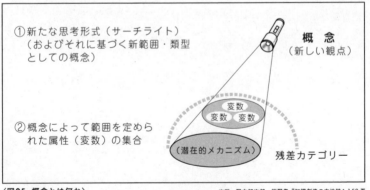

〈図25. 概念とは何か〉

出所：野中郁次郎・紺野登『知識創造の方法論』150頁

比喩による概念化

意味・身体感覚・価値観など、論理だけでは説明しにくい暗黙知をうまく相手に伝える手段の代表的なものとして、比喩表現があります。言葉が伝わる典型的な状況は、対面する場です。言葉は身体的な知覚に基づくので、場を離れた真空状態では伝わりません。暗黙知のエッセンスをうまく表現する技法あるいは言葉の綾《あや》としての修辞法（レトリック）がありますが、意味の伝達や創造には比喩が有効です。

比喩のなかで代表的なものは、メタファー（隠喩）とメトニミー（換喩）とシネクドキ（提喩）です。一つ目のメタファーとは、「類似」による思考や表現の方法です。たとえば自然や社会に世界の喩えの題材を求めます。「時は金なり」「討論は戦争である」「月見うどん（どんぶりに落とした卵を満月に見立てる）」などがメタファーです。言い表したいことの特徴を、同じ特徴をもつ別のものや事柄を使って表現する方法であり、未知を既知で語る、知の境界やカテゴリーを横断する創造的な方法ともいえます。とりわけ、わかりにくい抽象的なもの（社会、自由、真実、善良、美など）をわかりやすいものに見立てて説明したり、理解したりする比喩であるといえるでしょう。

プラトンは、政治に関する著書『国家』で、理想的国家は三つの階級からなるといいました。経済を支える階級（商人）、安全を維持する階級（軍人）、政治を行なう階級（政治家）です。この三つの階級おのおのに三つの徳が対応するとしたプラトンは、商人には「節制」、軍人には「勇気」、政治家には「知恵」が求められると考えました。さらに個人の魂も三つ（欲望、意志、理性）に分けられます。プラトンはこれを「二頭立ての馬車」のメタファーで説明しました。「勇気と節制という馬が知恵を御者として走らせている」というのが理想の国家であり、個人の完成であると語ったのです。

京セラの稲盛名誉会長は、「孫悟空が自分の毛を抜き、ひと吹きすると分身がたくさん出てくる。私も分身を育てたいと痛烈に思った」と述べています〈67〉。当時の京セラは、従業員一〇〇〇人を超える規模の企業になっており、経営、研究開発、製造、営業など何役もこなす多忙な日々を送っていた稲盛は、一人での経営に限界を感じはじめていました。悩み抜いたすえにたどり着いた解決策は、会社を小さな組織に分けてリーダーに独立採算で運営させる、現在の「アメーバ経営」の原型となる経営方法だったのです。

ここから多くの「ミニ稲盛」が育ちました。稲盛の分身術といえる新しい組織経営のあり方を、「孫悟空」の逸話を使って見事に発想し、実践したのです。アメーバ経営の小集団を「アメーバ」と名づけたのも、市場の動きに応じて微生物のように変化する、自律的・機動的かつ有機的な小集団をめざしたからで、これもメタファーの好例といえます。

二つ目のメトニミーとは、それが「隣接」するものによってそのものを象徴（代表）する、という表現方法です。「十字架（キリスト教）」と「コーラン（イスラム教）」、「赤（栄光）」と「黒（暗鬱）」

などです。「きつねうどん（狐に似たものではなく、好物の油揚げが乗っている）」はメトニミー的ネーミングです。またメトニミーは「赤ずきん」という表現に見られるように、赤ずきんを被った女の子（赤ずきんちゃん）を指し、ある部分でその全体を表現するときに役立つ方法です。

メタファーもメトニミーも新しい意味を生み出しますが、メトニミーが一つの経験のなかでの共時的な類似性にとどまるのに対し、メタファーは無関係と思われる異なる領域の通時的な類似性に飛躍するので、より創造的な概念創造につながります。そして重要なことは、現実世界と意味世界の橋渡しをするのは我々の身体であり、五感は世界に向けて広げられたアンテナであることです。川端康成の『雪国』冒頭の一節「国境の長いトンネルを抜けると雪国であった。夜の底が白くなった」という文学的表現は、列車でトンネルを過ぎて雪国に入ったことのある人には「はっ」と思わされる創造的表現でしょう〈68〉。

三つ目のシネクドキとは、全体と部分の相立関係を表し、その関係は意味の隣接関係ではなく、伸縮現象を表す包摂関係です。シネクドキをメトニミーに含める考えもありますが、メトニミーとの違いは、メトニミーが個別の物の隣接関係であるのに対し、シネクドキはカテゴリー（範疇）間の意味関係にあることです。たとえば、シネクドキでは、「花見に行く」という表現がありますが、ここでいう「花」は、花というカテゴリーのなかでも桜を指します。「ご飯を食べる」という表現も、ご飯というのは「お米」ではなく「食事」を指します。お米が食事という大きなカテゴリーの一部だととらえられるからです。

したがって、複数の物事の類似性（シミラリティ）から発想する、つまり「ある物事の特性をほかの物事の特徴で表現する」メタファー（隠喩）と、それらの物事の隣接性から発想する、つまり「ある部分でその全体を表す」メトニミー（換喩）と、より大きなカテゴリー（類）とより小さなカテゴリー（種）とのあいだの含有関係を表すシネクドキ（提喩）を協同させると、知のダイナミックバランスがとれると考えられます。

実際にこの三つの考え方を駆使することで、商品や事業、組織、制度などについて、これまでになかった新しい視点を得ることができるようになります。コンセプトは、より「小さな」アイデアが結びつき、まとまることで、より妥当性の

種類	シミリ simile （直喩）	メタファー metaphor （隠喩）	メトニミー metonymy （換喩）	シネクドキ synecdoha （提喩）
説明	ある物事を 「～のような」 「～のごとし」 などと同類として表現する （隠喩より論理的）	そのものの特徴を直接類似する他のものに見立てる （未知の既知表現）	ある物事を表すのに、それと隣接関係にある事物で置き換える （共存と連続）	ある物事の本質を、全体（類）と部分（種）のカテゴリーに基づいて示す。全体で部分を、部分で全体を表現する（包摂）
関係性	A=xxxxx 直結	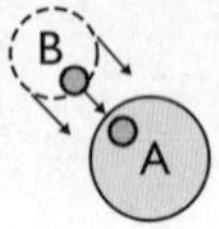 A を異なるカテゴリー B で表す （A と B は共通の属性をもつ）	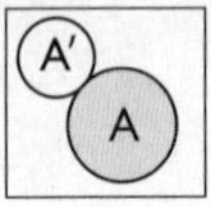 A を A の隣接物 A' で表す （A、A' は同一カテゴリー）	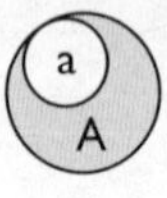 A を A の部分 a で表す （a は A の典型）
用例	海のような広い場所 絹みたいな髪	市場は「見えざる手」 白雪姫	赤ずきん きつねうどん	花は桜 親子丼

アナロジーは修辞法ではないが、より具体的なシミリ（直喩）やより全体像を示唆するメタファーに近い思考法である。

〈図26. 比喩の3つの種類〉　出所：野中郁次郎・紺野登『知識創造の方法論』173頁に基づく。

高いものに構築されていきます。「表出化（概念化）」の過程では、新たな意味や変化すべき方向、新たな機会などが概念や仮説として提示され、メタファーなどによって示されたといえます。いわば、新たな言葉が生まれた段階です。

次に重要なのは、コンセプトを構成する背後の要素間の因果関係を明らかにし、一つの「理論」にまで「連結化」していくことです。これは、コンセプトを体系的に理解し、知識として共有できるようにするための「モデル化」や「物語化」の作業だともいえます。新たに出てきたコンセプトをモデル化、物語化するときにも、メタファー、メトニミー、シネクドキ的な考え方が応用できます。さらにそのモデルや物語に基づいて、客観的に吟味できる変数にブレイクダウンしていくことで、コンセプトが体系化されることになります。

これらの比喩表現をうまく理解することは、物事の関係性をはっきり摑むことと同義になります。さまざまな比喩を的確に使ってコンセプトをつくることにより、もともと個人がもっている暗黙知を、他者にわかりやすいかたちで形式知化できるようになり、ある人にしかない考えや技術を組織的に広めることが可能になっていくのです。

ポーラのリンクルショット開発

研究開始から約十五年、独自成分を配合し、厚生労働省の承認を得た医薬部外品として、国内で初めて「しわ改善」をはっきりアピールできるようになった画期的な商品が、ポーラの「リンクルショット」です。この商品は、開発から販売へのバトンリレーにおいて、かかわったすべてのメンバーの強い思いと知恵が集合的に結集して実現しました〈69〉。

開発は、現取締役社長の鈴木郷史《さとし》が就任した直後の二〇〇二年にスタートしました。そのきっかけは、これまでの訪問販売を主としたビジネスモデルの延長ではなく、お店にお客様を呼び込んで、肌のカウンセリングを行なう販売スタイルへの転換などを具体的戦略とした「新創業宣言」でした。

研究開発部門では、医薬品から化粧品研究に異動してきた末延則子を含む四人のメンバーによるプロジェクトが始動しました。そこで末延は、化粧品を研究してきたメンバーの悩みに直面しました。肌に関する二大問題の一つであり、女性の七割が悩んでいる「しわ」は、シミとは異なってどんな商品を開発しても、薬事法にしわという概念が存在していないために、医薬部外品として提供することができなかったのです。そこで末延たちのプロジェクトでは、しわを隠して見栄えをよくする化粧品ではなく、「しわがなぜできるのか」という本質を問い、そこから「しわを改善する有効素材を見つけ出し、医薬部外品として世の中に出すことにチャレンジしよう」という共通の目的、思いが生まれました。

開発は、医薬品開発の知見を活かしてしわのメカニズムを明らかにしていくという発想のもとに行なわれ、試行錯誤のなかで、しわのところには白血球の一種である好中球《こうちゅうきゅう》がたくさん集まっていて、そこから出てきた好中球エラスターゼがコラーゲンやエラスチンを分解しているというしわ発生のメカニズムを初めて検証できました。さらに、医薬品、植物エキス、微生物の代謝物など約五四〇〇種類にのぼった抑制剤の候補のなかから、抗しわ効果、安全性、色、匂いなどの条件をもとに、その一つひとつを調べ上げていきました。プロジェクトメンバーは朝から晩まで試験管を振り続け、とうとうニールワンという四つのアミノ酸誘導体を合成した素材がもっとも効果的であることを突き止めました。エラスターゼを完全に止める特異的な阻害剤の発見でした。

開発のバトンは、ニールワンをどうやってクリームや美容液に落とし込んでいくかという製剤チームに渡されますが、すぐに大きな壁に直面します。大半の化粧品には水分が含まれますが、ニールワンは水で分解されやすく、品質の安定化が困難だったのです。何十種類、何百種類とある製剤の成分となる原料のなかからどれを最終的に製剤として組み合わせるかが問題となりました。日本中の大学を訪問して相談しても解決策は見つからず、社内でも上層部からは「開発中止」を求める声が何度も上がりました。その声をリーダーの末延

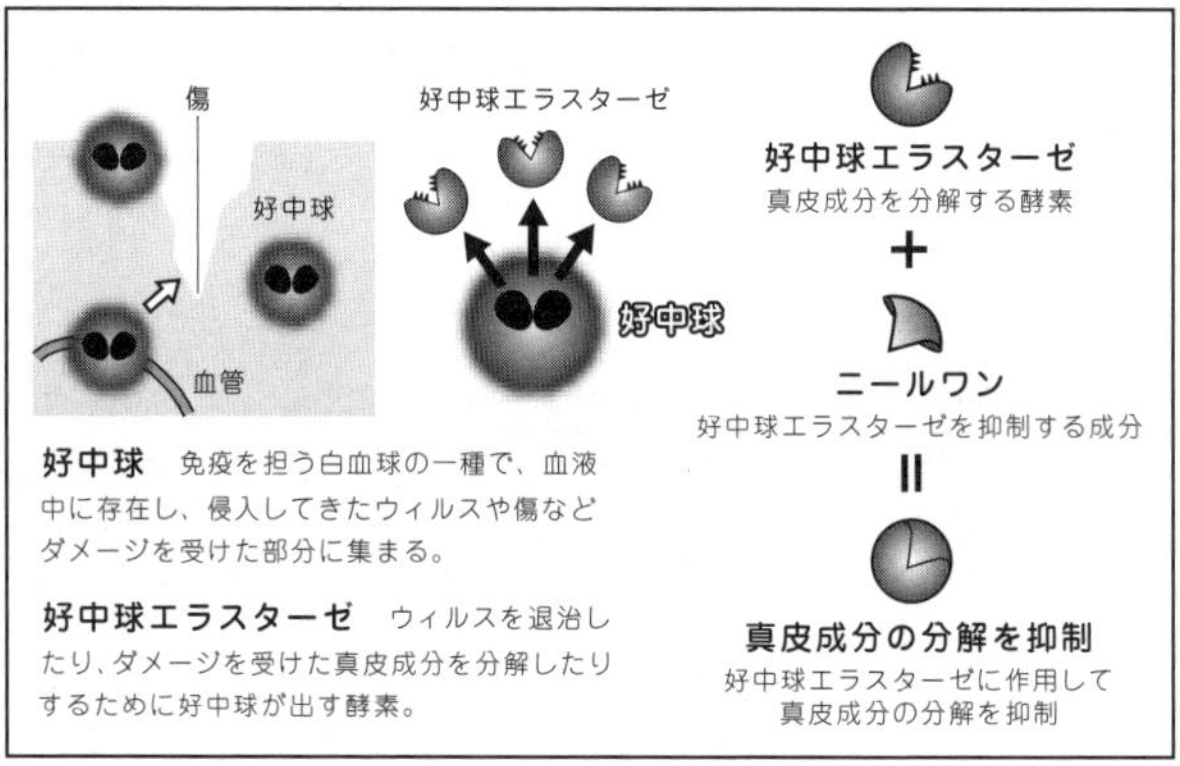

〈図27. ポーラが発見した「しわ改善」のメカニズム〉

出所：ポーラのホームページおよびニュースリリースを参考に作成

は必死に押さえ、生物系のグループから人を借りてくるなど総力戦の体制で探索をしていきました。

そんなある日、プロジェクトメンバーの檜谷季宏《ひのきたにとしひろ》が神戸の研究機関を訪問した際、喫茶店で注文したチョコチップ入りのミントアイスクリームを見た瞬間、「はっ」としたのです。チョコチップがアイスクリームのなかに溶けずに点在しているように、ニールワンも分散させれば安定性が保たれるのではないか、とひらめいたのです。檜谷はニールワンのことを寝ても覚めても考え続けていたといいます。考え続けていたからこそ、普通なら見過ごしてしまうチョコチップ入りのミントアイスクリームから、跳ぶ発想が向こうからやってきたのです。研究所に帰った檜谷は、ファンデーションやアイラインなど水分が少ないメイクの剤型を研究しているグループとディスカッションしながら知恵を得て、製剤として組み上げを行ない、一気に製品化が加速したのです。

前川製作所のトリダス開発

前川製作所（以下、マエカワ）は、世界四〇カ国以上で冷蔵・冷凍装置などの製造販売事業を行なうグローバル企業です。マエカワは、業務プロジェクトごとに社員一〇〜一五人の法律的にも独立した「独法」という組織をつくっていました。独立採算性の独法は、機器の開発、設置、販売、マーケティング、保守、会計、人事などの一連の事業活動の機能をもち、いわば一つの企業として活動します。その狙いは、小集団組織に自律性を付与することにより、すべての社員一人ひとりが潜在能力をフルに発揮し、顧客の現場で顧客とともに知を生み出し、迅速な意思決定を行なってイノベーションを推進することでした。

マエカワを象徴する製品「トリダス」の開発ストーリーを紹介しましょう[70]。マエカワの社員が客先に足繁く通うなか、鶏肉の製造プロセスにおいて前後の工程に比べ、骨つきの「もも肉」の処理工程のみが人海戦術で対応しなければならないのが経営効率化のネックと気づいたことから、まったく新しい「自動脱骨機」の開発が始まりました。

開発メンバーたちは実際に、もも肉の作業工程でパートの女性たちに交じって包丁を握り、ももさばきを試み、身体知として吸収しました。とはいえ、人間の絶妙で微妙な手さばきを機械で再現する自動脱骨機の開発は順調ではなく、試行錯誤のうえで試作第一号機「モモエちゃん」ができたときには、すでに七年という月日が経っていました。しかも、ユーザーが求める耐久力というニーズに応えるものにはなっていなかったのです。

プロジェクトの閉塞状況を打破したのは、自動脱骨機の開発がやりたくて入社した若い開発者でした。豚肉の加工工場やいくつかのブロイラー工場に積極的に身を置き、パートの女性と並んで包丁を手にしました。約一年間包丁を握り、ひたすら、ももをさばいた彼の体験は質が違っていました。彼の手と身体が「ももをさばく」という脱骨作業を覚えたのです。寝ても覚めても新しい脱骨方法を考えていた彼でしたが、豚肉も鶏肉も両方さばくことでその違いはより明確になり、鶏のもも肉を取り出すことの本質は「切る」のではなく「剝がす」のだという跳ぶ発想が、ある瞬間、降りてきたのだといいます。

いつの間にかベテランの熟練した動作を機械が真似することは無理と見なし、機械としての独自の動作によって人間になり代わることを追求するようになっていた独法のリーダーや仲間は、「引き剝がせばよい」というアイデアに目から鱗が落ちました。一年をかけて作業の勘所を摑んだ若い開発者は、骨から肉を切り落とすのではなく、切れ目を入れてから引き剝がすことがポイントで、その動作は機械でも代替できると気づいたのです。

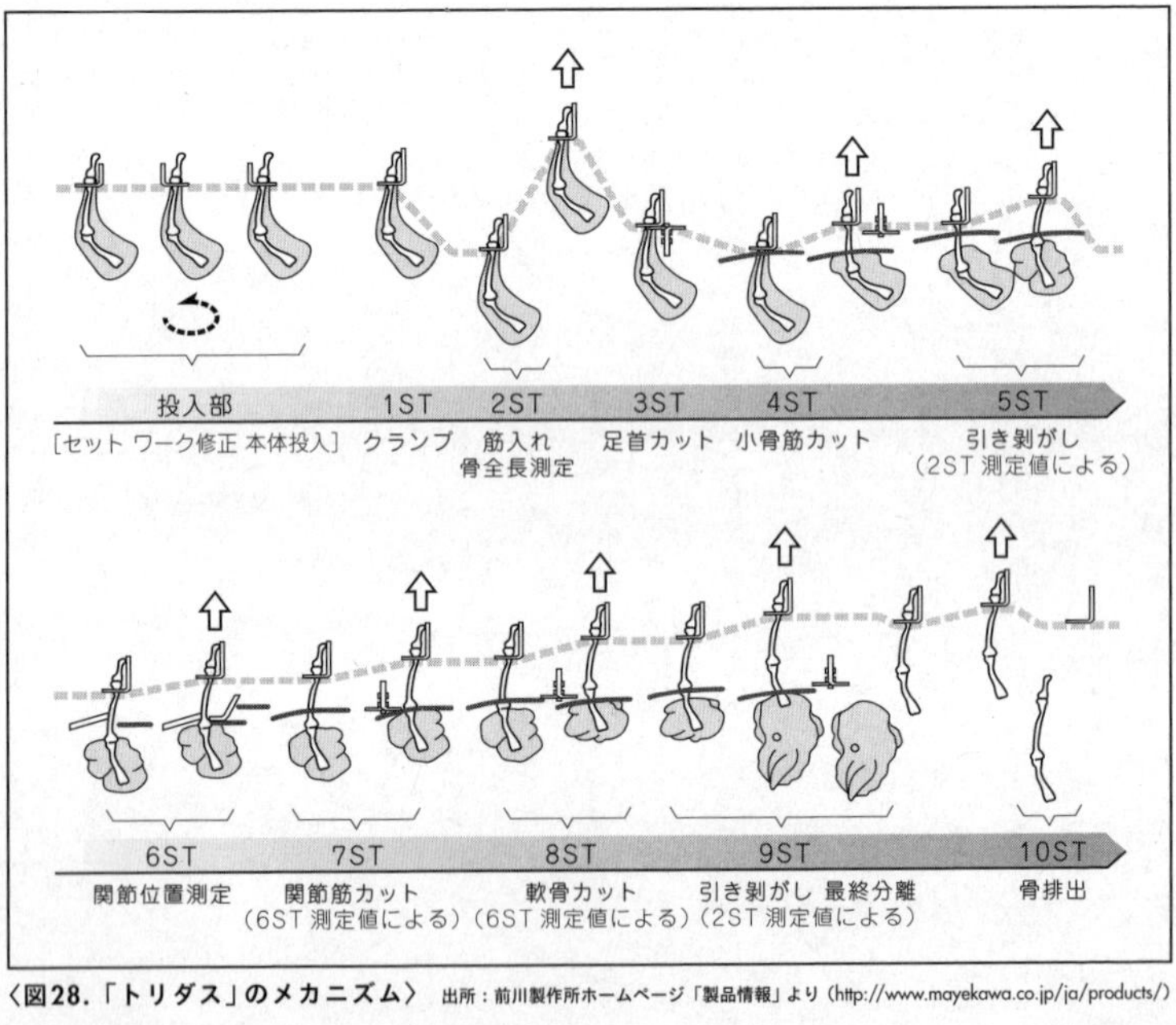

〈図28.「トリダス」のメカニズム〉 出所：前川製作所ホームページ「製品情報」より（http://www.mayekawa.co.jp/ja/products/）

こうして、鶏の足くるぶしを金属アームに引っ掛けて、足首の筋を切って肉を剝がすというシステムの開発に成功しました。

新しい自動脱骨機は、まさに鶏のもも肉を取り出す機械ということで「トリダス」とネーミングされました。一九九一年、もも肉を引き剝がす自動脱骨機が完成しました。こうして「モモエちゃん」を世に出したあと、約二年間の中断を経て再開し、ようやく「製・販・技」が嚙み合って一気に進行したのです。

このようなブレイクスルーを可能にしたのは、マエカワの仕事の根底に流れる「社会やお客様の役に立ちたい、要望に応えたい」という真摯な思い、「限界は自分たちで決めない」「お客様がよいというところまでやり続ける」という、決してあきらめることのない使命感や責任感でした。トリダスのプロジェクトでは「脱骨する機械をつくる」ではなく「脱骨すること」の理解が欠かせないことがわかっていました。「モノ」づくりだけでなく「コト」づくりもめざしていたのです。「場が意思をもつ」とマエカワでは表現されますが、トリダスのプロジェクトも独法が思いを

1. 生の情報を大切にしているか
2. 無私になって感覚を共有できるか
3. マルチ型人間のチームが組めるか
4. 私心を捨てて「公」の境地になれるか
5. チームの中で全員が自我を消せるか
6. 感覚知情報がチームを行き交っているか
7.「場所的に問題である」という意識を持っているか
8. 人が感じた直感を100％信じられるか
9. 言葉を費やさずに伝えられるか
10. 組織のメンバーすべてが跳べる状態になっているか

〈図29. マエカワの「『跳ぶ』を可能にする10か条」〉

もって機能し続け、進化したからこそ成功したのです。コトの本質を直観する土台には個人の思いや主観があり、それが相互主観に昇華することで、場の思い、独法を超えた思いへと進化し、「身体化された心」「拡張された心」のプロセスを促進したといえるのではないでしょうか。

結果的にマエカワは十四年の歳月と八億円をかけましたが、「製・販・技」一体の独法の自立分散系が常態になるという、マエカワ全体が顧客に棲み込む「組織・環境一心体」に進化することになりました。現在、マエカワはAIや画像診断などのハイテクノロジーを食肉処理の分野に取り込みながら、ローテクノロジーの現場で実用化するという製品開発の新しい型を模索しています。その背景には、図面を引く設計と機械をつくる職人が緊密に協働して試作品をつくり、頭と手が一緒になって動くことを重視してきたマエカワの信念があります。これらの経験を総括して、前川正雄前会長は『跳ぶ』を可能にする10か条」(図29)〈7〉を述べています。これは個人から組織間のレベルにまでまたがる「集合本質直観」ともいえますが、本質直観とは本来、社会的プロセスでもあるのです。

戦略における本質直観

「戦略」という言葉は、古代ギリシャ語で将軍の地位や知識、技能を意味するstrategiaに由来し、それが二千年以上の時を経てフランス語の strategie となり、英語の strategy になったのは一八一〇年でした。一八一〇年という年は、軍事戦略論の古典である『戦争論』の著者カール・フォン・クラウゼヴィッツ（一七八〇～一八三一年）がプロイセンの陸軍大学教官になり、当時のヨーロッパを席捲《せっけん》していたフランス皇帝ナポレオン・ボナパルト（一七六九～一八二一年）の勝因の秘密を明らかにするために、軍事戦略の研究を始めた年でした。それから二十年をかけてナポレオンの戦略の本質を明らかにしたクラウゼヴィッツは、『戦争論』の第六章「戦争の天才」のなかで、coup d'oeil（クーデュイ）という、文字どおり「一瞥」を意味するフランス語がナポレオンの秘密であり、それは「長い試みと熟考の末にのみ得ることのできる瞬時に真実を見抜く直観」だと論じました。

この本質直観の能力は、現場での直接体験から得られた経験知や、戦史の学習から得られた知識に基づいて開花しますが、最終的な判断に至るプロセスは直観的であり、無意識的に起こることに注目すべきです。本質直観は、意識的・論理的・分析的な思考によって発揮されるというよりも、感覚や経験をもとに無意識的に蓄積されている知、つまり暗黙知をもとに結論を導き出すのです。戦略的直観を得た人の個人的な意志や価値観、状況把握の度合い、あるいは知らずしらずのうちに心に宿る偏見に基づく暗黙知が組み合わさったうえで、直観が創発されます。したがって、coup d'oeil によって見える戦局というのは、戦場で意識的に認識できるものすべてを論理的に分析した結果、出てくるものではなく、その場で直観したことが基礎となって戦局の本質を直観することであり、いわば「自動的に見えてくる」ものなのです。

こうした戦局の本質直観によって出てきた戦略案は、その生成プロセスが無意識的・暗黙知的であるがゆえに、どのように結論に達したのかという部分が漠然としています。そのため、言葉をつなげて「なぜこの戦略が採用されたのか」「なぜこの戦略が効果的であるか」をうまく説明するのが、作案者本人でも困難なことが多いのです。しかし、戦略は組織のメンバーに理解されないかぎり、組織全体として実行することができず、作戦・戦術・兵站《へいたん》という体系的・具体的なかたちにするときに支障が出ます。

マギル大学のヘンリー・ミンツバーグが指摘するように、マネジメントとは本来、「クラフト（経験）」「アート（芸術）」「サイエンス（分析）」の三つが適度にブレンドされたものです(72)。戦略の構想と実行の総合においては、「何を成し遂げたいか」という個人の信念とコミットメントが重要となります。これは、実際の企業の現場に身を置いているビジネスマンには肌感覚で当然のように認識されていることでしょう。しかしながら昨今の日本企業は、欧米流経営モデルへの過剰適応もあり、グローバルな存在感が薄れています。論理分析過多（オーバーアナリシス）、経営計画過多（オーバープランニング）、コンプライアンス過多（オーバーコンプライアンス）などにより、企業の経営から現場まで、創造力や活力を失っているのです。

次章では、こうした現状を打破するための示唆となる、戦略論における物語りアプローチについて考察します。

〈58〉日本語版は（二〇一四）『増補新装版　組織と市場』（千倉書房）

〈59〉本田宗一郎の事例については、野中郁次郎（二〇一七）『本田宗一郎』（ＰＨＰ経営叢書）を参照されたい。

〈60〉木村敏（一九九七）『からだ・こころ・生命』（河合文化教育研究所）

〈61〉Sokolowski,R.（二〇〇〇）"Introduction to Phenomenology", Cambridge University Press.

〈62〉藤間孝則（二〇一五）『ホンダジェット』（新潮社）一一五〜一二〇頁

〈63〉筆者の二〇一七年八月二十九日のインタビューに基づく。

〈64〉『一橋ビジネスレビュー』二〇一八年春号、二〇五頁

〈65〉日本人の知の作法の特質については、松岡正剛・澤村修治・柴山佳太・西部邁・富岡幸一郎「日本文化の本来性とは何か」『表現者』二〇一七年九月一日号、三〇、五六頁を参照されたい。

〈66〉村田久行編著（二〇一七）『記述現象学を学ぶ』（川島書店）二九三頁

〈67〉『日本経済新聞』大阪夕刊、二〇一六年十二月二十日付

〈68〉レイコフ，G・ジョンソン，M.（一九八六）『レトリックと人生』（渡辺昇一ほか訳、大修館書店）、瀬戸賢一（一九九五）『メタファー思考』（講談社現代新書）、瀬戸賢一（二〇一七）『よくわかるメタファー』（ちくま学芸文庫）、西村義樹・野矢茂樹（二〇一三）『言語学の教室』（中公新書）などを参照されたい。

〈69〉野中郁次郎「成功の本質」『Ｗｏｒｋｓ』Ｎｏ.１４６、二〇一八年二月号（リクルートワークス研究所）、末延則子（二〇一八）『仕事は、臆病なほうがうまくいく』（日経ＢＰ社）

〈70〉前川正雄（二〇一一）『マエカワはなぜ「跳ぶ」のか』（ダイヤモンド社）、前川製作所社内資料「トリダス開発インタビュー」

〈71〉前川『マエカワはなぜ「跳ぶ」のか』

〈72〉ミンツバーグ，H.（二〇〇六）『ＭＢＡが会社を滅ぼす』（池村千秋訳、日経ＢＰ社）五三〜五四頁

第11章

「物語《ストーリー》」と「物語り《ナラティブ》」

戦略はオープンエンドの連続ドラマだ

戦略とは未来創造の連続ドラマ

モノ的視点、分析思考の経営学、いわゆる科学的アプローチは、これまで一定の成果を収めてきました。しかしその偏重により、経営の主体である人間の主観や、「どう生きるか」という価値観を軽視してきたことは否定できないでしょう。

すでに古典になったマイケル・ポーターの競争優位性の理論は、市場や外部環境などの「産業構造」が「企業行動」を、さらには「業績結果」を導き出すという、ハーバード派経済学の産業組織論をルーツにしています。ポーターは産業構造を分析して、市場での最適なポジションを選択し、参入障壁や交渉力を活用して不完全競争を創出しながら、利潤最大化を図る競争優位性獲得のための明確な手順を導き出しました。ポジショニング理論は、このように市場の構造分析から平均利潤のより高い事業分野に自社を「位置づける」ことで競争優位を確保する、という考え方のことです。

この理論の欠点は、経済学の完全情報・完全競争で合理的選択を行なう主体による市場均衡という、非現実的な考え方が基礎にあり、静態的分析にとどまっていること、人間の認知や行動を理論体系に組み込めないことにあります。つまり、ポーターは「戦略とは競争に勝つための方法」という前提を置いていて、そこで企業は「何のために競い合うのか」「なぜ企業が存在するのか」といった問いは、戦略そのものとの関連が薄いと考えています。

このような前提に基づくポーターの世界観では、企業は利己的なゼロサムゲームで市場の取り合いをすることを意味します。しかし「ビジネスの唯一の目的は顧客の創造である」とドラッカーも語っているように[73]、企業の目的は顧客のため、社会のために付加価値を創造することです。革新的であれば、利益はついてくるのです。

一方、ポジショニング理論に対して、組織内部から戦略を見るのが、Resource-Based View（RBV、資源ベース理論）です。ＲＢＶは、社内にある有形無形の資産（人的・物的・財的・知的資産など）が企業の競争力をいかにつくり出すかを考える経営戦略論です。「コアコンピタンス（中核能力）」などの概念もＲＢＶに含まれます。ＲＢＶは、企業固有の希少で模倣困難な内部資源が、個別企業の競争力をつくり出すという立場をとっています。ただし、それは外部環境に対して、内的資源状況の観点として戦略をとらえることであり、結果的にはポジショニング理論を補完し、戦略論の成熟に寄与したとされています。

しかし本来、戦略とは、環境決定的（外部的条件）に環境に適応するものでも、能力や現有の資源（内部的条件）に制約されるものでもありません。ドラッカーがかつて語ったように、経営（戦略）とは「単に受動的、適応的行動」ではなく、「望んだ結果が生み出されるような活動を行なうこと」であり、「行為の自由（freedom of action）に基づいて、経済的状況の限界を継続的に押し返すような経済環境の形成を試みる」創造の行為なのです。

元来、RBVのルーツが古典派経済学であるのに対して、知識に焦点を合わせる組織的知識創造理論のそれは、哲学における存在論と認識論です。RBVは基本的に経営資源を限定的なもの（substance）として見ており、資源のコントロールには強いものの、資源の創造や組み合わせによる新しい関係の創出については説明力が乏しく、静態理論の域を出ていません。このためカリフォルニア大学バークレー校のデビッド・ティースの「ダイナミック・ケイパビリティ」や、ヘンリー・チェスブロウの「オープン・イノベーション」とともに「知識創造（ナレッジ・クリエーション）」の動態理論が展開されています。

すべての条件が統制された状況は現実には存在しません。現実はさまざまな事象が絡まり合い、刻一刻と変化しています。したがって、静態的状況を前提にした戦略には大きな限界があります。戦略は現在、目前に起こっている変化を取り込みながら動的に対処し、未来を創造していく方法論を包含すべきでしょう。

戦略の最大の目的は、目前の矛盾や対立関係を着実に克服し、組織のビジョンを実現することにあります。そのためには、単純な因果関係で物事をとらえるのではなく、そのときどきにせり出してくる出来事をダイナミックに紡いでいくパターン認識が必要です。予期せぬ状況が起きて環境が急激に変化しても、現在の矛盾を克服することが未来創造につながっていくのです。このプロセスを繰り返すかぎり、究極的な目標に向かう新しいステージへのステップが次々と続いていきます。戦略とは、現在を起点とした未来への挑戦の連続ドラマだといえるでしょう。

戦略論への物語りアプローチ

物語は自然科学とは異なる叙述形式です。歴史の分析哲学を提唱したアーサー・コールマン・ダントー（一九二四〜二〇一三年）は、これを「物語り的説明（narrative explanation）」と呼びました。それは二つの出来事（始まりと終わり）のあいだの変化に対しての説明ですが、自然科学における演繹的論証とは明らかに異なる構造をもっています。

物語は「まだ具現化していないが、これから起きる」というコトについての構造です。そもそも世界は事物（things）の総体ではなく、出来事（events）のネットワークとして認識されるべきものです[74]。そして出来事は一定の時間・空間において生起し、時間的広がりをもっています。

また、物語とは「二つ以上の出来事を結びつけて筋立てる行為」です[75]。そこでは個（主人公あるいは読み手という自己）が、他者（脇役や敵方）との関係性を通じて関係し合い、相互作用的実践を通じて思いを実現するのです。我々は、企業と市場を包含するエコシステムにおける関係性の形成というダイナミズムとして、戦略という行為をとらえることができます。主体が社会的な知の共同生成を行なっていくダイナミックな物語りとして描くことができるというわけです[76]。

「物語」アプローチは「物語（ストーリー）」と「物語り（ナラティブ）」という二つの側面をもっています。物語（ストーリー）は、とある出来事を説明・表現する創作物で、始まりと終わりをもち、それ自体で完結するモノ的性質（名詞）をもちます。物語（ストーリー）は、登場人物と複数の出来事で構成される骨組み、さらに出来事の意味や背景、つまり「What（何）」と「Why（なぜ）」を提示します。

一方で、物語り（ナラティブ）とは、「どのようにストーリーを伝えるか」というプロセス、つまり「How（どのように）」を提示し、コト的性質（動詞）をもちます。つまりナラティブは、実際に視聴者《オーディエンス》がストーリーをどのように受け取るかに直接、影響を与えるものです。同じストーリーでも、語る人によってまったく面白さが違うということが起こる理由は、この語りの能力の差によって生じます。

予測不能な事態が連続する状況で必要になるのが、物語り（ナラティブ）能力です。絶えず変化する現実の事象に合うかたちで組織の物語りを変えていくことで、新しい可能性を生み出すことができます。この能力は、既知の情報をもとに実際に物事がなぜ、どう起こったかを説明する能力なので、人間の想像力・予想能力とも深くかかわりがあります。どの登場人物を使って、どの因果関係をどう説明して、どのような未来に向かうストーリーを「物語る」かによって、目の前の現実の意味や、自分たちの取り組んでいることの意義が見えてきます。

戦略の目的は、時々刻々と変化する現実を直視し、「いま・ここ」の矛盾を着実に克服して、組織のビジョン実現に近づくことです。ですから、「何をなぜやらなければならないのか（ストーリー）」を説明する組織ビジョンを現実のものとするためには、「どのようにやるのか（ナラティブ）」を物語る行為が戦略だということになります。行為のなかで直面する矛盾の克服は、さまざまな可能性を秘めた現在と未来とで行なわれ、それをどう実現するかは、いかにタイムリーに、ダイナミックに「物語り」続けられるかが鍵になります。そして、その未来が現実となれば、またそこから新たな未来の物語りを紡いでいくのです。

物語りによる人間中心の戦略

それでは、物語りと戦略の親和性について詳しく見ていきましょう。物語りは、登場人物の主観的感情、感覚などの豊かさを失うことなしに、個人や集団の経験や思い、「場」や状況なども含めて、人にわかりやすく伝達できる知識の表現行為です。古代から存在する神話や民族伝承の寓話や童話、現代でいえば小説や映画も、ある意味では物語りというかたちをとった知識共有、伝達の手段として考えることができます。現代でも、途上国開発援助の各種プロジェクトで得られた教訓（知識）を共有するために、読まれることの少ない報告書に加えて、物語りを手法とするナレッジマネジメントが世界銀行を中心に進められています。物語りは、その臨場感と迫真性で感性や価値観に強く訴える力をもっているので、組織成員の意識を変え、組織を変革する手法としても使われているのです。

「戦略」も、物語りに類似する活動として理解されることが望ましいでしょう。「物語る」手法を用いれば、もともと説明しづらい戦略も、組織のメンバーが納得できるように表現することができます。戦略一つひとつの背後にある漠然とした「なぜ」を、他者が納得して実行に移せるようなかたちで組織メンバーに伝達できるのです。戦略的物語りは、戦略の目的、方向性、内容を時間的・空間的な広がりと奥行をもって説明できるものであり、戦略を実行するための方法を聴き手に考えさせ、行動を促すものです。したがって、物語りによって戦略を語ることは、戦略形成そのものであると同時に、多くの場合、人々の無意識に作用して、戦略的判断や戦略的行動を促すことができるのです。その意味で、物語る行為と戦略形成・実践は、表裏一体で相互補完的なのです。

また、物語りの目的は、将来に向けた新たな意味をつくり出すことにもあります。戦略的物語りはメンバー間の対話によって価値づけられ、メンバーの考え方や行動に影響を及ぼし、戦略遂行を促します。物語りは、歴史や伝記に基づく規範や価値観を判断や行動の基礎として、将来のビジョン実現に向け、自らが対峙する具体的な文脈や状況においてどのように行動すべきかを示唆します。人々がその物語りにコミットすれば、自発的にそれに合う行動をとるようになります。つまり、物語りは内発的動機づけに影響するのです。

無意識的に見えてきた戦略や、暗黙知を組織メンバーに効果的に伝える方法としての物語りは、なぜ我々にとってここまでわかりやすいのでしょうか。物語論の研究者であるデイヴィッド・カー（一九五六～二〇一五年）は、「物語」のなかの「過去・現在・未来」の構造が、本来、人間が主観的に事物を経験したり、何らかの行為に至ったりする主観的プロセスに酷似しているからだと主張しています〈7〉。論理的説明や科学的説明というのは、このような構造上の類似性が低いため、それによって人が「頭で理解する」ことはあっても、「心から感動する」ということが起こりにくいのです。一方、物語りは人が何かを見たり、感じたり、行動したりするときの主観的体験そのものに近く、それゆえ人は物語りを通して他人の体験を自分のもののように感じ、動かされることができるのです。

戦略は、語り手（たとえばトップ）と聴き手（たとえばフロントライン社員）の相互作用のなかで、生き生きとした出来事の物語りとして展開し、実現していく生《なま》の現実です。「物語（ストーリー）」、つまりモノは「物語り（ナラティブ）」、つまりコトとの関係性のなかで意味をもちます。組織改革の推進者は、成員を参画させ、物語を媒介にしてさまざまな物語りを語らせることで、改革を推進できるのです。

ポーラの物語り戦略

第10章で紹介したポーラのリンクルショットの開発プロジェクトでは、三年かけて試験データを揃え、開発着手から七年後の二〇〇九年六月、医薬部外品の承認申請にこぎ着け、二〇一六年七月に待望の承認がおりました。そして、バトンは工場に渡されたのです。静岡の袋井工場のメンバーは、リンクルショットの開発が何度も挫折しながらも製剤までこぎ着けたこれまでの物語りと、そこにかける開発メンバーたちの思いを知っていました。日本で初めてしわ改善を堂々と謳える医薬部外品の開発に共感していた生産技術や工場のメンバーたちは、研究レベルでは一〇〇グラム単位で可能になっていることを、量産レベルで実現できるように必死に頑張ってくれたのです。

同時並行で、販売会社の山口裕絵をリーダーに、商品企画、販売、デザイン、宣伝の職能横断チームが結成されました。山口は、全国に四万人ほどいる販売員の一人ひとりが、どのような物語り（ナラティブ）でお客様にこの商品を届けるかを大切にしました。山口たちは一五〇回もの販売員への研修会を企画し、研究員、本部の商品企画、デザインにかかわる部門などからチームを組み、全国を行脚《あんぎゃ》しました。同じ製品を扱いながら、普段は接することのない両者がコミュニケーションをとる貴重な機会でしたが、十五年の歴史を語りはじめると、販売員たちが涙を流して聞いてくれるような場面がどの会場にもあり、山口たちは手応えを感じました。

二〇一七年元旦、リンクルショットは発売開始され、二〇一七年一～十二月の販売本数は九四万本となり、売上高約一三〇億円の大ヒットとなりました。

最初は四人でスタートした開発でしたが、他部署の専門家などが加わり、研究所だけでも三〇～四〇人くらいがかかわりました。末延は開発プロセスを振り返り、「誰か突出した個がいたのではなく、チームワークがあったからこそ実現できました。ダメになりそうな時にも、いろんな建設的なアイデアをみんなが積極的に出していってくれるんですね」と語っています。一人の研究者の直観ではなく、チームで直観していくプロセスが生まれていたのです。一つの現象はその人の経験の質量によるために限定的となりますが、チームで絶えず対話していくと、チームによる共通の直観、ひらめきのようなものが生まれてきます。そして、彼らの根幹には「しわ改善の医薬部外品をつくる」という相互主観が確立されていったことは、第10章で触れたとおりです。

長い年月のあいだに絶え間なくチームや社内で物語られていた思いは、会社全体のストーリーをもダイナミックに変えていきました。ポーラは二〇一六年、自社の価値を「Science（サイエンス）」「Art（アート）」「Love（ラブ）」という三つの言葉で再定義しました。サイエンスをベースにしながらもアートを使って、いかにお客様が感動するラブに転換し、最終的に幸福になっていただくかを大切にしているのです。

リンクルショット開発は、共感をベースにあらゆる人々の知恵を結集し、サイエンス、アートを綜合しながら、十五年にもわたって、四人からスタートしたバトンリレーを四万人の規模まで拡大しました。「しわ改善」のための製品づくりという物語（ストーリー）を、どのように組織全体で実践するのかという物語り（ナラティブ）のプロセスを通して、ポーラは社会の美を探求する化粧品会社から、新しいカテゴリーのいわばライフサイエンス・カンパニーへの変革を遂げ、新たな物語（ストーリー）の実現に向かったのです。

富士フイルムの物語り戦略

一九三四年に創業した富士フイルムは、もともと海外の技術に頼らない独自の技術開発を進めることを企業目的に置いており、技術志向と起業家精神が企業文化の基盤にあります。二〇〇〇年以降のデジタルカメラの普及などの影響で、世界のフィルム市場が急速に縮小し、二〇一〇年までには市場規模が約一〇分の一にまで落ち込んでいました[78]。富士フイルムの代表取締役会長・CEOである古森重隆は、主力製品の市場が消滅するという危機的状況に対し、デジタル化や新規事業の開拓によって第二の創業をめざしました。第8章でも触れましたが、古森は現実をありのままに見て、状況を把握し、何をすべきか判断し、実行することを信条としていました。

一九六三年に入社した古森は、印刷材料や記録メディアの部門で技術開発と営業の現場を経験していました。富士フイルムがもつ強みは、高い技術と品質、ブランド、人材、財務などであり、それらを効果的に組み合わせれば新たな成長戦略が描ける、と確信していました。不安に感じるすべての社員に、創業の精神である技術志向と起業家精神を呼び起こし、力強い道しるべを指し示そうと考えたのです。

古森は、「ミネルヴァの梟《ふくろう》は迫りくる黄昏《たそがれ》に飛び立つ」という一筋を、戦略を物語る際のメタファーに用いました。ミネルヴァの梟は知恵を集めますが、飛ぶのは時代の終わりで、時代を後追いすることしかできないと従来どおりに解釈するのではなく、知性や戦いの女神ミネルヴァの梟が飛び立つのは新しい時代の始まりであり、知識や知恵が必要になる、という意味だととらえたのです。そこで社内の研究成果や技術など、眠っている知識や知恵を掘り起こして、全従業員の衆知を結集し、新たな製品やサービスを生み出そうという戦略的物語りを発信しました。

古森は、二〇〇四年に策定した中期経営計画をもとに、富士フイルムの強みは技術にあるとし、技術開発部門のトップに、自社グループの技術シーズを洗い出し、消費者のニーズと突き合わせて新規重点事業計画を策定するように命じました。徹底した議論によって、蓄積した知識資産を活かせる事業分野と市場を検討したのです。その結果、デジタルイメージング、光学デバイス、高機能材料、グラフィックシステム、ドキュメント、メディカル・サイエンスという六つの事業領域が絞り込まれました。

新たな事業領域において、成功のプロトタイプとなったのが、機能性化粧品である「アスタリフト」です。発売当時、なぜ富士フイルムが化粧品なのか、と話題になりましたが、化粧品の機能価値を支える抗酸化技術、コラーゲン加工、ナノテクノロジーなどはすべて富士フイルムのコア技術でした。機能性を追求し、独自の最先端技術を駆使して実現する深いエンジニアリング能力の蓄積が富士フイルムのDNAであるという思いから、化粧品で訴求する価値は、感性ではなく機能であると物語ることによって、ヒット商品が生まれたのです。

さらに、機能別に分かれていた研究所を再編し、あらゆる分野の研究者が集まり、全社横断的な先端研究を可能にし、顧客も含めた多様な知を融合する場である先進研究所がつくられました。正門正面には、女神ミネルヴァの梟のモニュメントが飾られています。「なぜ富士フイルムが?」と驚かれる技術や製品を生み出し続ける物語りを象徴するものです。ワンフロアの執務スペースにはガラス張りの会議室や仕切りのないミーティングスペースが置かれ、顧客も含めて自由な議論が自然発生するような場があります。二〇一四年には、顧客との接点を増やし、共創を促進する「オープン・イノベーション・ハブ」を本社につくりました。富士フイルムのコア技術と顧客の肌感覚が融合する場となっており、デジタルとアナログをスパイラルに綜合することによって、技術者と顧客が新しい商品やサービスを共創することを意図しているのです。

富士フイルムの改革は、古森の描いた大きな物語(ストーリー)を、社員一人ひとりの現実やその経験知を暗黙知のレベルまで掘り起こして物語り、組織の技術力やブランド力などと融合して、変化に合わせて紡ぎ合わせる物語り(ナラティブ)によって、「集合ロマン」というさらに大きな物語(ストーリー)へと発展した事例だといえます。

なぜ物語りはアイデアよりも強力なのか

物語りは、出来事や登場人物の関係性の動的変化を表現できます。人間の経験は、時間の流れのなかにおける「いま・ここ」の積み重ねであり、つねに新たなものをつくり出し、変化していきます。そうしたプロセスを深く理解するためにこそ、物語りが有効なのです。

国際政治学者であるローレンス・フリードマンは、「戦略」とはいわば、ソープオペラ（主婦向けの昼帯メロドラマ）のような物語りだと主張しています。ソープオペラは、番組が進むにつれて登場人物が頻繁に入れ替わり、プロットも大きく変化します。何よりそもそも物語りのエンディングが決まっていません。演劇や映画とは異なり、ある定まった終わりに達することを前提に構成されていないのです。その意味において我々が提示した「物語り（ナラティブ）」と同義です。

このソープオペラの特徴は、戦争における不確実性という本質と同じです。戦略は、組織が実行していく過程で、状況や組織メンバーなどが、いつ、どこで、どのように変わるかが明確ではない、ということを大前提としてつくられます。戦略は、状況をコントロールするための手段ではありません。それよりも、絶えず変化する状況に対応、対処していくための手段なのです。

戦略を戦略たらしめるものは、それが状況の不安定性を考慮したものであるかどうかです。戦略は「次のステージ」に発展することはあっても、決定的で恒常的な結末があるわけではありません。刻一刻と変化していく状況のなかで、「対立」と「協調」のどちらに焦点を置くのかを認識し、状況の変化に応じて柔軟にそれらの配分を変えながら、ダイナミックにバランスをとっていくことが「相対的な優位性」を獲得・維持するためには必要なのです。つまり戦略のプロット自体には、突然で予想できない変化を許容する自由度が欠かせません。

したがって、現実の文脈の変化に応じてプロットが変化します。そこでは主体（主人公、つまりトップやフロントライン社員）が「場」を共有しつつ、そのつど、独自の判断をしなければならない局面に迫られるでしょう。そこで物語りの半ばでの「（変化の）法則やパターンの発見」が重要になります。この法則やパターンとは、アリストテレスがいう高質の暗黙知、つまり「賢慮《フロネシス》（実践知）」の推論過程と同質です。

歴史学者ヘイドン・ホワイト（一九二八～二〇一八年）は『メタヒストリー』〈79〉のなかで「歴史の詩学」としてレトリックを駆使して、歴史を「発端」「中盤」「終末」からなる物語としてとらえ、十九世紀の歴史家たちは、「ロマンス劇」「悲劇」「喜劇」「風刺劇」という四種類の筋立て《プロット》を使って歴史の筋書きを創作していると論じています。

フリードマンは、『戦略の世界史』のなかで演劇を例にとって、悲劇や喜劇などのプロットに加えて、それを行動に自然に結びつける心理的スクリプト（行動規範）〈80〉が戦略では重要である、と指摘しました。スクリプトとは、物語りの主人公が、場面場面において脚本に忠実に行動するのと同じように、蓄積した経験やパターン認識に基づいて、無意識のうちに頭と身体に刷り込まれている行動や思考にまつわるルールのようなものを指します。つまり、ある特定の状況において「こういう場合はこうする」という典型的な行動規範なのです。スクリプトというのは認知心理学の概念であり、知識創造理論のなかでは暗黙知に分類されます。

戦略におけるスクリプトの重要性は、日々のなかで新しい行動を考える手がかりになるということにあります。戦略作成のプロセスにおいて、ダイナミックなアートの側面の重要性が高まっている今日、物事の大きな流れをとらえるプロットだけでは、その戦略を日々実行していくことができません。より実践的なもの、現実的なものをつくり出すためには、もっとマクロで日常的な場面において「よりよい」を追求することが必要になります。そうした具体的な状況において、新たな行動を見つけるための手がかりとなるのが、既存の行動規範であるスクリプトです。スクリプトというのは現実に根づいているので、それをもとに、偶然や即興から新しく、かつ実践的な行動を生み出すことが可能になるのです〈81〉。

また、新しいものを生み出すための土台としてだけでなく、スクリプトは正しい行動規範を与えるものとしてとらえることもできます。ある状況において、何を考えてなすべきかを示す規範として、イメージ、シンボル、言語などを通して表現された形式知は、内面化されるとその人のスクリプトになります。この内面化された形式知は、「何かが起きたときに、個人が情動的にどのように対応するか」を決めている人間の無意識的作用として機能するのです。

このようによいスクリプトを一人ひとりが自律的に内面化する取り組みを組織的に行なっているのが、京セラです。京セラの稲盛和夫名誉会長は、仕事を「天職」と思い、毎日一所懸命、精神を集中して仕事することを「習慣」にして、その後は「神に祈り」「人間として何が正しいのか」という判断基準をもって経営に当たりました。そのうえで経営体験の反省から生まれた経験知を『京セラフィロソフィ手帳』に簡潔にまとめ、各社員が手帳の一項目について自分の解釈や実践を語る毎日の朝礼や、酒を飲みながら仕事上の悩みや課題を本音で議論する「場」としてのコンパを通じて、京セラフィロソフィを組織に浸透させていったことは前述したとおりです。

その京セラフィロソフィとは、七八項目ある「ものごとの本質を究める」や「渦の中心になれ」などで示された項目が、社員が内面化すべきスクリプトの土台を形成する考え方です。この『京セラフィロソフィ手帳』には、これら七六項目が理性的に内面化しやすいように、そして日々の仕事のなかで実践しやすいように、一つひとつの意味が具体的に説明されています。「ものごとの本質を究めるとは、一見どんなにつまらないと思うようなことであっても、与えられた仕事を天職と思い、それに全身全霊を傾けることです。それに打ち込んで努力を続ければ、必ず真理が見えてきます。いったんものごとの真理が分かるようになると何に対しても、またどのような境遇におかれようと、自分の力を自由自在に発揮できるようになるのです」

「渦の中心になれとは、自分が渦の中心になり、積極的に周囲を巻き込んで仕事をしていかなければなりません。命令でもって人を動かすのではありません。問題意識を提示すれば自然に人がそこに集まり、周りに渦をつくっていきます」といった部分です。このように、各人がスクリプトの土台となる考え方や具体的な理由を提示することで、自分と自分の状況に合ったスクリプトに落としていくことができるのです(82)。

京セラという組織では、このとき出てくる個人のスクリプトの差異は、各部署のコンパで議論され、さらに高いレベルでの行動・スクリプトを内面化していくための糧《かて》にもなっています。京セラのように、よいスクリプトを生み出して社員に内面化させるためには、いくつものよいパターンを見出し、それらを組み合わせて行動指針として言語化・概念化していくことが必要になります。スクリプトは、その場のコンテクストに合わせて、その場にいる人々が書き換えたり、演じ分けたりすることで変化しています。京セラのように具体的なスクリプトそのものを強要するのではなく、スクリプトを生み出すうえで基礎となる理念や哲学を浸透させることで、社員はよりダイナミックで実践的なスクリプトを形成することができるのです。

スクリプトは効果的に物語るための土台となります。聴き手の無意識的な価値基準や思考回路などに影響している行動規範であるスクリプトを、概念的にも、感覚的にも熟知しておくことは、相手に響くように物語るための前提条件となります。さらに上手に物語るために、聴き手がどんな価値観をもっているのかなどを摑んでおく必要があります。つまり、聴き手が通常、どのように物事を受け取って理解するのかを知っておくことで、相手に伝わる物語りの方法が見えてくるのです。

聴き手にとってまったく新しい概念や文脈を提供するように物語れば、聴き手は日々の活動のなかに「新たな意味」を発見します。その新しい意味をもとに、彼ら彼女らは、さまざまな活動や仕事の取り組み方を新たに始め、そして、ゆくゆくはイノベーションへと発展していく可能性を開拓するのです。

このようなスクリプトを土台にした物語りは、暗黙知として、実践のなかに埋め込まれて組織に共有され、強化されます。このプロセスは、日々の絶え間ない実践と内省のほか、それぞれの組織のもつ背景や物語りがメンバーに共有されることによって進みます。共有された物語りから愛、信頼、安心感が生まれ、個人や組織の情熱やエネルギーとなります。そこからまた新たな物語が生まれます。こうした物語と物語りの相互作用のスパイラルを経て、戦略としての物語りは進化していくのです。

不確実性の時代に必要な「生き方の戦略」

世界は複雑系であり、初期のわずかな違いが、のちに大きな変化となって現れます。このようなゆらぎと変化は因果関係でとらえることはできません。そのときどきで最善と思われる選択を重ねていくしかないのです。だからといって未来に向けた物語りがなくては、選択することさえできないでしょう。物語りは未来への道しるべですが、未来に向かう道筋はいくつも存在します。実践したい未来の物語を現実化するために、物語をつくり出す構想力と、それを実際に実行する実践力という二つの力が必要です。フリードマンは戦略を「パワー創造のアート」と称しましたが、我々はそれを「知力の共創」だと考えます。

物語り戦略とは、大きな目的と物語構造を下敷きにしながら、偶然と必然が織り成す現実の細部において判断をくだし、物語の共有と実現をしていくために、人、モノ、出来事の相互作用における複雑な関係性を形成する行為、つまり世界制作のプロセスです。物語りは当初から未来に向かって描かれますが、最後にどのような具体的結末を迎えているかまでは明確ではないのです。

しかし物語り戦略形成は、経営者あるいは戦略責任者の主観が客観化していくという制作プロセスでもあり、仮説が実証されていく一種の「行程表」づくりです。個々の判断、意思決定は、むしろそのなかで創発的に起きると考えられます。分析的戦略の対極にある、組織成員が主観を共有しつつ変化を生み出すプロセス、本質的には組織成員にとっての「生き方」と同等のものなのです。

どう生きたいか、一人ひとりが自己の物語りを他者と共有し、歴史をつくっていくという自覚をもったとき、思いが集団や組織のなかで正当化され、実践され、成功したとき、つまり自分の価値観が社会の共通善と通底したとき、自己は一段も二段も上のレベルに高まり、もっとも高質な自己の統合がなされます。知を創造するということは、同時に倫理や生き方と大きくかかわっています。

人間は一つの存在、beingです。しかし「私」が他者と対話し、何らかの新しい知を生成すれば、「私」は三十分前の「私」とは変化しているはずです。つまりプロセスでとらえるならば、人間はbeingというよりbecomingなのです。「在る」から「成る」へ、人間は知を創造しつつ「成る」のです。

〈73〉ドラッカー，P.F.『ポスト資本主義社会』
〈74〉やまだようこ編著（二〇〇〇）『人生を生きる』（ミネルヴァ書房）
〈75〉野家啓一（二〇〇五）『物語の哲学』（岩波現代文庫）
〈76〉経営学の適用については、野中郁次郎・紺野登（二〇〇八）「戦略への物語りアプローチ」『一橋ビジネスレビュー』五六巻二号、野中郁次郎・廣瀬文乃（二〇一四）「集合知の共創と総合による戦略的物語りの実践論」『一橋ビジネスレビュー』六二巻三号を参照されたい。
〈77〉David Carr, "Time, Narrative and History", Indiana University Press, 1991, p. 65.
〈78〉古森重隆（二〇一三）『魂の経営』（東洋経済新報社）、Shigetaka Komori（二〇一五）"Innovating Out of Crisis", Stone Bridge Press.
〈79〉ホワイト，H.（二〇一七）『メタヒストリー』（岩崎稔監訳、作品社）

〈80〉Roger C. Schank and Robert P. Abelson, "Scripts, plans, goals and understanding. An inquiry into human knowledge structures". Hillsdale: Lawrence Erlbaum Associates, 1977。スクリプトとは認知心理学において、特定のコンテクスト・場面で、もともと決まっている一連の〝適切な〟行動を指す。たとえばレストランに行ったときに発生するスクリプトとは、①店員に席に案内してもらい、②メニューに目を通し、③料理を注文して、④お金を払い、⑤店から出る、といった一連の行動の流れである。このように特定の場面において、すでに決まっている適切な行動のパターンや順序を示すものがスクリプトである。

〈81〉昨今、シナリオプランニングやデザインシンキングなどの方法が流行しているが、紺野登・野中郁次郎（二〇一七）『構想力の方法論』（日経ＢＰ社）を参照されたい。

〈82〉稲盛和夫（二〇一四）『京セラフィロソフィ』（サンマーク出版）

第12章

本質直観の経営学

現象学と経営学が共創する動態経営論

実践知（実践的賢慮）のリーダーと日本企業

物語り戦略において、変化する状況のなかで主観をベースに判断して、パターン認識を豊かに蓄積し、オープンエンドの物語を紡いでいくダイナミックな未来創造と世界制作のプロセスとは、暗黙知と形式知の相互変換のプロセスであること、そのプロセスを促進するのがまさに実践知、賢慮であることを第11章で述べました。そして知識創造プロセスには、人間と社会や世界との関係性が欠かせません。つまり、人間が社会的存在として「よく生きる」という目的が知識創造プロセスの背景にあり、知識創造理論は人間の「生き方」にも大きな示唆を与える実践論の意味合いもあります。

そのような視点に基づいて、本章では知識経営の根幹を支える実践知（実践的賢慮）リーダーシップ論を紹介しましょう。

フロネシスとは、社会における「善いこと（共通善）」の実現に向かって、現実における複雑な関係性や文脈を鑑みながら、適時かつ適切な判断と行動をとれる能力のことです。これは身体知を伴った実践的な知恵のことを指し、実践的賢慮とも呼ばれています。

フロネシスは、もともと哲学者アリストテレスが分類した知識のうちの一つとして提唱された概念です。フロネシスは、「実践知（practical wisdom）」「賢慮（prudence）」「実践理性（practical reason)」などと訳されます。『ニコマコス倫理学』第六巻には、フロネシスとは「人間にとって善または悪である物事に対して行動する能力の、真の理性的な状態」とあります。アリストテレスにとってフロネシスを備えたリーダー、つまりフロニモスの代表格は、古代ギリシャ、アテナイの政治家、ペリクレス時代と呼ばれる黄金時代を築いた政治家ペリクレス（紀元前四九五？～紀元前四二九年）でした。

アリストテレスは、フロネシスのほかにエピステーメ（普遍妥当な科学的知識）とテクネ（スキルベースの技術的知識）を提唱しました。前者が物事の理由に関する知識、後者がやり方に関する知識だとすれば、フロネシスは「何をすべきか」の意味や価値に関する知識だといえます。

たとえば、「よいクルマ」について考えてみましょう。世の中によいクルマという普遍的な概念はありませんから、「よいクルマをつくろう」という課題に対してエピステーメは答えを提示できません。「何がよいか」は、誰がどのような理由でクルマを使っているのかによって変わりますし、時間や状況とともに変化していくものです。一方、テクネはクルマをうまくつくる方法についての知識です。対するフロネシスは、「何がよいか」という概念を踏まえたうえで、「よいクルマをつくるには何をすべきか」という次のステップを見極めるところまでを提示する知識です。したがって、このような課題解決に関してはフロネシスが必要不可欠になります。

マックス・ウェーバーは、『プロテスタンティズムの倫理と資本主義の精神』で、資本主義は金銭欲から生まれたのではなく、厳しい禁欲を実践しながら勤勉に働くプロテスタント信者集団による資本蓄積の意図せざる結果であると論じました。タイトルの「倫理（エートス）」は、慣習というかたちで民族などの社会集団が共有している集合的な精神と実践という意味であり、宗教的・倫理的・情念的な意味合いもあります。

エートスという視点から見ると、資本主義は国ごとに違っても不思議ではありません。アメリカ、イギリス、フランス、ドイツ、オランダ、スウェーデン、日本の七カ国の資本主義を比較した『七つの資本主義』（日本経済新聞社）を書いた経営学者チャールズ・ハムデン－ターナーとアルフォンス・トロンペナールスは、資本主義は一つでなく、それぞれの国ごとに異なる文化・価値システムなのだと論じました。

これまで日本企業は、真の資本主義国家ではない、と批判されることも多くありました。投資家への配当が十分ではない、短期的な株主価値を最大化しない、社員のリストラによってコスト削減しない、経営トップのインセンティブとなる報酬を支払わないという批判です。しかしハムデン－ターナーらによれば、日本的資本主義は「反知性的」でありながら「知識集約的」であり、「協力しながら競争する」ように「状況倫理」に基づいているといいます。一般原理から演繹的に導出される判断に基づいて理性的に行動するだけではなく、「いま・ここ」における具体的な状況に応じて直観的に行動するという意味では、理性と感性を追求する二項動態的な資本主義ということでしょう〈83〉。

実際、日本企業に対する根強い信頼もあります。優れた日本企業は、①社会と共生している、②社会的な目的をもって利益を上げている、③日常的に共通善を「生き方」として追求している、④道徳的な目的をもって事業をしている、⑤ＥＳＧｓ（環境・社会・ガバナンス）投資などが話題になるずっと前からそれを実践している、⑥自律分散型の全員経営が行なわれている、などという声が多く聞かれるのも事実です。

フロネシスの六つの能力

アリストテレスのフロネシスの考え方をベースに、古今東西、多くの優れた政治家や企業リーダー、軍人などの事例をつぶさに考察したところ、実践知のリーダーは、六つの能力を備えていることがわかってきました〈84〉。

①「善い」目的をつくる能力——何が善いことか知っている
②ありのままの現実を直観する能力——アクチュアルな現象の背景やつながりなどの本質的要因を察知する
③場をタイムリーにつくる能力——他者とコンテクストを共有し、相互主観性を育み、共通感覚を醸成する

④直観の本質を物語る能力――特殊と普遍を往還／相互作用する、察知した気づきを大局観から概念・物語化する

⑤物語を実現する政治力――概念を善に向かって実現する、交渉・調整・実行する

⑥実践知（実践的賢慮）を組織化する能力――賢慮を育成・配分する

善い目的をつくり出さなければ、多くの人を動機づけ、彼らを巻き込むことはできません。目の前の現実から本質を見抜くことができなければ、次の適切な手が見えてきません。タイミングよくコンテクストに合わせた場をつくることができなければ、対話などを通して相互主観を生み出し、お互いの理性と感性を共有することができません。うまく意味や価値を物語ることができなければ、人を説得し、奮い立たせることはできません。政治力を駆使しなけ

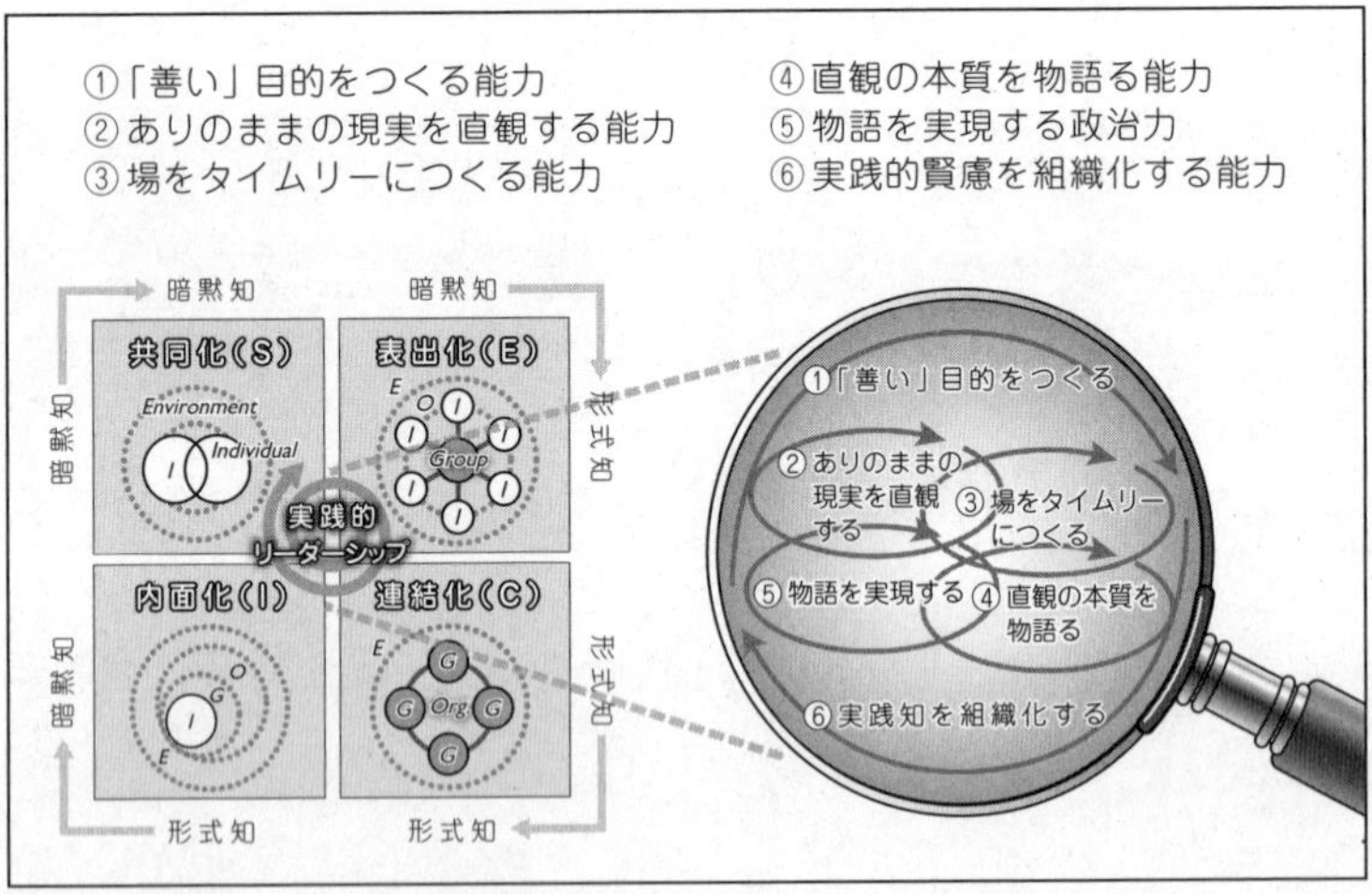

〈図30. 実践知のリーダーが備える6つの能力〉

れば、優れた構想を考えついても実現できず、価値を生み出すことができません。実践的賢慮を自律分散的に組織のなかで広めなければ、組織の細部で起こるさまざまな問題への臨機応変な対応が困難になるばかりでなく、長期的に見ても後進が育たず、組織は衰退していってしまいます。

①「善い」目的をつくる能力

実践知のリーダーは、何が善かという道徳的判断力を発揮し、どんな状況にあってもそれに基づいて行動します。もちろん、株主価値の最大化も、利益の創出も善になりえます。けれども実践知のリーダーは、さらに高邁《こうまい》な視点を有しています。ウェーバーが論じた、資本主義のシステムにおいてプロテスタンティズムが栄える理由の一つとなった、自分の仕事を神様から与えられた「天職（calling）」ととらえて感謝を胸に懸命に働く、という宗教的哲学に見られるような、倫理的・道徳的な目的を模索するのです。

企業理念の要諦は、我が社は「何のために存在するか」の意味を世界に宣言することにあります。たとえば、「三つの喜び：買う喜び、売る喜び、創る喜び（ホンダ）」「善の循環（ＹＫＫ）」「服を変え、常識を変え、世界を変えていく（ファーストリテイリング）」「もっといいクルマづくり（トヨタ）」などです。日本企業のミッションの特色は、とりわけアメリカ企業と比較すると、

「世のため人のため」といわれるように、株主志向の言葉がほとんど出てこないという点にあります。

ファーストリテイリングの柳井正会長兼社長は、「本当に優秀な会社の使命感というのは、単なる経済的目的を超えたもの」であり、「会社の最終目的は『人間を幸せにするために存在している』のであり、「会社が見ているものがお金だけであって、お客様の幸せがなければ、結局商品やサービスにあらわれてしまうのです。それを、お客様は敏感に気づいて見過ごさない」と述べています〈85〉。社会における共通善の実現をめざした使命を掲げ、それを具現化した商品やサービスであれば、顧客、取引先などのステークホルダーや社会は共感してくれるはずなのです。

ノーベル経済学賞受賞者エドムンド・フェルプスは、「近代経済の繁栄は、実は『善き生（Good Life）』というアリストテレスの概念と共通しています。善き生には、世界との積極的な関わりを通じて知的成長を遂げ、先の見えない状況で創造力と探求心を働かせながら、道徳的に成長していくことが求められます。近代経済は、善き生の実現に奉仕するのだ」〈86〉と提言しています。

知識創造経営においても、フロネティック・リーダーを組織のあらゆるレベルで育成し、知の社会的エコシステムにかかわる人々の潜在能力の最大化をめざすことが、「共通善」への貢献になります。

②ありのままの現実を直観する能力

実践知のリーダーは、判断をくだす前に、生き生きとした現実の只中でその背後にある物事の本質を素早く察知し、将来への展望を示して、そのビジョンを実現するのに必要な行動を決定します。実践的賢慮によって、本質を見極め、人々、物事、出来事の性質や意義を直観的に理解することができるのです。知識創造の作法としての本質直観については、第10章で詳細に紹介しましたが、実践知のリーダーはこの能力を備えていなければなりません。

本質を摑むということは、具体的な細部から普遍的な真実を摑むことであり、細部への目配りや粘り強さが必要です。ファーストリテイリングでは、「リアルなモノを前に、リアルな場所で、リアルな人たちと、最後は売り切るところまでリアルに商売をまわしていく」ことを大切にしています。「机上で考えるだけでなく、現場・現物を実際に見て現実を確かめたり、あるいは実際に自分も一緒に作業をやってみたら、一発でわかることが多い」し、「こうした体験を積んでいくと、数値を見た時でも『だいたいこういうことが起きているのではないか』という勘が働き、実際の問題解決に役に立つアイデアが出てくるようになる」からなのです〈87〉。

柳井は、「何かする時は、徹底的にやらなければならない」ともいっています。「100％正しいことをやり、小さなことに集中し、常に基本に戻る。そうしなければ、次のステージへ進めません。成功の秘訣は、来る日も来る日も基本を繰り返すことである」〈88〉。また、「優れたアイデアは、（中略）そこに行きつくまでの間に、どれだけいろいろなことを考えて、いろいろな人と話をして、そしていろいろやってみて、そこで真剣に自問自答するか。これが大事なのです。勘が働く人やアイデアが出る人というのは、これをやっている」のだと述べています〈89〉。具体的事例に普遍性を見出すには、主観的な直観と客観的な知識との継続的な相互作用が必要なのです。

ビジネスリーダーが、問題の本質を把握する知力を養うための三つの行動があります。

第一は、問題や状況の根本が何なのか、徹底的に問うことです。たとえば、トヨタでは「なぜ」を五回繰り返し、問題を掘り下げ、根本的な原因を探ります。

第二は、「木」と「森」を同時に見ることです。セブン＆アイ・ホールディングスの鈴木敏文前会長はこう語ります。「木を見て森を見ずではダメだ。単品管理とは、一つの品物を管理することだと勘違いしている人が多い。そうではなく、店舗全体のなかで、一つひとつの品物を位置づける必要がある」〈90〉。神は細部に宿るのかもしれませんが、リーダーは同時に全体像を見通していなければなりません。

第三は、仮説を立てて検証することが重要になります。第9章で紹介したセブン－イレブンの店舗では、アルバイトやパートも含めたすべての従業員が、担当する商品の発注を決定します。店によって、顧客も周囲の環境も忙しい時間帯も異なります。つまり、本社が提示したマニュアルに頼ることはできないのです。季節や時期によって売れる商品は異なりますから、機械的に毎日同じものを大量発注して棚に並べるわけにもいきません。店舗のスタッフは、顧客や関係者との対話を通じ、発注のつど、顧客が何を買いに来店するのかという仮説を立てることを奨励されているのです。自分が地域の顧客の状況、周囲のイベントや学校行事、天候、停電などのすべての知識を総動員して、仮説を立てて発注し、結果を日々の売り上げと比較して検証していくのです。

③場をタイムリーにつくる能力

実践知のリーダーは、互いに対話し、学び合う機会を絶えず創出します。そして、第9章でも紹介した、全人的に向き合い、相互主観性を育む場をつくります。日本語の「場」とは、関係が築かれ、相互作用が生じるダイナミックなコンテクストを意味します。場の参加者は情報を共有し、「いま・ここ」の関係を築き、新たな意味を生み出そうとするのです。

ホンダのワイガヤや京セラのコンパについてはすでに紹介しましたが、企業はさまざまな方法で場を設定しています。タスクフォース、プロジェクト会議、研修プログラム、特別な研究会、非公式な趣味の会、カンファレンス、会社主催の運動会、社員旅行、ファミリーイベントや喫煙室、カフェテリア、バーチャル会議、社内SNS、ブログなどです。場はトップダウンでもボトムアップでもよいのです。

しかし、組織の置かれた状況に合わせてタイムリーに場を始動する能力をリーダーは持ち合わせていなければなりません。

二〇一四年、パナソニックはかつて圧倒的な支持を集めていたものの、生産中止の憂き目にあった高級オーディオブランド「テクニクス」を復活させました。その立役者は、プロのジャズピアニストという顔をもつ、パナソニック唯一人の女性執行役員である小川理子《みちこ》です〈91〉。「感性価値の重視」を掲げた新生テクニクスのプロジェクトは、プロの音楽家である小川をリーダーに抜擢しました。感性価値は、数値で表すことができる機能価値とは異なります。メンバーが感じる「いい音」という主観をすり合わせて相互主観性にまで高めていかねばなりません。小川はテクニクスがめざす「いい音」を「音が生まれる瞬間のエネルギーと生命力が感じられ、長く聞き続けても心地よいと感じられる音」と定義しました。そして技術者たちがつくり上げた音を一緒に聞きながら、「これはいい」「これは悪い」「ここをこう直そう」というオープンな対話を「サウンド・コミュニティ」と名づけられた評価会の場で繰り返し行ないました。このような知的コンバットを経て、彼女は「この音なら商品化できる」という「音の決済」をしたのです。

技術者たちはそれぞれ、音に対する異なる主観をもっています。そんな彼らが、実際の音を聞いて「いま・ここ」の文脈を共有し、対話を通じて相手の主観を一度、受け止め、そこに自分の主観を入れ込み、一段階上の「いい音」に関する「私たちの主観」が生まれていったのです。

これこそが、相互主観の確立を意味します。この次元の高い「私たちの主観」を共有できていたからこそ、技術者たちはいい音を表現するための技術を練磨し、まったく新しい次元のオーディオ機器の開発が実現しました。

パナソニックは、デジタルの時代といわれるいまだからこそ、感性的価値というアナログの知をもとに勝負を挑みました。いわば、二十一世紀における「アナログとデジタルの共創によるイノベーション」モデルの象徴的取り組みが、テクニクスの復活劇だったのです。この新しいイノベーションの成功の裏に開発チームの相互主観を確立するための場づくりが行なわれていたことは、場と相互主観性が組織の力を最大限に引き出すための要《かなめ》となることを示しています。

重要な点は、ホンダジェットの藤野が実践した新しいワイガヤからわかるように、相互主観を育む場では、全身全霊で相手と向き合う必要がある、ということです。全人的コミットメントを問わずに行なうアイデア本位のブレインストーミングでは、真に創造的な知は生まれません。ファーストリテイリングの柳井も、リーダーの重要な役割は、「100%全人格をかけて部下と向きあう」ことだと述べています。

④直観の本質を物語る能力

実践知のリーダーは、わかりやすく、かつ共感を呼び起こすようなコミュニケーションを心がけなければなりません。状況の本質は表現しにくいことが多々あるので、リーダーは物語やレトリックなどを駆使しながら伝えていく必要があります。これがうまくできると、通常の対話のベースとなる状況の文脈や基本的体験を共有していない人々に対しても、物事を直観的に訴えることができます。伝え方一つで相手の心を動かせるのです。

メタファーやストーリーを効果的に使うには、リーダーは一つの物事と他の物事、自分と他者、あるいは過去と現在、現在と未来との関係を見抜けなければなりません。そういった能力を鍛えるためには、ロマンス、風刺、喜劇、悲劇など、あらゆるジャンルの小説をできるだけ多く読み、映画や演劇を鑑賞することも重要です。本田宗一郎は、メタファーの名人でした。たとえばこんな具合です。「企業という船にさ、宝である人間を乗せてさ　舵をとるもの　櫓を漕ぐもの　順風満帆　大海原を　和気あいあいと　一つ目的に向かう　こんな愉快な航海はないと思うよ」〈92〉。

第11章における物語り戦略について紹介した富士フイルムの古森や、ポーラの末延のように、実践知のリーダーは未来を創造し、世界を制作する物語りを紡ぐことに長けているのです。

⑤物語を実現する政治力

実践知のリーダーは、他者に物事の本質を伝えた次のステップとして、人々を結束させ、行動に駆り立て、目標を達成するための行動へと導かなければなりません。一人ひとりの知識と実践をまとめ上げ、全員で共有しているビジョンを実現していくのです。

人材を動員するためには、リーダーは状況に応じて、すべての手段、ときにはマキャベリ的な権謀術数さえも駆使しなければならない場面も出てきます。新しくてよいものを創造するためには、往々にして狡猾《こうかつ》であったり、頑迷であったりすることも必要です。

実践知のリーダーは、人間性のあらゆる矛盾、善と悪、礼節と非礼、楽観主義と悲観主義、勤勉と怠惰などの二項対立を理解し、状況に応じてそれらをバランスよく統合しようとします。矛盾に直面して「あれかこれか（either or）」の二者択一を迫る二項対立ではなく、「あれもこれも（both and）」と考える「二項動態（dynamic duality）」的思考でより高い次元をめざすのです。このプロセスによって、達成すべき善を見失うことなく、状況に最適な判断をくだせるのです。

まさに世界は、一定の法則や原理原則で説明できるほど単純ではなく、また、形式知で表現しきれるほどすべてが理解されているわけでもありません。つまり、形式知に基づいた分析だけで未来を確実に予測することは不可能なのです。大事なのは、変化する状況を共感や本質直観を通じて暗黙的に把握すること、また、一つの思考法やアイデアに関する改善や変更には終わりがないことを理解したうえで、ありとあらゆる種類の知識や考え方を総動員し、タイムリーに場を設けてSECIスパイラルを駆動していくことです。

これらは、AIの強力な記憶力、計算力、分析力という形式知を処理する能力をもってしても不可能な、人間しか持ち合わせていない倫理感、美意識、責任感に基づく実践知の能力なのです。

従来の日本における自律分散的ながら同じ価値観を共有するコミュニティとして組織をマネージするコミュニタリアン型経営は、変化する状況に対して感覚や感性から得られる暗黙知をもとにタイムリーに対応できる点において、アメリカの分析主義的経営に勝っています〈93〉。もちろん、アメリカの経営にも学ぶところが多くあります。一見、この二つの経営は相容れないように思えますが、これからの時代は、この二つのうちどちらか一方を極めて他方を切り捨てるのではなく、状況に合わせて時空間のなかで動的にバランスをとりながら両立させることによって、両方の強みを活かす「あれもこれも」の二項能動的経営が成功への近道となります。

⑥実践知（実践的賢慮）を組織化する能力

フロネシスは、CEOや経営陣など一般的にリーダーと呼ばれる人たちだけに属する能力であるかのように取り扱うべきではありません。フロネシスは、あらゆる層の社員が訓練や実践によって身につけ、組織のすみずみにまで分散していなければ、組織全体の能力を伸ばすことになりません。したがって、この実践的賢慮の育成はリーダーの重要な責務といえます。とりわけトップマネジメントにとって、後継者や次世代リーダーの育成は重要な経営課題の一つです。

フロネシスが企業のさまざまな層で育まれていれば、組織はいかなる状況にも柔軟かつ創造的に対応できるようになります。選択肢の一つは、最近ソフトウェア開発で展開されている「スクラム」アプローチです。開発プロセスの各フェーズ（製品コンセプト開発や製品デザインなど）の担当者が陸上リレー競走のようにバトンを次から次に渡していく従来の「リレー方式」ではなく、発案から設計、ときには製造や営業戦略の策定までのすべての過程を重複させて全員でゴールをめざす製品開発方法です。プロジェクト・メンバーが濃密に相互作用する様子がラグビーのスクラムのように身体をがっちり組み合わせるイメージと重なることから、「スクラム」アプローチと呼ばれるようになりました。この「スクラム」という表現は、当初は製造業における製品開発のプロセスを指すメタファーとして使われたものでしたが、いまはソフトウェア開発の分野に同名のメソッドとして応用され、広く浸透しています。その理論的ベースは知識創造理論です〈94〉。

フロネシスを会社のあらゆるレベルや部署で育成する経営システムの一つに、京セラのアメーバ経営があります。アメーバは、一〇人前後の社員で構成される自律分散チームで、すべてのアメーバは、ビジネスとして完結する単位として、時間当たり付加価値生産性という厳しい業績測定指標を自らに課します。そして、成果は金銭ではなく、賞賛で報われます。未来志向の目標を主体的に設定し、予定と実績に差異がある場合は、経営者とメンバーが話し合って真因を突き詰めます。たとえば、製造部門では標準原価方式のように原価削減のみを追求するのではなく、メーカー本来の姿ともいえる、自らの創意工夫により製品の付加価値を生み出すことに主眼が置かれます。この経営は、過去の延長線上やマニュアルでは簡単に答えが出ないような課題に真摯に取り組ませる、いわば人材育成システムであり、ROE（自己資本利益率）の最大化をめざすような株主志向の評価法ではないのです。

稲盛名誉会長は、「アメーバ経営は、経営者マインドを持った社員を育成する仕組みである。ただ単に任せるのではなく、トップが持っている経営哲学や経営手法を伝授して、リーダーに咀嚼して身につけさせ、実践させていくことを目的とする（中略）トップ一人だけの力ではどうにもならない大きな組織を生きた組織として動かしていくのです。小さなアメーバ組織が生き生きと経営をしてこそ、その集合体である会社全体の経営がうまくいくのです。私が経営者として追求してきたことは、それに尽きると言っていいでしょう」〈95〉と語っています。そして、このアメーバ経営という方法は、京セラの経営理念である「従業員の物心両面の幸福を追求すると同時に、人類、社会の進歩に貢献すること」を実現していくことにつながっていきます。

稲盛だけでなく、本書に登場したトップは強烈なカリスマリーダーです。しかし彼らはみな、自ら強力なリーダーシップを発揮するだけでなく、全人的に向き合い、共感を育み、対話を行なう場を組織のあらゆるレベルに埋め込みました、つまり表面的な議論ではなく、緊張感ある知的コンバットを触発することによって、自分を超えるリーダーが創出される組織プロセスを仕組み化しているのです。

このように我々は、さまざまな組織のリーダーに共通する能力を抽出し、現在のところ、六つの能力に絞り込みました。①～⑤の能力は、個人に備わるべき能力ですが、⑥の「実践知を組織化する能力」は、組織成員全体が備えるべき能力であり、個人に備わった実践知を組織に伝承し、組織の構成員一人ひとりが実践知のリーダーとなるべく、自律分散かつ衆知の経営を行なうことを意味しています。つまり、暗黙知と形式知、そして実践知の三位一体を一つの型として、この型が組織内に広く深く浸透したフラクタルな組織体が理想となります。

そのような組織は「賢さ」や「徳」という善をもっていますが、それは一義的に定義できず、個別具体の文脈ごとに、何が賢いことであるか、どのような行為が徳のある行為と見られるかが変わっていきます。したがって、究極的には行動のなかで考えながら決めていくしかないのです。この点で、SECIプロセスの内面化の段階において、実践と内省を同時に行なう経験から学ぶという「行為の只中の熟慮」が大切になります。仮説の生成と検証を試行錯誤しながら繰り返しながら進んでいくのです。この方法論は、何度も述べてきたアブダクションです。大前提で目的を設定し、小前提で個別の事情を勘案し、結論で具体的な行為を提示し、実践する。そして大前提には小前提が、小前提には大前提が入り込んでいます。つまり、大前提と小前提は、階層ではなく、相乗の関係にあるのです。フロネシスはこの実践的推論の全体にかかわります。

第11章でも述べましたが、フロネシスの実践において、過去から現在までの歴史の流れを自らの価値観によって解釈し、未来への物語りを自ら紡ぎ出す歴史的想像力が重要です。現実は、現在だけでなく過去の記憶と未来の未知の次元を含み、流れというプロセスそのものが現実です。現象学において過去把持、未来予持と概念化されているように、人間は時間軸と空間軸で過去を意識するともなく記憶し、現在において未来からやってくる物事を意識することによって、意味を生成します。

言い換えれば、過去は連続しているが非連続であり、無意識の記憶を意識的に認識することによって、飛躍を起こすことができるのだといえます。

バブル崩壊後の日本企業は、利益至上の成果主義に走って、プロセス視点を失うとともに、実践知のリーダーを育成してこなかったことが、活力やモラル低下の状態を引き起こしているのではないでしょうか。人を基盤にした関係性を重視するプロセスの視点へと足場を移す企業が、次の時代を担うことになるでしょう。

AIと人間の共創

現代の多くのリーダーが直面している問題の一つがＡＩです。マイクロソフトのナデラＣＥ

Oはこう問いかけています。「AIの研究者は人間の『置き換え』を目指すのか、それとも『能力の拡張』を目指すのかを選択しなければならない」。マイクロソフトは、「人間の幸福とは何かを考え、その増進に役立つ『人間中心』の発想を核に設計する」という次元の高い哲学のもと、AIと共存する道を模索しています。

我々も、AIは人間の能力を拡張するのであり、これからはAIと共創する時代だと考えています。IBMのシェフ・ワトソンもディープラーニング（深層学習）で新しいメニューを提案することはできますが、調理しつつ塩梅《あんばい》を見ながら、調理のタイミングや食材・調味料を加減していくことはできません。つまり、最終的判断は実際に調理をする人間が現場で行なうのです〈96〉。

羽生善治は、将棋ソフト相手に覚えた違和感に関して、「煎じ詰めると一つ一つの手は素晴らしくても、そこに秩序だった流れが感じられないことに由来しているように思います」と述べています。そもそも「時間」という感覚を人間のようにもっていないAIは、「時間」の流れのなかで文脈を摑んで一手一手をつなぎながら打つ人間に対して、一手ごとに評価値を計算するので、つながりの美しさを感じることができず、それゆえに「美意識」というものももっていないのではないか、と考察したのです〈97〉。

「AIが人間の仕事を代替するか」というテーマにおいてよく話題になる試算を行なった、オックスフォード大学のマイケル・オズボーンはこう明言しています。「AIに創造力のほか、交渉力や指導力など『社会的知能』を機械に求めるのは困難。創造力は人間の直観がモノを言い、社会的知能は社会や文化に関する豊富な暗黙知が必要で、ともにコンピュータの言葉では明確に表せないからだ」〈98〉。

オズボーンの調査に関しては、そもそも「人間的な能力を過小評価しすぎている」という批判もあります〈99〉。人は普段、どんなに単調でつまらないなどと卑下するような仕事でも、そこでは無意識のうちに「洞察力」や「観察力」、あるいは「コミュニケーション能力」や「（他者への）共感、配慮」「感受性」などを働かせているのです。つまり、受動的綜合や共感など無意識的・身体的に働いている人間の能力は、まだ科学でも解明されていない部分が多く、ＡＩでは代替できません。

人間との関係性から見て、ＡＩをどうとらえるか、という点を整理してみましょう。まず、ＡＩは生命体ではなく機械です。ＡＩに用いられるディープラーニングは「機械学習」の一手法です。機械にも癖はあるので、それを個性と呼べなくはありませんが、人間らしさは感じないでしょう。生きていないから「恐怖心」もありません。数理脳科学の第一人者である甘利俊一も、「私たちの人生は一回限りの掛け替えのないものである。人は誕生し、成長し、そして亡くなる。一回限りの人生を生きる中に、喜びもあり悲しみもある。（中略）ロボットが喜びや悲しみを表現しても、これだけではロボット自身が喜び、また悲しんだとはいえない。（中略）これはクオリア（質感、しみじみとした感覚）の問題といってもよく、個人の長い経験の蓄積の末に生じる。ロボット自身は一回限りの人生をいとおしみながら終えていくということはないのだから、すべての経験がそのまま役に立ち、クオリアのようなものが生ずる必要がない」と語っています〈100〉。

生きていないから、AIの記憶はリアルな感覚を感じさせる物語をつくり出せません。また、生きていないAIにはインプットされたデータの計算結果しか判断の基準がありません。フロネシスは、これまで生きてきた人生からつくられた知であり、これからよりよく生きるための知ですので、AIにフロネシスをつくり出すことはできません。その意味では、AIはあくまで人間の補助的な立場のツールでしかないのです。

AIやIoT（Internet of Things＝モノのインターネット）がもてはやされる時代こそ、人間の倫理観や責任感、美意識、やり抜く力、根性などの「生き方」が経営の基盤になるでしょう。AIはおおいに活用すべき手段ですが、自ら目的をもち、状況に即応し、新たな意味や物語りを紡ぎ出してやり抜く主体は我々人間であり続けるでしょう。「世のため人のため」という理想を掲げ、現場の只中で新しい価値を生み出す「理想主義的プラグマティズム」を実践するリーダーが必要なのです。そんなリーダーを我々は、本章の冒頭で紹介した「フロネティック・リーダー」、正解がない世界で格闘し続ける強靭さをもつ「知的体育会系」と呼んでいます。

冷静な頭脳と温かい心が、我々が日々直面する理想と現実、アートとサイエンス、変化と安定、感情と知性など、両極間のジレンマを動的にバランスをとりながら両立する原動力になります。「たんなる金儲け」を超えて、志を高くもちながら現実的に価値創造を実践する姿勢は日本的経営が元来持ち合わせていたものであり、それを再評価することがＡＩと共創する時代の鍵となるでしょう。

人間のもつ優れた能力

身体と心をもつ人間、一方で身体と心をもたず人間の脳の機能を模倣するＡＩにどんな差があるのでしょうか。この点に関して、情報学者の西垣通《とおる》は以下のように指摘しています。

『脳』とは外側から客観的に分析把握するものであり、『心』とは内側から主観的に分析把握するものである。人間の主観世界を形づくるのはイメージの連鎖であるが、そのなかにはクオリア（感覚質）が宿っているが、それは『私』の心を内側から観察しないとわからない。脳だけに着目し、機械的に分析しても、心は再現できない。心と脳は、観察の仕方や視点に伴ってそれぞれ出現する。人工知能が人間の心をシミュレートするには、脳だけでなく、心にも着目しなければならない」〈101〉

一般的に「心」とは人間の脳内に収まっており、身体や環境からは独立して存在するものとして考えられていますが、先述の「身体化された心」は、自らの身体や行動、そして周りの環境との関係性のなかから即時に創発されてくるものです。それは脳内だけにとどまっているのではなく、身体や環境との関係性のなかから初めて「心」というものが生まれる、という理解に基づいています。

身体をもたないAIが山道の岩を見ても座れる「椅子」としては認識できないが、人間にそれができる理由は、人間には「身体」があり、自らの身体に関する知識や岩の感覚、また「どこかに座れるものがないか」を探求する目的意識をもとに、そのときその場での状況を見極めて、その岩を「椅子」という意味に即興的に解釈し、「物語」をつくり出しているからです。AIにできないことは、「自ら意味をつくり出す」ことなのです〈102〉。

つまり、心をもっている人間は他者や環境と相互作用しながら、時と場合と目的に応じて何に注意を払うかを決め、そのなかで主観的に、そして身体から来る感覚をもとに意味づけをしているのです。意識の有無にかかわらず、人は必要な情報を中心にピックアップするための、いわゆる心のフィルターのようなものを用いて他者や環境を認識しており、それに基づいて適時適切に行動する生き物なのです。外界や他人を感知したり相互作用したりするために欠かせない身体は、人間が関係性のなかで目的意識や意味をつくるためにも絶対に不可欠です。身体をもたないAIは感覚的に価値判断をする機能が備わっていないため、目的や意味を自らつくり出すことができません。身体を通しての環境との相互作用によって、環境との関係が構成され、「世界」が自分の前に出現していき、そのなかに「自己」を見出していくことが可能になります。

また、二人称の相互主観は人間にしかつくれません。

先に紹介したナデラも「他者に共感する力をＡＩが身につけるのは極めて難しい。だからこそ、ＡＩと人間が共生する社会において価値をもつ」「ＡＩが普及した社会で一番希少になるのは、他者に共感する力をもつ人間だ」と述べています。全身全霊で相手の感覚を共有できる生身の身体をもつ人間にしか、二人称の相互主観をつくり上げる力はないのです。

さらに、人間の言語知識（とくに文法判断）はＡＩが使う「確率統計」に基づいていません。人間は、身体を通じて他者や環境と関係をつくり、その過程で「自分とは何か」を知るのです。赤ちゃんの母国語の修得は、視覚、聴覚、触覚などの知覚経験や運動によって得られた経験がアブダクション推論によって一般化・抽象化されて修得するというプロセスをたどります。「外界をコピーするのではなく、外界の一部を切り取って、それを自分の中に取り込み、自分で分析して再構築していくプロセス」〈103〉なのです。言葉の意味を文脈から推測し、その意味をもとに実際に使ってみて、間違っていたら修正する、という一連の身体性を伴う流れがあるのです。

この意味生成プロセスは、暗記のように無機質な脳内作業ではなく、生き生きと身体化された知識創造そのものです。これは、多様な経験のなかで試行錯誤して直観が磨かれることによって身についていくものです。過去の文脈やデータに大きく依存する確率統計や学習重視のＡＩには、絶えず変化に富み、まったく新しい文脈が出現する可能性を理解して柔軟に対応していくのは困難です。

また、経験の質量が人間の判断力や創造力を磨きます。AIはビッグデータなしに学習することはできません。一方で、人間はそれまでの経験や知識から、状況に合わせて実践的に複数の概念をブレンドして理解し、判断します。棋士の羽生善治は「実のところ、勝負の世界では、ベストだと思う手法が通じるかどうかは、常に皆目わからないものです。しかし、そういう局面でこそ、経験値は活きてきます。そのときに大事なのは、じつは〝こうすればうまくいく〟ではなくて、〝これをやったらうまくいかない〟を、いかにたくさん知っているかです。取捨選択の捨て方を見極める目こそが、経験で磨かれていくのです。その意味で、これまでに遠回りしてきた経験の積み重ねも、決して無駄にはならないと思っています」〈104〉と語っています。つまり、何がうまくいかないかという経験に基づいて、うまくいく可能性がある手段を創造して実践していくことが鍵となるのです。

羽生は茂木健一郎との対談で、将棋の手順の美しさ、「これ以外にない」と読み切って、そこまでの手順が連鎖して見つかるという「美意識」は、真剣勝負のなかでしか生まれない、と語っています。そういった意味で、現場で身体を張って真剣勝負で実践する場数こそが、直感を磨き、センスを生むための土台となります〈105〉。

経験の積み重ねによって培われるいわゆる本質直観という人間特有の能力は、帰納でも演繹でもなく、創造的思考の根源だといわれるアブダクションであるとすでに指摘しました。たとえば、人間の医師は目前の診療データだけでなく、患者の顔色や声色《こわいろ》、これまでの経験知などを総動員し、さまざまな「細目」「部分」を総合して「全体」の診断をくだします。しかし医療に応用されたワトソンは、もっとも高い確率の解答を返してくるにすぎないので、両者をダブルチェックする医師の判断を患者は信頼するでしょう。人間は、状況の細部を、動く身体を使って感じ、状況に応じて解釈し、全体と往還しながら新しい意味をつくり出し、新しい解を見つけ出す能力をもっています。

未来を想像し、創造する力は、人間にしかありません。いままでのデータがない新しい事態への対処はＡＩには困難でしょう。何が起きるかわからない複雑な状況下で、臨機応変に行動する柔軟な対応力は人間が長けています。多様で複雑で予測不可能な世界だからこそ、ＡＩの力を借りつつ人間が主体的かつ創造的にかかわっていくことが重要になるのです〈106〉。

ＨＩＬＬＴＯＰ社に見るテクノロジーとの共存

アルミ切削加工の中小メーカーＨＩＬＬＴＯＰ（ヒルトップ）という会社があります。新卒採用を本格的に始めた二〇一〇年度から九年間で従業員数は六〇人から一五一人へ二・五倍、売上高は五億円弱から約二三億三〇〇〇万円へ約五倍、取引社数は約四〇〇社から約三五〇〇社へ約九倍に躍進した企業です。取引先には、ウォルト・ディズニー・カンパニー、ＮＡＳＡ

（米航空宇宙局）、世界最大の半導体製造装置メーカーのアプライド・マテリアルズなども名を連ね、利益率は二〇～二五％（業界水準は三～八％）の高さを誇る会社です。

もともと自動車メーカーの孫請けだった「油まみれ」の鉄工所は、さまざまな試行錯誤の結果、いまや「多品種単品のアルミ加工メーカー」へと脱皮しました。「我が社が伸びているのは人材の力です」と経営の指揮を執る副社長、山本昌作はいっています。毎日同じ製品を大量生産していた町工場は、「二十四時間無人加工の夢工場」へと変身し、油まみれで働く社員はいまや一人もいません〈107〉。

ヒルトップの前身は、一九六一年創業の小さな鉄工所です。受注の八割は自動車メーカーの孫請けで、部品の大量生産に追われる会社でしたが、「同じことを繰り返す仕事は嫌だ」「嫌なことは従業員にも押しつけたくない」「人間らしい知的作業がしたい」と孫請けの仕事はやめ、受注の八割をそのまま失っても多品種単品生産をめざしました。しかし、リピートオーダーが繰り返されるとやはりルーティン化してしまうことに気づき、切削加工のルーティン作業は機械で自動化し、人間はプログラミングを行なうことにしたのです。自社の職人たちからどのように加工しているかを聞き出して個々の作業を標準化し、データ化して、データをもとにコンピュータ制御で加工機を動かす仕組みを構築しました。

「背中を見て覚えろ」と弟子を叱咤《しった》してきた寡黙な職人に議論を触発することは困難でしたが、元来物理・数学を好んだ山本は、個人技に埋もれているクセを全員にそれぞれの言葉で吐き出させる話し合いのなかで、担当する機械の回転数、送りや切り込みの仕上げの回数などの感覚データに共通する技能の本質を直観し、二次関数、三次関数で結んでデータベースにしていきました。こうして自分の解をもちつつ、職人たちの合意形成を誘導していったのです。こうして一九九一年、ヒルトップ・システムがスタートしました。

プログラマーは新規受注のプログラムを組んで、それをデータベース化します。リピートオーダーの際はそれを使うようにすれば、プログラマーはつねに新しいプログラムに携わることになり、スキルアップを図れます。これを「知的作業の善循環サイクル」と呼んでいます。

リーマンショック後の受注の激減を契機に、今度は、「選ばれる企業」になるにはどうすればよいかを考え抜き、プログラミングの生産性を高めることで、経営効率の向上に挑戦しました。「プログラムの生産量三倍化」の目標を掲げ、プログラミングの効率を徹底して追求する最適化に着手したのです。従来、プログラムを組むのに八〇〇項目以上のパラメーター（動作決定の数値）があったのを共通のパターンにまとめ、二五項目にまで減らしたことでプログラミングが効率化され、圧縮することが可能になりました。

そのような取り組みの結果、社員はプログラミングに自分の時間を一〇〇%使っていたのが五〇%で済むようになりました。残りの時間を自由に使って新しいことにチャレンジする、それが経験知となって本業に活かせるという知的作業の善循環サイクルをさらに回していけるようになったのです。プログラマーが日中にプログラムを短時間で組み、日中も夜間も加工機が無人で稼働することで、受注から納品まで最短五日という通常の半分の短納期を可能にするのがヒルトップ・システムです。

ヒルトップは、チャレンジの一環でジョブローテーションを積極的に行なっており、自分の所属する部の仕事以外でも、手を挙げれば挑戦できます。「誰もが二足三足の草鞋を履くことで視野が開け、仕事へのモチベーションにもつながる。これも知的作業の善循環です」〈108〉。またヒルトップの製造部には、プログラミングのほか、機械のオペレーション、製品によっては必要になる手作業の各種加工など八部署があり、すべての部員が全部署を経験します。アナログの手作業を職人に初心者レベルから教えてもらうのは非効率ですが、多様な知識を身体知として吸収でき、それが次のチャレンジに活きるのだといいます。さらに若手一人ずつに「親」役の先輩社員がつき、毎日終業前に十分間、その日の振り返りの対話を行なう親子制度という仕組みがあります。この場で若手は自分のやりたいことを発信できます。

ヒルトップでは、「職人をつくらない」「ルーティン作業はやらない」を合言葉に、暗黙知を徹底的に形式知化するべく、職人技をデータ化し、機械で自動化して、人間はプログラミングに専念させました。次いで、プログラミングを効率化・最適化して圧縮したぶん、社員の自由時間を増やし、新しいことへの挑戦を奨励しました。挑戦を促すため、ジョブローテーションや親子制度など、あえて非効率な身体を伴うアナログ的な仕組みを取り入れました。さらに次の時代には、プログラマーの技術をデータ化して、プログラミング自体をＡＩで自動化し、社員は新しいビジネスモデルを構築しようとしています。

「変化し続けるのがうちのいちばんの強み」と経営戦略部長、山本勇輝はいっています。徹底的に活用するテクノロジーとアナログの場の共存によって、状況の変化に合わせながら未来に向けた物語りを生み出し続けているヒルトップの経営から、学ぶことは多いのではないでしょうか。

「知的機動力」経営による二項対立から二項動態へ

経営学は、軍事組織から大きな影響を受けてきました。「戦略（strategy）」は、ギリシャ語のストラテゴス（将軍）から来ていますし、「情報（information）」も元来は軍事用語といわれます。戦場で敵状や戦略を探り、命に直結する意味・価値を抽出する情報とリーダーシップが戦勝の基盤でした。

我々は、太平洋戦争における日本軍の敗戦の命題を「過去の成功体験への過剰適応」としました。軍事大家ウィリアムソン・マーレーは、近代戦でもっとも優れた軍事戦略の革新は、一九二〇年代と三〇年代にわたってアメリカ海軍・海兵隊の将校群が生み出した「空母機動部隊」と「水陸両用作戦」であり、そのプロセスこそ二十一世紀の軍事指導者は学ぶべきだと提言しています。

アメリカ軍の基本構想は、勇猛な日本軍を相手にアジア大陸や日本本土で戦う陸軍的発想ではなく、海軍・海兵隊の「海から陸へ（トゥー・ランド・フロム・ザ・シー）」、すなわち海空力で太平洋諸島に点在する日本軍の前戦基地を奪取して日本軍に後退を強いるというもので、実際その「筋立て（プロット）」どおりに勝利を収めました。このプロセスで重要なことは、海兵隊学校で階級を超えた徹底的な対話から多様なアイデアや概念を生み出し、演習の評価が指揮官の人事に結びつけられ、上級の指揮官の更迭さえ断行されたことでした。固定化した組織構造、命令体系に縛られた日本軍のマネジメント・プロセスとは対照的だったといえます。

その後、海兵隊はジョン・ボイド（一九二七〜一九九七年）の「機動戦」という概念を世界で初めて採用しました。消耗戦というのは、まさにトップダウン、中央集権、分析的、サイエンス重視、定量的で線形的なモデルです。一方の機動戦は、絶えず「いま・ここ」の動きのなかに集中して、本質を摑みます。それはボトムアップ、自律分散、信頼、スピード、イノベーション、ネットワーク重視、アート重視、定性的など非線形的なモデルです。

アメリカ海兵隊には、『ウォーファイティング』というマニュアルがあります。これは、戦争についてのハウツーではなく、コンセプチュアルな考え方を示すものになっています。そこでは、戦争は〝アート〟と〝サイエンス〟の両方の性質をもつが、サイエンスでは戦争という行為を語りきることはできない。戦争という行為は人間の力強い意志からなる一人ひとりの創造性と直観によるアートである。刻々と変化する戦場の個別具体的状況の本質を摑む直観的能力、実践的なソリューションを生み出す創造的能力、実行する強固な目的意識を必要としている、と述べています。これは、戦争という究極の場面における本質を見事に表現しています〈109〉。

アメリカ海兵隊はハイテクを駆使しています。ただし、ハイテク兵器はローテク兵器を代替するというよりは、両者を総合して人間の戦闘能力を高めることを模索するために使用しているのです。デジタル化の進展に対応しながら、戦場における個別具体の地形を完全武装で走り、最新式の武器を装備しつつも、ナイフ、武術、一発必中のライフル射撃にもこだわっています。コンピュータがダウンした場合のボディランゲージ（手信号）も学んでいます。また、海軍・海兵隊のフォースネットは、艦艇・航空機・兵器・施設の、戦闘要員・支援要員・指揮官が各自の情報プラグをネットに接続するだけで、どこでも、いつでも、必要情報が得られるユビキタスネットワークの構築を推進しています。フォースネットのコンセプトは、海底から宇宙、海から陸にかけて機能する高度に適応的、ヒューマンセントリックな包括的システムに統合することにあります。

「技術によって個人の海兵隊員の能力は高まるが、技術それ自体は、厳しく訓練され、高い規律を持ち、アメリカの中核価値と国家理念で形成され指導された戦士を代替するものではない」と『海兵隊2025年ビジョンと戦略』で明言されているように、あくまで人間を戦略の中心に据えていて、人間のアナログ能力を拡張するために、デジタル技術を活用しているのです。

我々は「知的機動力」経営という概念を、「共通善に向かって知識を適時適切に創造、共有、錬磨する能力」であるとして提唱していますが、アメリカ海兵隊はまさにそのプロトタイプだといえます。知的機動力とは、トップや管理職だけでなく組織メンバー一人ひとりが、現実の市場や技術などの環境変化と組織の動きを敏感に感じ取り、ビジョンの実現に向け、戦略や戦術を現場の状況に合わせてダイナミックに行動していく組織能力のことです。

組織経営においては、さまざまな矛盾や相反する二つ要素からなる二項対立が数多く存在します。トップ・ダウン・マネジメントとボトム・アップ・マネジメントも二項対立としてとらえられがちです。このうちどちらがよいか、という二者択一を迫る質問が投げかけられることが多いのですが、組織経営に長く携わっている方であればすぐわかるように、それらは両方とも状況や目的に応じて的確に使い分けられるべきマネジメント・プロセスです。トップダウンで管理過多になると、現場でのスピード感や競争力も損なわれて、ボトムアップで現場重視が行きすぎると組織全体が目的を見失い、迷走してしまいます。

我々は日本企業の実証研究から、組織の縦と横の情報・知識の流れの結節点にいるミドルが、トップのビジョンを解釈してフロントラインへ下ろし、現場の複雑な現実をトップに伝えている、という至極当たり前のことに気づいて、そこから「ミドル・アップダウン・マネジメント」というコンセプトをつくり、その理論的モデルを構築しました。個と全体、現場とトップをコンテクストに応じてバランスよくシンクロナイズさせるミドル・アップダウンの知的機動力は、環境変化に応じて組織一心同体で持続的に成長するために必要不可欠な能力です。そのためには、組織メンバーに行動の自由度が担保されなければなりません。行為なくして、創造的進化は起こらないのです。

ほかにも、アナログvsデジタルの二項対立があります。アメリカでは近年、アナログな音楽や写真、紙の本などのよさが再発見されてきています〈110〉。進化し続けるデジタル技術をもってしても、アナログの体験は再現できない部分が多く、そういった自然な感覚的経験や価値が再び評価されてきているといいます。

日本でもそれに合わせるかのように、季刊写真誌『IMA』の最新号が、再び使われるようになった古典的な写真技法の特集を組んでいます。それを紹介した『産経新聞』の記事によれば、ほぼ消滅したかに見えたフィルムやインスタントカメラの売り上げがじわじわ増加しており、同誌編集長はインタビューで「技法としてはデジタルかアナログかという二者択一ではない。重視されるのは再現力より表現力。古典的な技法と最新のデジタル技術を組み合わせた表現は、これからも増える」と述べています。

「あれかこれか（either or）」の二者択一を迫る二項対立を超える、「あれもこれも（both and）」の「二項動態（dynamic duality）」の枠組みについて我々は現在、次のように考えています。

①一見相反しているように見える二つの要素も、じつは相互補完的な性質をもっていて、存在としては一つである場合が多々ある。
②そのような二つの要素は対極として存在する一方で、連続体としてつながっており、両極のあいだには幅のある中間帯が存在している。
③両極の二項の相互作用はその中間帯で可能になり、両方の要素を部分的に併せもったかたちでフラクタル状に存在する。
④これら二つの要素には、それぞれ状況や目的から見て利点と欠点があり、実践論的には、それぞれの場面の文脈に合わせて二つの要素の割合をダイナミックに変えていき、目標達成に向けて「動的均衡」を保ち続けることが重要になってくる。

動的均衡を達成するためには、二項を対立的にとらえ、とくに闘争を通じて他項を消滅しようとする「死」の弁証法ではなく、レトリックを多用する創造的な対話や交渉によって、状況に即応しながら両方の長所を活かす「生」の思考が必要です。これにはアリストテレスのいうフロネシスや、徳としての「中庸」という概念に基づく判断・実践が必要になります。これまで二項対立としてとらえられてきた問題を二項動態ととらえ直し、高次の次元で新しい概念を中庸として創造することがイノベーション（革新）を生み出し、新たなる経営の地平を開いていくのです。

現象学と経営学の共創

かつて、現象学的社会学がアルフレッド・シュッツ（一八九九〜一九五九年）を中心に提唱され、我が国でも新たな社会学の誕生と関心を集めました。しかし、社会学の主流とはなりえませんでした〈11〉。経営学の分野でも、科学的経営学の台頭のなかで、現象学的経営学は部分的な展開にとどまっています。その理由は、フッサール、ハイデガー、メルロ＝ポンティらの晦渋《かいじゅう》な概念と方法論に由来するところがありますが、現象学のアートとサイエンスの総合、とりわけ「創造の哲学」という側面が十分に理解されなかったからではないでしょうか。

この第2部では、相互主観性、志向性、本質直観などの現象学のさまざまな概念によって、知識創造論を新たな「動態経営論」として読み解いてきました。第1章で述べられたとおり、現象学は物事の本質を直観し、アートとサイエンスを包み込む豊穣な哲学であり、組織的知識創造理論の内実をより豊かにすることができるからですが、あらためて経営学と現象学の共創がもつ意義について、整理してみましょう。

まず、知識創造理論とフッサール現象学には、その根底において人間の身体知など無意識の知がもつ潜在能力に注目している点が共通しています。そのうえで、フッサール現象学には、既存の知識創造理論では説明しきれていない無意識の知のメカニズムに関して、深く、詳しい概念や考察が見受けられます。知識というのは、そもそも個人の主観的な経験から生まれるものなので、「知識」がどのように生み出されるのかということに焦点を当てるためには、「主観的経験」がどのように形成されるのか、というメカニズムに注目する必要性が浮上します。「人の経験」が考察対象であるフッサール現象学は、ここでとても示唆に富んだ概念や視点を知識創造理論に提供してくれました。

また、学問としてのアプローチといった点においても、フッサール現象学と知識創造理論は親和性が高いといえます。個人に始まり、個人に終わりがちな哲学や心理学とは違い、フッサール現象学は「他者」や「環境」がいかに「個人」もしくは「自己」に影響を与えるのか、という因果関係に注目します。ある意味で社会学的な視点から、社会的環境（他者の存在）が個人に及ぼす影響を探求するため、主観と客観の相互作用、自分と環境の相互作用、「私たち」と「私」の相互作用、などに関する理解があります。そして、そもそも自我とは何なのか、他者とはどのような存在なのか、という深い課題に言及していく学問です。こういった社会的影響と個人のあいだを行き来する現象を深く扱っているという点で、フッサール現象学は組織的知識創造と合致する視点を提供してくれたといえます。

さらに、直線的《リニアー》で論理分析型の戦略論とは異なり、知識創造論における物語り戦略は、人間の主観を起点にし、ダイナミックに変化する状況に合わせて、意味や価値を生み出しながら、未来に向かって世界を創造していきます〈112〉。現実は、現在だけでなく過去の記憶と未来の未知の次元を含み、流れというプロセスそのものが現実です。先に述べたように、人間が時間軸と空間軸で過去を意識するともなく記憶し、現在において「未来からやってくる」物事を意識することによって意味を生成することは、現象学における過去把持、未来予持の概念と同様の考え方です。

以上の理由から、フッサール現象学は、個人の経験のなかから知識を生み出す主体となる「主観」がどのように生成されるのか、他者と経験を共有することはどのようにして可能なのか、暗黙的知の生成というのはどのような過程を経て可能になるのか、などといった知識創造理論において避けては通れない問いに対する答えの手がかりを与えてくれる学問なのです。

善き生の社会の実現に向かって

哲学者スティーヴン・トゥルーミン（一九二二～二〇〇九年）は、近年主流になってきている数学的な理論経済学が金融資本主義を先導し、現実と人間を軽視した結果、理論偏重のアカデミズムの袋小路に直面していると警鐘を鳴らしています。歴史と伝統を重んじ、個別具体の文脈で「理に適《かな》った（reasonable）」実践を講じた道理性が中心であった第一期の「人間味のある時代」を経て、第二期の「科学的合理主義の時代」が到来しました。そこでは「合理的（rational）」であることが「理性的」であるとされ、数学的厳密性や行きすぎた理論偏重の考え方が台頭し、個別具体の現実に基づく理性が軽視された結果、現代の閉塞状況がつくり出されてしまったと論じています。そのうえで、これからは第三期「合理性」と「道理性」が共存する時代であり、この閉塞状況を打破する唯一の手段は道徳的ルネッサンス・ヒューマニズムの復活だと主張しています。

つまり、世界は根源的に不確実性を孕《はら》んでいることを理解したうえで、歴史と経験を重視し、つねに知的活動の根拠を問う個別具体の現実に則った道理性、つまりフロネシスへの回帰こそがいま求められているというのです〈113〉。

ファスナーやスナップボタンなどのファスニング商品のグローバルなトップブランドとして知られるYKKの創業者、吉田忠雄は、自ら提唱した「森林経営」の本質を、つねに「全員経営」だと語っていました〈114〉。森林のなかには、経験を積んで年輪を重ねた太い木も、若くて細い木もある。背の高い木、低い木もあります。「森林経営」とは、人によって、それぞれの個性によって、その得意とする能力を発揮して上手に働き、誰に支配されるのでもなく一緒に前進し、そして全員が労働者であるとともに、経営者でもある——という考え方です。創業者は、どんなに会社が大きくなったとしても、決してこの活力溢れる森林の精神を失うことなく、誰もが自由に発言できる会社でありたいと願っていたのです。

YKKの「森林経営」には、大きく分けて二つの特徴があります。その一つは精神的な要素で、「善の巡環」という企業精神を組織メンバーが共有していることです。「善の巡環」を組織で共有することによって、精神的な一体感を生み出しているのです。自律分散型の組織においては、つねに「全体のベクトル合わせをどうするか」という意識をもっておく必要があります。「正しく真なる信念」が、社員はもちろん、顧客・社会を含めた幅広いステークホルダーにとって魅力的なものかどうかがきわめて重要となりますが、「善の巡環」は大きな求心力をもった企業精神です。「善の巡環」には、「他人の利益を図らずして自らの繁栄はない」というサブフレーズがあります。つまり、企業は社会の重要な構成員であり、共存してこそ存続でき、その利益を分かち合うことにより、社会からその存在価値が認められるというのが、「善の巡環」の考え方です。

もう一つは構造的な特徴で、社員・株主・経営陣が独特の方法で融合されているということです。いまでも経済学者や経営学者は「企業組織とは誰のものか」という議論を続けています。「株主中心」対「企業中心」の構造的な対立項をめぐる論争にいまだ、決着がついていないのです。この二項対立を実践的に総合したのが、画期的なYKKのビジネスモデルです。「株は事業の参加証」という独自の考えに基づき、YKKでは社員・株主・経営陣の関係性が緩やかで、分け隔てのない組織として成り立っています。こうした論争は、先述したように「あれかこれか (either or)」のデカルト的な二者択一論のもとに進められているからですが、YKKのシステムは違っています。まさしく二項動態「あれもこれも (both and)」の考え方で、それぞれを対立させるのではなく、融和させるような構造にあります。

「森林経営」の最大の本質は、第一の要素である「善の巡環」の内面化です。すべての経営構造や会社の取り組みは「善の巡環」を促進し、大きな目標の実現をめざすうえで採用、実践されています。つまり「善の巡環」を組織内の一人ひとりが自己の深いところで共有できているのです。YKKの会社としての目標が組織メンバーに共有されているからこそ、株主・社員・経営陣を構造的に融合する経営が可能になったと考えます。そして、「善の巡環」にしても「森林経営」にしても、実践のなかで生まれたものです。もともとが理論に理論を重ねて構築されてきた考えではなく、あくまでビジネスを現実に展開していくなかで、品質・コスト・海外市場との激しい戦いのなかから生まれ、物語り的に磨き込まれてきた実践哲学なのです。

未来に向けた戦略的物語りでは、より善く生きる未来に向けた目的とそれを実現するための多様な手段を、そのつどの文脈と関係性のなかでダイナミックに考え、知力を共創し、自分を取り巻く大きな関係性のなかで実践することで、「生き方」のより善い高次の意味がつくられ、新たな未来創造の連続ドラマが続いていきます。SECIスパイラルと実践知の高速回転は、この「より善い」を無限に追求しています。これは上位の目的に向かう上昇運動と、その目的実現のための多様な手段を考える下降運動が、一気に駆動し、目的と手段の階層構造が一気に広がるプラグマティズムの目的転換と同じ構造です。同時に部分と全体を往還する暗黙的知り方と同様の動きです。

知識は関係性のなかでつくられます。知識創造にかかわるすべての人々は、相互主観をもとにして関係性をダイナミックに生成し、変容させていきます。これからの日本企業には、この知識創造プロセスに産・官・学・民すべてを巻き込み、組織的な壁を超越し、オープンにかつ共同体主義的に協働・共創することが求められます。世界との積極的なかかわりを通じて、先の見えない状況でも創造性と探究心を働かせて、道徳的な社会の発展を遂げることに邁進するのです。これを実現させる知の社会的エコシステムを確立することが、経済の繁栄をもたらします。つまり、共創を通じたこれらの実践こそが、アリストテレスがいう善き生（good life）を生きる社会の実現につながっていくのです。

時空間の広がりをもつ物語りのどこに自分を位置づけるのか、それは個人の経験の深さや思いの高さによるでしょう。大切なのは、現在の危機的状況や矛盾を直視する勇気とそれを解決すべく未来に向けて挑戦し続けるコミットメントです。我々はより善い「生き方」を問い続けなければなりません。

〈83〉日本的経営の比較論的実証研究については、以下の文献を参照されたい。加護野忠男・野中郁次郎・榊原清則・奥村昭博（一九八三）『日本企業の経営比較』（日本経済新聞社）、野中郁次郎・加護野忠男・小松陽一・坂下昭宣（一九七八）『組織現象の理論と測定』（千倉書房）、入山章栄（二〇一六）「世界の経営学に『野中理論』がもたらしたもの」『ダイヤモンド・ハーバード・ビジネス・レビュー』二月号

〈84〉野中郁次郎・竹内弘高（二〇一一）「『実践知』を身につけよ 賢慮のリーダー」『ダイヤモンド・ハーバード・ビジネス・レビュー』九月号、野中郁次郎・寺本義也・戸部良一編著（二〇一四）『国家経営の本質』（日本経済新聞出版社）、野中郁

次郎・荻野進介（二〇一四）『史上最大の決断』（ダイヤモンド社）などを参照されたい。

〈85〉柳井正（二〇一五）『経営者になるためのノート』（PHP研究所）一四七〜一四八頁

〈86〉フェルプス，E.（二〇一六）『なぜ近代は繁栄したのか』（小坂恵理訳、みすず書房）vii〜xv頁

〈87〉柳井『経営者になるためのノート』八三〜八四頁

〈88〉野中・竹内「『実践知』を身につけよ 賢慮のリーダー」一七頁

〈89〉柳井『経営者になるためのノート』五六頁

〈90〉鈴木敏文（二〇〇八）『朝令暮改の発想』（新潮社）

〈91〉野中「成功の本質」『works』No.143、五五〜六一頁

〈92〉野中郁次郎『本田宗一郎』一四六頁

〈93〉コミュニタリアン、コミュニタリアニズムについては、アメリカの政治学者マイケル・サンデル（二〇一一）『これからの「正義」の話をしよう』（ハヤカワ・ノンフィクション文庫）など、また、コミュニタリアン経営については、ヘンリー・ミンツバーグ（二〇〇九）「『コミュニティシップ』経営論」『ダイヤモンド・ハーバード・ビジネス・レビュー』十一月号を参照されたい。

〈94〉アジャイル・スクラムについては、Takeuchi,H.and I.Nonaka（一九八六）"The New New Product Development Game",Harvard Business Review, January-February,、サザーランド，J.（二〇一五）『スクラム』（石垣賀子訳、早川書房）、平鍋健児・野中郁次郎（二〇一三）『アジャイル開発とスクラム』（翔泳社）を参照されたい。

〈95〉稲盛和夫（二〇一八）「日本の経営が危うい：慢心せずにたゆまぬ努力を」『日経ビジネス』二〇一八年一月八日号、八〜一三頁

〈96〉一條和生・久世和資「人工知能」『一橋ビジネスレビュー』二〇一六年夏号

〈97〉羽生善治・NHKスペシャル取材班（二〇一七）『人工知能の核心』（NHK出版新書）一四二〜一四三頁

〈98〉オズボーン，M.「人工知能の時代に何を学ぶか」『日本経済新聞』二〇一五年九月七日付

〈99〉酒井邦嘉・羽生善治「AIが問い直す、人間が生きる意味」『中央公論』二〇一七年四月号、一二二頁

〈100〉甘利俊一（二〇一六）『脳・心・人工知能』（講談社）

〈101〉西垣通（二〇一六）『ビッグデータと人工知能』（中公新書）一一一〜一一二頁。クリオアの研究については、茂木健一郎（一九九七）『脳とクリオア』（日経サイエンス社）以来、多くの文献があるので参照されたい。

〈102〉松田雄馬（二〇一八）『人工知能はなぜ椅子に座れないのか』（新潮選書）

〈103〉入不二基義・今井むつみ 対談「身体から考える本物の『学び方』」『中央公論』二〇一七年十一月号、一七三頁

〈104〉羽生善治・ＮＨＫスペシャル取材班『人工知能の核心』二一〇頁

〈105〉長岡裕也（二〇一九）『羽生善治×ＡＩ』（宝島社）

〈106〉人間の知恵と人工知能の本質的な差異については、人工知能楽観主義に対して警鐘を鳴らし続けた哲学者ヒューバート・ドレイファスの主張を参考にされたい。ドレイファスは、専門家がその特殊技能を獲得するためにたどる学習および獲得した知識の運用を、熟練技術獲得のための五段階モデルとして提示した。

〈107〉野中郁次郎「成功の本質」『Ｗｏｒｋｓ』Ｎｏ．１５１、二〇一八年十二月号（リクルートワークス研究所）

〈108〉野中「成功の本質」『Ｗｏｒｋｓ』Ｎｏ．１５１、二〇一八年十二月号

〈109〉野中郁次郎（二〇一七）『知的機動力の本質』第２部「ウォーファイティング（翻訳）」を参照されたい。

〈110〉サックス，Ｄ．（二〇一八）『アナログの逆襲』（加藤万里子訳、インターシフト）

〈111〉西原和久編著（一九九一）『現象学的社会学の展開』（青土社）、廣松渉（一九九一）『現象学的社会学の祖型』、（一九九四）『フッサール現象学への視覚』（ともに青土社）などを参照されたい。

〈112〉シラキュース大学のカール・シュラム教授は、起業学においてはビジネスプラン作成に陥りがちな現在のビジネススクール教育への批判を交えながら、起業とは実践によって学ぶものであるとし、「現象学によれば、人はみずから世界を経験することで世界を学ぶ。過去のデータを分析して学ぶのではなく、自分で独自のデータを生み出して学ぶのだ。そして自分の学んだことを基盤にしてまた新たな経験を繰り返し、前進しながらこの世界を理解していく」と主張している。「起業に戦略のフレームワークは必要ない」『ダイヤモンド・ハーバード・ビジネス・レビュー』二〇一九年五月号、一二八頁

〈113〉トゥルーミン，Ｓ．（二〇一六）『理性への回帰』（藤村龍雄訳、法政大学出版局）

〈114〉ＹＫＫ吉田忠雄生誕１００年事業プロジェクト編（二〇〇八）『ＹＫＫ創業者吉田忠雄とその経営哲学「善の循環」を語る』（千広企画）、吉田忠裕（二〇一七）『ＹＫＫの流儀』（ＰＨＰ研究所）

対談

野中郁次郎

日本人の集合本質直観の力

山口一郎

ワイガヤ、コンパは高次のレベルの相互主観性

山口　第2部で野中さんが紹介されたホンダの「ワイガヤ」や京セラの「コンパ」は、たいへん興味深い取り組みです。これらは高次のレベルにおける相互主観性と呼ぶべきものでしょう。大人と大人のあいだで理知的な対話が成り立っているときには、自他の区別は当然、前提にされています。

しかし、そこでは対話の内容そのもの、たとえば共通の問題解決そのものの重要さが共有されるようになり、自他の区別による「誰が」話すかではなく、「何が」語られるかにみなが集中してきます。問題そのものに巻き込まれていき、我を忘れて問題そのものになりきるとき、無心の境地が実現します。そのとき、自他の区別はどうでもよくなるのです。

「ワイガヤ」や「コンパ」において組織的な知識創造が実現するのは、成人における「我－汝関係」が、言語による形式知としての「我－それ関係」が最大限にまで突き詰められたその極限に、言葉にならない暗黙知の直観として与えられるからです。しかも興味深いことは、成人における「我－汝関係」が生じるとき、意図せずして、自他の区別（自我意識

の形成）以前の、その意味で無心の乳児に戻り、乳児期の「我－汝関係」が再現していることに気づくということです。創造的対話に参加している各自が、みんな頑是《がんぜ》ない子供に返っているのです。

野中　個が「我－汝」を媒介にして自己認識すると同時に、汝を媒介にして、「我－それ」を知っていくことで、さらに大きな社会や世界とのつながりが生まれてきます。そこで暗黙知と形式知は、「知識の認識論」としては二つの異なる側面ではあるけれども、「知識の存在論」としては一体である、とSECIモデルでは考えます。

山口　第2部のマエカワのトリダスの事例を考えるとわかりやすいでしょう。あの事例はいわば、ベルトコンベアで作業していた作業員たちの身体知をいかにして機械化するか、ということでした。そのレベルでは形式知が中心になっていますから、すべての知識をしっかり数値化して、機械化できるようなかたちにしなければならない。しかし、そこでブレイクスルーをもたらしたのは、開発者が作業員の方々に加えてもらってベルトコンベアの作業の経験を積んでいき、はじめは「切る」という言葉による形式知化にこだわりすぎて作業員によって語られていた「剝ぐ」という言葉に込められていた暗黙知への共感が妨げられていたことに気づいたことです。

まさにこの「切る」による形式知化の破綻を通し、作業経験において身体知化されていった「剝ぐ」という暗黙知の共同化が可能になったといえるでしょう。

野中　おっしゃるとおりです。数日経験しただけの他の開発者とは違い、暗黙知を共同化した開発者は一年かけて経験したからこそ、初めて理解ができたわけです。

山口　経験知を形式知にしていく際には、現実に起こっていることにどこまで近づいて言語化するか、ということについて、自分で実践してみて初めてわかることがある。それこそが人間のもっている身体性の奥深さであり、匠《たくみ》の技の何たるか、という本質でもあります。最先端の技術を駆使しても、機械での模倣は到底不可能という部分が、とくに製造業においてはたくさんありますね。

結局のところ、暗黙知の表出化がうまくいくかどうかというのは、マエカワのトリダスのように、現実を見たとき、それが機械として成り立つか、成り立たないのか、形式知化を究極まで突き詰め、その限界にぶつかることで、再度、暗黙知の内部に入り込んで、形式知化できなかった、その隠れた本質を表出化する努力をしなければならない、ということです。

そこでは暗黙知と形式知の二つの極を行って帰ってくる必要がある。どちらかにとどまるわけではなく、まさに高次の段階にのぼっていくわけですね。

野中　おっしゃるとおりで、スパイラルな知的コンバットのなかで重層的に上にあがっていくのです。だからこそ、SECIモデルにおいて暗黙知と形式知は「知識の存在論」として一体なのです。

集合本質直観と日本人

野中　さらに面白いのは、このトリダスの事例をもとにして、マエカワがつくった『跳ぶ』を可能にする10か条」。第2部でもご紹介しましたが、再掲しておきましょう。

1. 生の情報を大切にしているか
2. 無私になって感覚を共有できるか
3. マルチ型人間のチームが組めるか
4. 私心を捨てて「公」の境地になれるか
5. チームの中で全員が自我を消せるか
6. 感覚知情報がチームを行き交っているか
7. 「場所的に問題である」という意識を持っているか
8. 人が感じた直観を100%信じられるか
9. 言葉を費やさずに伝えられるか
10. 組織のメンバーすべてが跳べる状態になっているか

マエカワの人たちはあまり強く意識せず、この10か条をつくったといいますが、よく見ると、それぞれすごいことをいっています。

この10か条についてあらためて思うのは、本質直観は一人でやる場合もあるけれども、一人よりもチームで動きながら本質直観するほうが、より知的生産性が高いのではないか、ということです。そして、まさにこれこそが日本的経営の特徴ではないか。言葉をあてがうなら「集合本質直観」と呼ぶべきものでしょう。

山口　もともと生活世界は主観的な体験のネットワークですし、原理的には相互主観性の土台の上にしか、本質直観が生み出されることはありません。人と人との出会いや対峙こそが、時間が生成する現場であり、そこである物語りをつくり上げるということは、お互いが相互主観性のなかで共有し合った本質直観から展開し、でき上がった物語りを共有して現実化する、ということです。

ある物事をどう解決するか、となったとき、これがこうなって、最終的にこうなればよい、ということが、その場に居合わせたみなが直観できた瞬間、その後の展開はもうわかっていて、見取り図もほぼできている、というくらいのことがある。それこそが、野中さんのいわれる集合本質直観でしょう。もちろん、それを実現するためにはフロネティック・リーダーシップが必要とされるでしょうが。

野中　安定した環境においてはフレームワークを演繹的に使うことが効率的かもしれませんが、

状況が日々変動しているような場合には、大規模な組織であってもそのフレームワークが機能しないことがある。だからこそ、そうした状況下では一人だけではなく、リーダーから部下へと分散されるような集合本質直観が重要になるのではないかと思います。この集合本質直観と名づけられるような概念を、現象学ではどのように表現されていますか。

山口　相互主観的であるということ、すなわち多数の人の本質直観であるということは理論的には明らかですが、フッサールは表立って、本質直観は相互主観的にしか生成しないということを明確に言葉にはしていません。しかし繰り返し強調しますが、そもそも時間とは、人と人との対話という共有し合う時間のなかからしか導かれませんし、その時間の根源は相互主観的なものであり、母と子の情動志向性の充実から、いわゆる「生き生きした現在」という現実が生まれてきているわけですね。

野中　そうですね。古今東西のさまざまな組織体について考察した結論として、パッとしたひらめきを個人ではなく集合的にやるというのは、日本がいちばん進んでいるのではないかと思えるのです。「我思う、故に我在り」のデカルトの思想を哲学的に突き詰めていったところで、「集合的なひらめき」にはたどり着くことができない。相互主観性が生成されていくプロセスから、イノベーションの源泉としての本質直観が組織的にパッと成立する。マエカワの「独法」など創造的な組織では、そのような場を意識的に日常化しています。

山口　デカルトはあくまで個人で始まり、絶対者を仲介した個人で終わっています。デカルト以外でもプラトンの場合、人間から離れたイデアの世界を重視し、アリストテレスは個々人の個物(個体)の経験のなかから本質が探られる、と述べています。それに対して人と人とのあいだ、生きた生命のあいだの直観として本質が生成してくると主張している哲学者の代表が、フッサールといえるでしょう。

西田幾多郎とフッサールの違い

野中 とはいえ、西洋発の哲学であるにもかかわらず、その現象学が日本人にとってもっとも〝腹落ち〟するのは、考えてみれば不思議なことですね。

山口 それはおそらく、日本人の身体性の感覚と、深いつながりがあるのではないかと思います。心身一如《いちにょ》の身体というものに哲学はどこまで迫れるのか、ということが、現象学の大きな問題意識の一つですから。

野中 日本を代表する能楽師の安田登さんは、かつて日本には「からだ」という言葉はなく、それは「身」と称された、と述べられています。身は「実」と同じ由来をもつ言葉で、中身の詰まった「身体」を意味しています。中身とは、すなわち魂(精神)のことであり、かつての日本人にとって「身体と魂(精神)」は分化すべきものではなかった、つまり二元論ではなかった、というのです。

だからこそ、日本人の身体性は西洋人のそれとはまったく違っていたにもかかわらず、明治維新のときに西洋の身体運動の理論を採り入れてしまったため、その調和が崩れてしまった、と安田さんは指摘しています。

山口　そうした身体性の議論一つとっても、「実在論」と「観念論」という二分割で世界全体という現実を理解することは、あまりに素朴で独断的な人間の企てである、という現象学と、日本人との相性のよさは明らかだと思います。

野中　その一方、日本独自の哲学としては、京都大学の西田幾多郎が提唱した西田哲学がありますね。

山口　西田の優れた見解は、主体と客体が分離される以前の「純粋経験」の哲学を提唱したことです。しかし、それは私たちが生きる生活社会の現実の矛盾を見落とす傾向を含んでいると思います。ブーバーがいう「我−汝関係」には、現実の社会において実現されねばならない「個々の汝」との「我−汝関係」と「永遠の汝（絶対者）」との「我−汝関係」が含まれ、ブーバーは「個々の汝」を通してしか「永遠の汝」との関係は生成しえないと主張するのに対し、西田は直接、無の場所における「永遠の汝」から出発するという立場をとるからです。

野中　西田は「絶対無」という言い方をしますね。いわゆる何かが「有る」ということを前提にした「相対無」ではなく、それはどこまで行っても述語、つまり固有名詞になりえないものである、と語るわけですが、ではなぜ「絶対無」から現象学がいうところの意味づけや価値づけが生まれてくるのか、というところについては語っていない。それを親子の関係という、人間の本能のこれ以上遡れないところにまで遡って説明したところが、現象学のすごいところでしょう。

山口　身の回りの家族愛、それを土台にした人類愛というような実践理性でもって、さまざまな具体的な諸問題について、哲学的な議論を積み重ねることでそれは解決できるという、根本的な理性に向かっての目的論を現象学は主張しているわけです。それが日本人のみならず、「真・善・美」を無限に追求しようとする人間のなす営為である企業活動にとっても大いなる示唆になることは、考えてみれば自然なことかもしれません。

野中　西欧では、ベンジャミン・フランクリン（一七〇五～一七九〇年）を典型として、誠実、勤勉、時は金なりなどといったように、労働による利潤を認め、それが資本主義の発展を促してきました。しかし市場の発展とともに、すべてが利益に還元されるようになってしまい、人間の生き方や意味といった部分が捨象されていった。この点に気づいたウェーバーは、『プロテスタンティズムの倫理と資本主義の精神』において、プロテスタンティズムの倫理が定着している国では、それが資本主義のエートスを支えた面があるが、資本主義は、究極的には分析主義的で無機質になるのではなく、生命力、生き方が主軸になるべきだと主張しました。

第2部でも紹介したフェルプスが、「歴史的に見て『草の根のイノベーション』が普及したときに文明は栄えるのであり、ごく少数の天才によるイノベーションから文明が起こるのではない」と語っています。社会運動としてのイノベーションが草の根レベルで社会に組み込まれ、自律分散系として動いている国が栄えた、それがグッド・エコノミーだという主張です。そうした社会のあり方は、日本に馴染みがあるでしょう。

つまり、ごく少数の天才が組織をリードするのではなく、他人と共感しながら新しいコンセプトをつくっていくことのできる人材が、これからの社会では重要になる。そこで日本の創造的な共同体的組織のあり方、つまり、社会や世界をエコシステムとしてとらえ、多様なステークホルダーがつくるマルチファンクショナルなチームで対話をしながら、知の境界を越えた共感をベースにして生まれてくるアイデアを具現化する、という特性が活きてくるのではないか。

対話を通じて相互主観性を生み出すとき、鍵となるのはやはり「共感」です。そこではたんに「そうだよね」と相手に同意するのではなく、「自分であればこうだよ」という「同感」が求められるわけです。そして心の底から他者に「同感」するためには、ハウツーで賛意を集めるのではなく「人間の生き方」までもが問われているのは明らかでしょう。そのレベルの同感がもたらされたときに初めて、集合本質直観が生み出され、新しいイノベーションが起こる、と考えています。

無意識のうちに出会いをどうつくるか

山口　逆にフッサールの相互主観性論がなかなかヨーロッパにおいて受け入れられないのは、ヨーロッパでは根本的に、神が一人ひとりの魂をつくった、ということを出発点としていることによると思われます。個人という単位が生活の基盤になっていて、それを前提にした個人の生き方、企業の戦略、あるいは社会のあり方が成り立っているのです。

一方で日本人の場合は「我－汝関係」という前に、ある種の風土としてお互いがわかり合っている、ということがあるからこそ、無心の境地で「集合本質直観」を実現できるわけですが、それが悪い面に出る場合もあります。

悪い面とはもちろん、野中さんが『失敗の本質』で太平洋戦争の敗戦の理由と喝破された「無責任の土壌」にもなる、ということです。「日本軍の戦略策定が戦況に対応できなかったのは、論理的な議論ができない組織の制度と風土に原因がある」「官僚制（垂直的階層分化）のはずが、根回しと腹の探り合いによる意思決定が行なわれていた」「日本軍は個人の特性を認めず、組織への奉仕と没入を最高の価値基準とした」というような日本の組織の本質を突く数々の指摘は、まさに無心ならぬ無言のなかで欲だけがうごめき、そこで何らの議論すら行なわれなかったことを伝えてくれます。

野中　そもそも『失敗の本質』は、タイトルが暗い、ということでボツになりかけた企画です示することについて協力的ではなかった。思案にくれていたら、アメリカ留学前に勤めていた富士電機の上司が「失敗というならば日本軍を研究したらどうか」と助言してくれ、防衛大学校に赴任して研究を進め、出版にまで至ったわけです。

（笑）。しかも当時の日本企業は成功事例については語ってくれても、失敗事例について開

山口　結局のところ、「我－それ関係」というのは、自分の思いや考えを言葉にして、文字に書くという訓練です。そうした訓練が積み重ねられてこそ、そこで論理をとことんまで突き詰めることができる。その先に出てくる無心はまさに、集合本質直観にも通じる日本人の強みになるでしょう。

しかしその論理の突き詰めに関して、十把一絡《ひとから》げにするつもりはありませんが、日本人はあまり上手とはいえません。身体で覚えろという部分、つまり師匠と弟子のような関係のもとで直接的な身体知による継承をするとき、一所懸命練習はするけれども、なぜこうでないといけないのか、ほかのやり方はないのか、など理詰めの形式知のレベルが少ないので、「人間関係で進めてしまえ」という安易な判断に流れてしまいがちです。

私は企業勤めをしたことがない門外漢ですが、そもそもみなの思いが言葉として表明される対話の文化が形成されているかどうか、ということが、当たり前に思えても外すことができない、重要なポイントではないでしょうか。

野中　ワイガヤもコンパも、すべてを語りつくしたあとに無心のなかで、ハッと出てくる直観

ですが、それはありとあらゆる知的コンバットを経たうえでのことですね。企業というのは時間的な制約があるので、ある意味では積極的にハードルの高い仕事を意図的にさせながら、無心ぎりぎりのところまで社員を向かわせる。それが最初はやらされる感覚であっても、プロ同士がまっとうに向き合って議論を続けると、形式知を経た無心にまでたどり着くことができる。ただのブレインストーミングでは、そこまでなかなか到達できません。

二〇一六年に初めて顧客に引き渡され、翌年には小型ビジネスジェット機クラスで世界一位に輝いたホンダジェットは、第2部で語ったように、翼の上にエンジンをあげるという、それまでの飛行機にはなかった新しいコンセプトのもとで生み出されたものです。その実現のためには、部分最適ではまったく事足りない。胴体、エンジン、翼の三者の専門家同士がマルチにスクラムを組んだうえ、三つの関係から生じる問題を一つひとつ解決しながら、まさに集合本質直観を発揮したのです。先にも言及しましたが、彼らはプロジェクト中もお酒を飲まなかったようですね。だから本来のワイガヤとは、別にアルコールが必要というわけではないのです。

山口　なるほど。工夫を重ねて無心ぎりぎりのところまで社員を向かわせる、ということのほかにも、集合本質直観を発揮するために考えられることはありますか。

野中　そうした無心がデジタル化のなかで劣化していっている部分もあるでしょう。だからこそ、無意識のうちに人と人との出会いをつくり上げるという発想が必要になる。最近のオフィス設計にはいろいろな工夫が凝らされています。ユニクロを展開するファーストリテイリングの有明オフィスは、それまでのような複数階ではなく一つに横に広がるスペースをオフィスにすることによって、さまざまな社員が顔を合わせやすくすることを促進し、その設計思想には「玄関」や「ご近所」など、日本家屋が培った知恵が反映されています。
山口　さんがいわれるように、人と人との出会いのなかでしか本物の時間は生まれないし、そこからしかイノベーションは起こらないのです。

おわりに

本書の構想が立ちあがったきっかけは、二〇一六年六月に開催された第一〇回トポス会議「人類世《じんるいせい》の〝ヒューマン・ビルディング〟」において、「いまなぜ現象学か?」というタイトルによる野中さんと私との対談でした。この対談で明らかにされたのは、次世代の人間形成というテーマに、現代哲学の一主流である現象学の見解とその方法を経営学の「いま」を方向づける「知識創造」に受容し、「実践知」として活用なさろうとする野中さんの強靭で明晰《めいせき》な洞察力です。

この対談が実現した経緯を振り返るとき、現象学と経営学の学際的共創研究の方向性が定まるのに、ほぼ二十年を要していることに気づきます。というのも、野中さんに初めてお目にかかったのは、私の博士論文の邦訳『他者経験の現象学』(一九八五年刊、国文社)をお読みになられ、フッサールの「相互主観性について話を聞きたい」ということで、拙宅をお訪ねになった、この会議を遡る十九年前の一九九七年だったからです。

その当時を振り返って野中さんは「フッサールのいっていることがさっぱりわからなかった」とおっしゃっています。他方、私にとって「知識創造理論」と「SECIモデル」の只中に没入し、知的格闘が可能になったのは、野中さんがSECIモデルの理論的支柱として取り込み、深化、発展させているポランニーの暗黙知の概念によるといえます。

暗黙知は「内在化（indwelling）」によって成立するとされ、ヴィルヘルム・ディルタイ（一八三三〜一九一一年）やテオドール・リップス（一八五一〜一九一四年）の「感情移入（Einfühlung）」の概念に対比されて論じられていますが、まさにこの「感情移入」こそ、フッサールの相互主観性論の鍵概念になっているのです。この論点が明確になるにつれ、野中さんとの対話は、SECIモデルにおける知のスパイラル的創造運動とフッサールの相互主観的本質直観の創造的進展とが絡み合った共創研究という形態をとりはじめ、今日に至っています。

もともと現象学は、現代哲学として成立した当初から、論理学、言語学、精神病理学、社会学、発達心理学、スポーツ運動学などに多大な影響を与えており、とりわけヴァレラの「神経現象学」における脳神経科学と現象学との相補的共創研究の実現は、諸学間の学際的研究の指針となっているといえるでしょう。

このようなグローバル化された世界の学際的研究の進展において、現象学の相互主観的本質直観を知識創造経営学へと統合し、世界で初めて現象学と経営学の学際的共創研究を実現された野中さんに最大限の敬意を表すものです。

なお文末に当たり、編集に際して論稿を推敲くださり、貴重なコメントをいただいたKADOKAWAの藤岡岳哉氏に深く感謝申し上げます。

二〇一九年三月　山口一郎

野中 郁次郎（のなか　いくじろう）
1935年東京都生まれ。58年早稲田大学政治経済学部卒業。富士電機製造勤務ののち、カリフォルニア大学バークレー校経営大学院にてPh.D.取得。南山大学、防衛大学校、一橋大学、北陸先端科学技術大学院大学各教授、カリフォルニア大学バークレー校経営大学院ゼロックス知識学特別名誉教授を経て、現在、一橋大学名誉教授、早稲田大学特任教授、日本学士院会員。ナレッジマネジメントを世界に広めた知識創造理論の権威。2017年カリフォルニア大学バークレー校経営大学院より「生涯功労賞」を受賞。主な著書に『組織と市場 組織の環境適合理論』（千倉書房）、『失敗の本質 日本軍の組織論的研究』（共著、ダイヤモンド社）、『知識創造経営のプリンシプル 賢慮資本主義の実践論』（共著、東洋経済新報社）、『知的機動力の本質 アメリカ海兵隊の組織論的研究』（中央公論新社）、"The Knowledge-Creating Company"（共著、Oxford University Press）、"Managing Flow"（共著、Palgrave Macmillan）などがある。

山口 一郎（やまぐち　いちろう）
1947年宮崎県生まれ。74年上智大学大学院哲学研究科修士課程修了後、ミュンヘン大学哲学部哲学科に留学。79年ミュンヘン大学にてPh.D.（哲学博士）取得。94年ボッフム大学にて哲学教授資格（Habihtation）取得。96〜2013年まで東洋大学教授、現在、東洋大学名誉教授。主な著書に『他者経験の現象学』（国文社）、『現象学ことはじめ 日常に目覚めること』（日本評論社）、『文化を生きる身体』『存在から生成へ』『人を生かす倫理』『感覚の記憶』（以上、知泉書館）、"Genese der Zeit aus dem Du, Welten der Philosophie 18, 2018."、訳書にエドムント・フッサール『受動的綜合の分析』（共訳、国文社）、フッサール『間主観性の現象学』I〜III（共監訳、ちくま学芸文庫）、ベルンハルト・ヴァルデンフェルス『講義・身体の現象学』（共監訳、知泉書館）などがある。

本書内の野中、山口両氏の対談については、2014年から2019年にかけて行なわれた複数回の対談記録をもとに作成したものである。

直《ちょっ》観《かん》の経《けい》営《えい》

「共感《きょうかん》の哲学《てつがく》」で読《よ》み解《と》く動態《どうたい》経営《けいえい》論《ろん》

2019年3月28日　初版発行
2025年2月25日　4版発行

著　者　野中《のなか》 郁次郎《いくじろう》　山口《やまぐち》 一郎《いちろう》

発行者　山下 直久

発　行　株式会社KADOKAWA
〒102-8177　東京都千代田区富士見2-13-3
電話　0570-002-301（ナビダイヤル）

印刷所　大日本印刷株式会社

装　丁　吉岡秀典（セプテンバーカウボーイ）

作　図　曽根田栄夫（ソネタフィニッシュワーク）

DTP　有限会社エヴリ・シンク

●お問い合わせ
https://www.kadokawa.co.jp/（「お問い合わせ」へお進みください）
※内容によっては、お答えできない場合があります。
※サポートは日本国内のみとさせていただきます。
※Japanese text only

定価はカバーに表示してあります。

ISBN 978-4-04-602490-9 C0034